D1750688

Link · Teufel

Luther Link

Der Teufel

Eine Maske ohne Gesicht

Aus dem Englischen von
Heinz Jatho

Wilhelm Fink Verlag

Titel der englischen Originalausgabe:
The Devil: A Mask without a Face,
© 1995 by Luther Link
Reaktion Books Ltd., London

Die deutsche Bibliothek – CIP Einheitsaufnahme

Link, Luther:
Der Teufel / Luther Link, Aus dem Englischen
von Heinz Jatho. – München : Fink, 1997
(Bild und Text)
Einheitssacht.: Der Teufel <dt.>
ISBN 3-7705-3186-8

Alle Rechte, auch die des auszugsweisen Nachdrucks, der fotomechanischen Wiedergabe und der Übersetzung, vorbehalten. Dies betrifft auch die Vervielfältigung und Übertragung einzelner Textabschnitte, Zeichnungen oder Bilder durch alle Verfahren wie Speicherung und Übertragung auf Papier, Transparente, Filme, Bänder, Platten und andere Medien, soweit es nicht §§ 53 und 54 URG ausdrücklich gestatten.

ISBN 3-7705-3186-8
© 1997 Wilhelm Fink Verlag, München
Satz: Jönsson Satz & Graphik, München
Druck und Bindung: Graph. Großbetrieb F. Pustet, Regensburg

Inhalt

Vorwort 7

Einleitung 15

1. Der Name des Teufels 23

2. Wie der Teufel aussieht 43

3. Häresie und Hölle 95

4. Gislebertus, Giotto und die Erotik der Hölle 139

5. Der Teufel als rebellischer Engel 187

Epilog 209

Anmerkungen 221
Ausgewählte Bibliographie 231
Abbildungsverzeichnis 235
Bildnachweise 240
Register 241

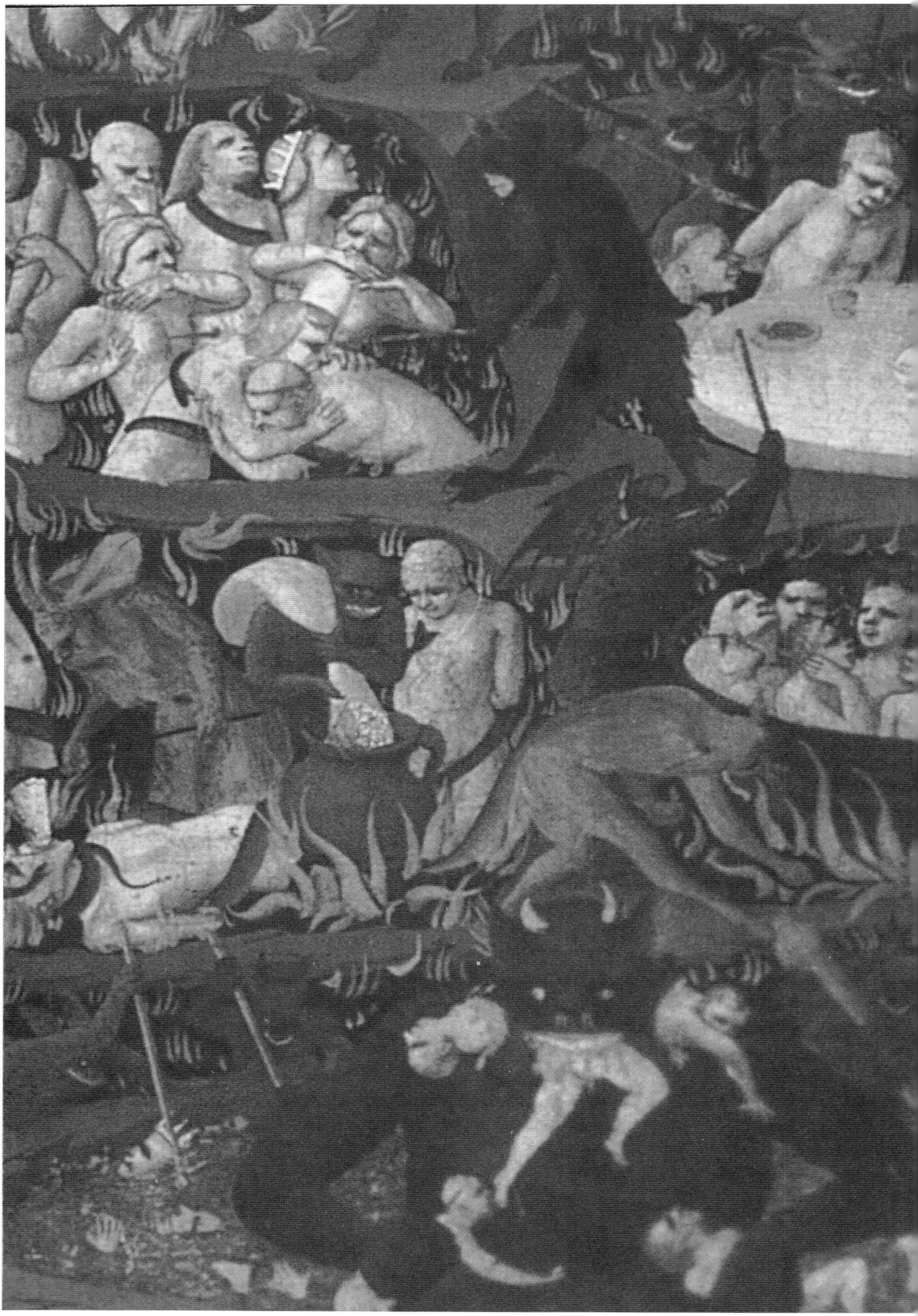

Vorwort

> *Und keiner, der nicht eine Untersuchung über das Wesen des sogenannten »Teufels und seiner Engel« anstellt: was er war, ehe er Teufel wurde, und wie er Teufel geworden ist, und welches die Ursache war, daß diejenigen, die als seine Engel bezeichnet werden, mit ihm abfielen, wird fähig sein, »den Ursprung des Bösen zu erkennen«.*
> ORIGENES

Die Sprache der Kunst ist die einzige Wahrheit. Ein Künstler ist gewöhnlich ein verfluchter Lügner, aber seine Kunst, wenn sie denn Kunst ist, sagt uns die Wahrheit über seine Zeit. Und nur darauf kommt es an. Schluß mit der ewigen Wahrheit.« »Um was es dem Künstler gewöhnlich geht, oder was er meistens tut«, so fährt D. H. Lawrence in seinen *Studies in Classic American Literature* fort, »ist, eine Moral aufzuzeigen und eine Fabel auszuschmücken. Die Fabel deutet jedoch in der Regel in eine andere Richtung. Es gibt zwei Moralen, die in striktem Gegensatz zueinander stehen, die des Künstlers und die der Fabel. Traue nie dem Künstler. Aber traue der Fabel.« Wie weit die Kritik von Lawrence auf Leonardo oder Michelangelo zutrifft, mag der Leser selbst entscheiden. Der verlegene Ausdruck »Sprache der Kunst (*art speech*)« spricht für sich: was mit Lawrences »einziger Wahrheit« gemeint ist, weiß vielleicht nur Lawrence selbst. Insbesondere bei mittelalterlicher Kunst geraten wir mit Lawrences Kommentaren in Schwierigkeiten: eine Eliminierung des historischen Kontexts würde manch seltsame Interpretation hervorbringen. Trotzdem will ich nicht ignorieren, was Lawrence gemeint hat; tatsächlich gibt es Partien in seinem Buch, die zeigen, daß viele Künstler des Mittelalters und der Renaissance – in seinem Sinn – »verfluchte Lügner« waren.

Vielleicht sollte ich zwei Annahmen erklären, von denen ich ausgehe, wenn ich über Malerei und Plastik schreibe. Die eine ist die, daß der Respekt für historische Konventionen weder mit einem Urteilsverzicht noch mit der Annahme, daß alle Konventionen gleich wirksam wären, einhergehen muß. Die zweite besteht darin, daß, ganz abgesehen von äußeren Erwägungen, der unmittelbare Eindruck eines Werks durchaus

1 Detail aus Fra Angelico, *Das Jüngste Gericht* (Abb. 63).

relevant ist. Die erste Annahme bezieht sich auf die Bewertung des Gelingens oder Mißlingens der Darstellung des Teufels (oder der von Jesus). Ein Aspekt der Beurteilung von Kunst besteht sicher in der Unterscheidung zwischen Zeichen und Symbol, zwischen einem Etikett und dem, was gezeigt und gefühlt wird. Wenn ich zum Beispiel ein Quadrat und einen Kreis zeichne und das Quadrat als »Jesus« und den Kreis als »Teufel« etikettiere, handelt es sich zweifellos um eine Darstellung. Aber ohne das Etikett wäre der Inhalt der Zeichnung nicht zu erraten. Unser Verständnis beruht auf einer Information, die der Malerei äußerlich ist und nicht erschlossen werden kann. Als Mark Twain über Guido Renis berühmtes Bild der Beatrice Cenci schrieb (*Life on the Mississippi,* Kap. 44), machte er die Beobachtung, daß,

> was die Information betrifft, in einem Historienbild im allgemeinen ein gutes, leicht lesbares Etikett eine Unmenge an bedeutsamer Haltung und Gestik aufwiegt. In Rom stellen sich feine und einfühlsame Gemüter hin und vergießen Tränen vor der berühmten »Beatrice Cenci am Tag vor ihrer Hinrichtung«. Das zeigt, was ein Etikett bewirken kann. Wenn sie das Bild nicht kennen würden, würden sie es ohne Bewegung ansehen und es »Junges Mädchen mit Heuschnupfen; Junges Mädchen mit verhülltem Kopf« nennen.

Ein geeigneteres Beispiel ist vielleicht der leidende Christus am Kreuz. Wenn der Maler Christus am Kreuz dargestellt hat, dann heißt das nicht, daß er auch Christi Leiden dargestellt hat. Ein Komplex von kulturell bedingten Merkmalen läßt uns den Christus am Kreuz erkennen und ruft die Erinnerung an sein Leiden in uns wach: das ist es, was das Bild *sagt;* es heißt jedoch nicht, daß uns der Künstler Christi Leiden *gezeigt* hat. Dies letztere hängt davon ab, wie wirksam er mit Hilfe der Technik, der Beeinflussung des Gefühls oder der Vorstellungskraft, uns spüren läßt, daß Christus leidet. Eine wichtige Technik ist die Perspektive, obwohl es in der Malerei des frühen Mittelalters weder Linearperspektive noch optische Verkürzung gibt: die wichtigeren Dinge stellte man größer dar, auch wenn sie weiter entfernt waren. Wir müssen das größere Format eines Sujets als Zeichen seiner Wichtigkeit *interpretieren.* Dies bleibt jedoch nur ein *Zeichen,* auch wenn wir für die Wichtigkeit der dargestellten Szene ein Gefühl haben. Im selben Maß, wie diese Wichtigkeit nur auf überlieferter Konvention beruht, ist die Malerei als Malerei ein Fehlschlag.

Gemälde sind normalerweise Darstellungen von Körpern auf planen Flächen; Konventionen sind also notwendig. Die Perspektive zeigt räumliche Beziehungen durch Volumen, Linie und Tönung. Ohne irgendeine Art von Perspektive können bestimmte Beziehungen zwischen Menschen und zwischen Menschen und Dingen kaum nachgeahmt werden. Das heißt nicht, daß die Linearperspektive der Renaissance Bilder, die denen der romanischen Epoche überlegen waren, garantierte, aber es erklärt, warum die Figuren in byzantinischen und romanischen Werken oft isoliert und beziehungslos erscheinen, obwohl die erkennbaren Situationen, in denen sie sich befinden, es uns erlauben, bestimmte Konventionen entsprechend zu interpretieren und in solche Beziehungen zu übersetzen. So muß auch die byzantinische Konvention, wonach die Figuren aussehen, als stünden sie auf Zehenspitzen, als eine zeitspezifische Konvention verstanden werden, auch wenn wir damit nicht verpflichtet sind, im Sinne der historischen Relativisten anzunehmen, daß diese Konvention unbedingt erfolgreich war. Meine zweite Annahme besagt, daß der unmittelbare Eindruck eines Werks von erheblicher Wichtigkeit ist. Ich wüßte nicht, warum ich ein Werk bewundern sollte, das leblos ist. Die Forderung, daß unsere Reaktionen etwa mit denen eines hochgestellten Klerikers übereinstimmen müßten, wenn wir die Tympana des Jüngsten Gerichts betrachten, ist unhaltbar. Einmal können wir gar nicht auf ein Werk genau wie die Menschen des elften Jahrhunderts reagieren, auch wenn wir es versuchen können. Zweitens war diese Reaktion weit vielfältiger, als manche Studien es annehmen lassen: die »Reaktion des mittelalterlichen Publikums« ist ein künstliches Konstrukt. Drittens beruhen, das möchte ich betonen, komplexe anagogische Deutungen mittelalterlicher Werke oftmals auf tiefen Mißverständnissen. Auf einige Beispiele werde ich später zurückkommen, aber fürs erste ist ein Fall aus der Renaissance lehrreich: die Moses/Christus-Zyklen in der Sixtinischen Kapelle. Die zwölf Fresken für die zweite Reihe der Nord- und der Südwand der Kapelle waren bei verschiedenen berühmten Künstlern in Auftrag gegeben worden, und 1483 war das Werk abgeschlossen. Episoden aus dem Alten Testament (das Leben Mosis) wurden abgestimmt auf Fresken mit neutestamentlichen Szenen (das Leben Christi). Die Szenen mit Moses präfigurierten und verwiesen auf die Szenen mit Christus, in denen sie ihre Erfüllung fanden. Diese Art Ikonographie war seit dem frühen Mittelalter ein charakteristischer und volkstümlicher Zug der christlichen Kunst gewesen. In diesem Fall jedoch war das Programm so kompliziert und gelehrt, daß es keinem Wissenschaftler gelang, die Bezüge zu entschlüsseln oder auch nur die Reihenfolge der dargestellten Episoden anzugeben. Erst durch die vor kurzem gelungene Ermittlung der Fresko-Inschriften (*tituli*) und die Entdeckung eines Dokuments aus dem sechzehnten Jahrhundert sind die Bezüge aufgedeckt. Trotzdem gilt, was André Chastel in seinem Buch über die Kunst der Renaissance bemerkt hat:

Am erstaunlichsten ist die häufige Diskrepanz zwischen Gemälde und Sinn. Genauer gesagt: das die gemalte Komposition, das Bild, beherrschende Element ist nicht notwendig das, was ihm den Sinn verleiht und was der *titulus* erklärt.[1]

Das dominierende Thema des Bildes mit dem Titel der »Versuchungen Christi« zum Beispiel ist die »Heilung des Aussätzigen«. Wenn das »Etikett« selbst im von Gelehrsamkeit erfüllten Milieu päpstlicher Patronage und Anleitung nicht immer mit dem übereinstimmt, was das Bild wirklich zeigt, dann ist eine eingehende Kenntnis der Ikonographie, so interessant sie sein mag, für die Beurteilung eines Bildes *nicht* wesentlich. Sie kann unsere eigene Antwort auf ein sorgfältig auf seine sozialen, historischen und ästhetischen Zusammenhänge hin betrachtetes Werk nicht ersetzen. Die Wichtigkeit dieser Ikonographie wird oft übertrieben, sie ist oft von zweifelhafter Relevanz und bisweilen gar nicht vorhanden. Dennoch arbeiten manche Gelehrte mit solchen Informationen, wobei sie geschickt Erklärungen an die Stelle von Bewertungen setzen.

Bei den meisten mittelalterlichen Werken spielt ein anderer, notorisch unterschätzter Faktor eine entscheidende Rolle: die Unwissenheit. Zwar konnte die Kirche sich in Subtilitäten etwa über die Dreieinigkeit ergehen, aber wie hätte der Durchschnittsmensch folgen können? Er konnte es nicht. Wie viele Leute können denn heute genau zwischen einem Molekül und einem Element oder zwischen Viren und Bakterien unterscheiden? Die Gelehrten sollten dem, was sich aus den Statistiken der spanischen Inquisition ergibt, mehr Beachtung schenken. Eine Hauptquelle der Häresie im fünfzehnten Jahrhundert war die Unwissenheit. Zwar hatten zahlreiche häretische Sekten ihre eigenen Doktrinen, aber wenn die Inquisitoren die Verdächtigen befragten, stellten sie fest, daß die Antworten, die sie erhielten, oft nur deshalb häretisch waren, weil die befragte Person die kirchliche Lehre nicht ganz verstand.[2] Im frühen Mittelalter war die Situation natürlich noch viel schlimmer. Dies ist der Grund, warum die Schriften der Scholastiker und Theologen, denen das Hauptinteresse vieler Mediävisten gilt, für die Ziele dieses Buchs weitgehend irrelevant sind.

Fachleute mögen entsetzt sein, daß mein Buch einen Zeitraum von sieben Jahrhunderten behandelt. Gerade weil aber die Monographien oft so spezialisiert sind – etwa jene, die die Dimensionen des Ohrläppchens der Jungfrau Maria in der französischen Malerei des späten dreizehnten Jahrhunderts katalogisiert – , ist es um so dringlicher, einen Überblick zu geben. Irrtümer, insbesondere in Detailfragen, mögen unterlaufen sein, Korrekturen sind erwünscht. Ein paar Züge des Teufels scheinen nach Mesopotamien zurückzureichen; aber weil das Wissen, wie solche Züge vermittelt wurden, selten über Konjekturen und Verallgemeinerungen hinausgeht, ist eine weit umfassendere Forschung vonnöten. Ich glaube kaum, daß ich alle Fragen, die dieses Buch aufwirft, beantwortet habe, aber ich hoffe, daß ein paar neue Fragen gestellt worden sind. Die meisten meiner Beispiele sind der französischen Malerei und Plastik entnommen; die hier und da angestellten Vergleiche mit der Kunst Asiens beziehen sich fast ausschließlich auf japanische Werke; in beiden Fällen sind die Gründe dafür jeweils Zugänglichkeit und Vertrautheit. Vielleicht wären manche Schlüsse anders ausgefallen, wenn ich mich auf die Tschechische Republik und Indien konzentriert hätte.

Erklären möchte ich die Ausdrücke, die ich für den Teufel verwende. Historisch lautet die Abfolge der drei uns vertrauten Termini: Satan, Teufel und Lucifer, obwohl Gelehrte und Schriftsteller im Lauf der Zeit sich die Abfolge oft anders dachten. Zum Beispiel meinte Chaucer, Lucifer sei erst *nach* seinem Sturz vom Himmel Satan geworden. Bei den Theologen des Mittelalters und der Renaissance ist der Gebrauch der drei Ausdrücke weder einheitlich noch systematisch. Außerdem sind diese Worte, obwohl alle drei sich auf dasselbe Wesen beziehen, im Alltagsenglisch (und ebenso im Deutschen, Französischen und Italienischen) manchmal austauschbar und manchmal nicht. Im zweiten Jahrhundert läßt der Verfasser der Johannesakten den sterbenden Johannes sprechen: »Möge der Teufel schweigen, möge Satan verlacht sein, möge sein Grimm erschöpft sein.« Anscheinend nahm dieser Autor an, Teufel und Satan seien voneinander verschieden, obwohl er diesen Unterschied nirgends erklärt. Lord Byron dagegen, der vermutlich den Teufel wie wenige kannte, gebraucht »Lucifer«, »Satan« und »Teufel« austauschbar, zum Beispiel in seinem Gedicht »The Devil's Drive: An Unfinished Rhapsody«. Andererseits, können wir Satan durch Lucifer ersetzen, wenn es heißt: »Jesu Erzfeind ist Satan auf seinem Höllenthron«? Oder kommen Lucifer oder Satan in Frage, wenn wir sagen: »John, der arme Teufel, träumt immer noch davon, daß seine Gedichte gedruckt werden«? Das Problem besteht nicht darin, daß Satan ein Name, der Teufel dagegen eine Art Wesen wäre, denn *der* Satan ist völlig korrekt (das Wort bezeichnet ein Amt im himmlischen Ratschluß). Lucifer versucht Jesus nicht, aber Satan und manchmal auch der Teufel. Die drei Ausdrücke bezeichnen dasselbe Wesen, aber in manchen Fällen wurde einer davon gewöhnlich mit einer bestimmten Episode verbunden (zum Beispiel »Lucifer« als Name des Teufels, als er noch ein Engel war). Diese Zusammenhänge verweisen auf eines meiner Themen: die Diskontinuität in den Bildern des Teufels. In jedem Fall aber ist »der Teufel« in diesem Buch die Quelle des Bösen und der Feind Gottes und Jesu, während »Teufel« ein oder mehrere Mitglieder seines Netzwerks von Dämonen und bösen Geistern bezeichnet.

Schließlich ein Wort zu den Datierungen. Zwischen dem Baubeginn einer Kathedrale und ihrer Vollendung können Jahrhunderte vergehen. Bis zum sechzehnten Jahrhundert waren an verschiedenen Orten zu verschiedenen Zeiten verschiedenartige Datierungssysteme in Gebrauch, so daß wir, selbst wenn eine Jahreszahl wörtlich auf einem Stein eingegraben ist, aus unserer gegenwärtigen Zeitrechnung nicht immer erschließen können, worauf sie sich bezieht. Manche Bilder, Skulpturen und Manuskripte können mit vernünftiger Genauigkeit datiert werden, vielfach aber sind nur gelehrte Schätzungen möglich, und bisweilen, wie im Fall von Genesis B, ist wohl die Radio-Karbon-Datierung verläßlicher. Ich habe mich an die allgemein von den Fachleuten akzeptierten Datierungen gehalten. Bei den Quellen habe ich, wenn möglich, veröffentlichte englische Übersetzungen benutzt; wo diese fehlen, sind die Zitate von mir übersetzt, soweit nicht anders angegeben.

Meinen Dank möchte ich Herrn Dr. Günter Franz, dem Direktor des Trierer Archivs, für seine freundliche Hilfe während fünf Jahren aussprechen; Herrn Professor Jeffrey Burton Russell von der University of California für die kritische Lektüre meines Manuskripts und seine großzügige Ermutigung; und Herrn Professor William I. Elliott vom Kanto Gakuin College in Yokohama für seine hilfreichen Kommentare zu Stil, Struktur und zu manchen Details in diesem Buch. Der Holzschnittkünstler Ryosaku Ito war mir behilflich, meine Negative in bestmögliche Drucke zu verwandeln. Zu tiefem Dank verpflichtet bin ich schließlich den Mitarbeitern der Reaktion Books für ihren Rat.

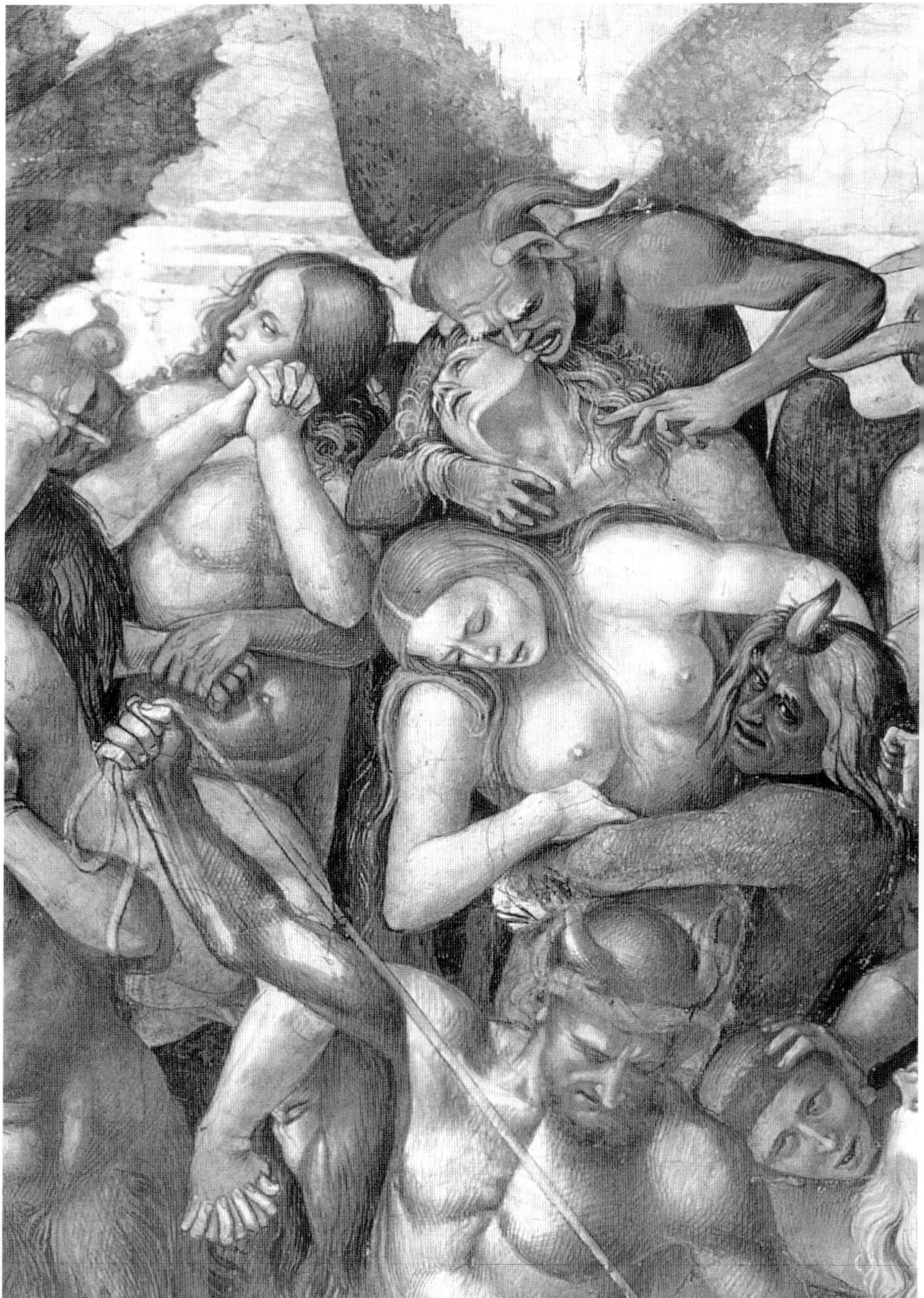

Einleitung

Wie der Name Frankenstein von dem Wissenschaftler, der in Mary Shelleys Schauerroman von 1818 auftritt, auf das Hollywood-Monster mit dem Bolzen in seinem Quadratschädel übertragen wurde, ist durch das Studium literarischer Quellen nicht herauszubekommen. Auch wenn man herausfinden will, warum der Teufel so aussieht, wie er aussieht, sind literarische Quellen von beschränktem Nutzen. Mehr als hundert Jahre lang war das volkstümliche Bild des Teufels das eines bärtigen Wesens mit Hörnern, Schwanz und einer Mistgabel. Das Logo für Underwoods scharf gewürzte (*deviled*) Fleisch-Sandwichs ist ein typisches Beispiel.

Unsere Vorstellungen vom Teufel, wenn auch nicht notwendig sein Bild in der Malerei, leiten sich von drei Quellen her: von frühen Interpretationen des Neuen Testament, von dem rebellischen Helden, den Milton und die literarische Tradition von Blake und Baudelaire geschaffen hatten, und von der volkstümlichen Tradition der Satanskulte und schwarzen Messen. Wir wollen die biblischen Deutungen mit neuen Augen betrachten. Literarische Verarbeitungen des Teufels waren zumeist (mit Ausnahme eines altsächsischen Manuskripts aus dem neunten Jahrhundert) bloße Paraphrasen biblischer Quellen, bis etwa 1589 Christopher Marlowe den *Doctor Faustus* schrieb. Die volkstümliche Tradition, eine Phantasterei von Häretikern und Hexenjägern, tritt im zwölften Jahrhundert auf und wurde erst viel später voll ausformuliert. Bildlich erscheint der Teufel im neunten Jahrhundert, aber bis zum vierzehnten war er nicht der Teufel, den wir kennen. Wo war unser Teufel die fünf Jahrhunderte zwischen 800 und 1300?

Gewöhnlich werden wir die Züge des Teufels in diesem Buch in historischer Abfolge betrachten, anfangs jedoch werden wir, um bestimmter Probleme willen, uns zeitlich vor- und zurückbewegen. In den Illustrationen zur grundlegenden christlichen Literatur und in den Comic Strips hat der Teufel zumeist eine spitze Stange oder eine Mistgabel. Dieses Werkzeug leitet sich vom Dreizack Poseidons her, der wiederum von dem dreifachen Blitz des alten babylonischen Wettergotts Adad aus dem dritten vorchristlichen Jahrtausend abstammt.[3] Keine *literarische* Quelle beantwortet die Frage, warum der Teufel eine Mistgabel hält. Er hält, ein Ergebnis klassischer Einflüsse, einen Dreizack nur bei seinem

2 Die Verdammten, Detail aus Luca Signorelli, *Das Jüngste Gericht* (Abb. 62).

ersten Auftreten im neunten Jahrhundert (siehe Abb. 16), danach bis hin zur Reanaissance nur noch selten (Abb. 6). Sein Lieblingswerkzeug im Mittelalter ist meist eine Art zweizinkiger Enterhaken, die Dregge (Abb. 31, 33, 36, 52, 55).

Dies ist ein Detail, aber ein bedeutsames, und jede Erklärung davon hat als Analyse paradigmatischen Wert. Viele Kunst- und Literaturhistoriker wären in den Augen der Archäologen extreme Diffusionisten. Wenn zum Beispiel das erste bekannte Rad in in einer Tempelruine in Sumer entdeckt wurde, dann gehen nach den Diffusionisten letztlich alle anderen Räder, die man etwa in Ägypten oder Mexiko entdeckt hat, auf das sumerische zurück. Da der mittelalterliche Künstler, der den Teufel mit einem Dreizack versah, vom alten Mesopotamien nicht das Geringste wußte, mag es zwar an sich interessant sein, die Quellen der Mistgabel zu Adad oder Poseidon zurückzuverfolgen, aber es ist weniger als nutzlos, wenn man verstehen will, warum der Teufel dieses Attribut hält. Es ist nett zu wissen, daß die Geschichte von Prinz Hamlet auf einen norwegischen Historiker zurückgeht, aber es ist irrelevant für das Verständnis von Shakespeares Stück. Das erste Beispiel eines Bildes in der Kunst oder eines Themas in der Literatur braucht überhaupt nichts zu bedeuten. Entscheidend ist das erste Beispiel, das aufgrund des historischen Kontexts, in dem es auftritt, einen Widerhall erzeugt. Der gelehrte griechische Schriftsteller Origenes scheint als erster angenommen zu haben, daß der von Jesaja erwähnte Lucifer eine Manifestation des Teufels sei, aber es war die Identifikation beider durch Augustinus, die von entscheidendem Einfluß war. Wenn der Teufel vor 1300 keine Fledermausflügel besaß, müssen wir fragen warum. Und obwohl das ägyptische Motiv des Totengerichts jahrhundertelang verfügbar war, benutzten es christliche Künstler erst, als nach dem zwölften Jahrhundert die Darstellungen des Jüngsten Gerichts volkstümlich wurden. Der Wechsel vom Dreizack zur Dregge als spezifischem Attribut des Teufels ist durch das Aufspüren von Quellen oder die Analyse abstrakter ästhetischer Formen nicht erklärbar. Zwei wichtige historische und soziale Tatsachen stehen hinter dieser Veränderung. Erstens war das Interesse an klassischer Kunst im Abnehmen, und der Zugang war begrenzt. Zweitens hatte sich bei der Folterung von Häretikern und Verbrechern der Gebrauch der Dregge oder des gegabelten Hakens eingebürgert. Der Teufel wurde mit einer Dregge versehen, um seine Zusammenarbeit mit Gott beim Quälen der Verdammten anzudeuten, und das besagt, daß die Hauptrolle des Teufels in erster Linie nicht die eines Gegners, sondern eines Komplizen Gottes war.

Zwei Gruppen von Darstellungen weisen auf einen entscheidenden Punkt hin, der ein Thema dieses Buchs ist: die fehlende Kontinuität des

Teufelsbildes. Die erste Gruppe ist der Jesus versuchende Satan (Abb. 14, 27). Das Thema in diesen beiden Beispielen ist identisch, ebenso die Entstehungszeit: die erste Hälfte des neunten Jahrhunderts. Zwar sind sowohl die Künstler, als auch die Traditionen, in denen sie standen, und die von ihnen benutzten Ausdrucksmedien verschieden, aber was unmittelbar auffällt, ist der Unterschied in der Auffassung. Was haben der Satan im Psalter und der Satan auf dem elfenbeinernen Buchdeckel, wenn wir sie vergleichen, gemeinsam? Auf dem Buchdeckel sind Jesus und Satan sich ähnlich, keineswegs aber in dem Psalter. Die zweite Gruppe besteht aus zwei Werken der Brüder von Limburg. In einem Stundenbuch des frühen fünfzehnten Jahrhunderts malten die Brüder von Limburg sowohl die Hölle (Abb. 63) als auch den Sturz der rebellischen Engel (Abb. 64). Vergleichen wir diese beiden Bilder, dann stoßen wir auf ein Problem, das auf einen entscheidenden Punkt in den Teufelsdarstellungen hinweist. Was hat das feuerspeiende Ungeheuer mit dem Lucifer, der aus dem Himmel geworfen wird, gemeinsam? Nichts, ist die Antwort. Theologisch mögen dies zwei Aspekte des Teufels sein, aber es ist nicht dieselbe Person, vor allem weil diese beiden Bilder aus verschiedenen Bildtraditionen stammen, die sich fast nie überschnitten und nie vereinigt worden sind. Das läßt darauf schließen, daß die Künstler vom Teufel und seinen Attributen selten eine genau umrissene Vorstellung hatten, anders als zum Beispiel von Maria, Judas oder Simson. Christus predigend, am Kreuz oder als Richter beim Jüngsten Gericht wurden zu verschiedenen Zeiten verschieden dargestellt, aber stets können wir den Christus als Richter mit dem Christus am Kreuz verbinden. Christus, Maria oder Petrus bilden je ein Kontinuum, wie auch immer Form und Gesicht bei ihnen sich durch die Jahre verändert haben. Christus, Maria und Petrus waren je bestimmte Leute mit einer je eigenen Geschichte. Der Teufel, ob er nun Hiob quält, Pilatus aufhetzt, Jesus versucht oder in der Hölle herrscht, ist in seinen verschiedenen Rollen diskontiniuierlich. Er hat keine Geschichte, denn der gefallene Engel ist im Höllenfürsten nicht enthalten oder kann emotional nicht aus ihm abgeleitet werden (und umgekehrt), was seinen Grund zum Teil darin hat, daß der Künstler, wenn er den Teufel als ein schreckliches Monster malte, nicht an den Engel dachte, der mit Michael kämpfte. Die Bildtraditionen boten keine solche Option. Wie und warum das geschah, wird klar, wenn wir das Bild des Teufels untersuchen. Er ist keine Person. Er kann viele Masken haben, aber sein Wesen ist eine Maske ohne Gesicht. Das sichtbare Gesicht des Teufels ist vom neunten bis zum sechzehnten Jahrhundert gewöhnlich banal: eine Pappmaske ohne Persönlichkeit und Gefühl dahinter. Vielleicht ist deshalb das Gesicht des Teufels schwieriger zu skizzieren als das von Jesus.

Würde man uns nach einem bemerkenswerten Bild von Christus, Maria oder Moses fragen, so wären wir nicht in Verlegenheit. Dasselbe gilt vermutlich für Judas (man denke an Giotto oder Leonardo). Aber können wir uns an vor dem sechzehnten Jahrhundert liegende Bilder vom Teufel, des machtvollen Gottes-Widersachers, erinnern? Vermutlich nicht. Ist das nicht seltsam?

Vom neunten bis zum sechzehnten Jahrhundert sind die meisten Bilder und Skulpturen Satans künstlerisch mißlungen. Vielleicht fanden die Künstler, es sei Zeitverschwendung, sich mit dem Teufel zu befassen, oder sie hielten ihn für ein zu heikles Thema (aber wenn, *warum?*). Es gibt noch einen komplexeren Grund, den ich später, anläßlich Giottos, des wichtigsten Renaissance-Malers, der den Teufel malte, erklären will. Wir werden sehen, wie der Teufel in Giottos Judas-Fresko die Malerei beeinträchtigt. Noch heute besteht Kardinal Ratzinger darauf, daß »für den christlichen Glauben der Teufel eine mysteriöse, aber reale, personale und nicht symbolische Präsenz« ist. Das mag wahr sein oder nicht. Aber es *war* wahr, meinen wir, in der Zeit des Mittelalters und der Renaissance. Wenn wir jedoch sehen, was sich die Künstler der Zeit vorstellten, dann scheint, was wir früher für wahr hielten, falsch zu sein. Ein Grund dafür ist, daß man sich den Teufel mit wenigen Ausnahmen (vor allem in der romanischen Plastik von 1050-1130) *nicht* als eine »reale, personale Präsenz« vorstellte. Dieser Gedanke mag abwegig und unorthodox erscheinen, aber ich hoffe, ihn untermauern zu können.

Japanischen und chinesischen Künstlern fiel es nicht schwer, eindrucksvolle Darstellungen von Dämonen und Teufeln zu schaffen. Verglichen mit dem erschreckenden Eindruck der großartigen japanischen Höllenbücher und -schriftrollen aus der späten Heian- und der Kamakura-Zeit wirken die meisten okzidentalen Teufelsbilder wie Comic-Strips.[4] Der gezähnte japanische Fudomyo-o zum Beispiel ist so furchtbar, wie man es sich nur wünschen kann. Aber er ist nicht böse, im Gegenteil, er bekämpft das Böse und schützt Gläubige. Seine Ikonographie hat sich durch die Jahrhunderte wenig verändert.[5] Die Ikonographie des Fudumyo-o in buddhistischen Schreinen des sechsten Jahrhunderts steht der derselben Gottheit an buddhistischen Schreinen im heutigen Tokio nahe. Er hat keine Schlingen, und er versucht niemanden. Der christliche Teufel ist anders, was, wenn man es nicht beachtet, zu Problemen führen kann. Roland Villeneuve zum Beispiel, der rund zwanzig Bücher zur Dämonologie geschrieben hat, hält den Teufel nicht für wesentlich christlich, sondern eher für die ewige Antwort des Menschen auf unbekannte Kräfte. Nach Villeneuve sind zwei Formen, in denen der Teufel auftritt, Pan und Nergal.[6] Zwar sahen viele Christen in Pan den Teufel, aber sicherlich nicht die Griechen oder frühen Römer.

Dasselbe gilt für Nergal, einen babylonischen Seuchen- und Unterweltsgott, der hier und da auf Rollsiegeln abgebildet wird; in manchen parthischen Darstellungen aus der Zeit nach Christus hat Nergal irrtümlich Züge des Teufels erhalten. In beiden Fällen haben wir es mit christlich beeinflußten Mißverständnissen zu tun. Der christliche Teufel betrügt und versucht; er ist der Feind des Menschen und Jesu. Aus diesem Grund stellt er ein theologisches und moralisches Problem dar: er ist der Außenseiter, den nicht genau zu definieren der Kirche obliegt. Im siebzehnten Jahrhundert schien es dem holländischen Philosophen Spinoza absurd, sich einen Teufel zu denken,

der gegen den Willen Gottes die meisten Menschen (denn die guten sind selten) umgarnt und betrügt, die Menschen, die eben deswegen Gott diesem Lehrmeister der Verbrechen zu ewiger Qual überantwortet. Es duldet also die göttliche Gerechtigkeit, daß der Teufel die Menschen ungestraft belügt, aber sie duldet nicht, daß die Menschen, elend vom Teufel selbst betrogen und umgarnt, straflos bleiben.[7]

Spinoza verweist auf einen entscheidenden Zug des Teufels: er ist derjenige, dem Gott die Sünder übergibt. Das schließt ein, daß der Teufel von Gott benutzt wird, für Gott arbeitet und, in gewissem Sinne, nicht mit Gott in Konflikt steht. Dies ist, auch wenn es theologisch ungereimt scheint, die gemeinsame Grundlage für die meisten Höllendarstellungen. Wenn die Kirche es also an ikonographischer Klarheit für den Teufel mangeln ließ, so ist das nicht überraschend. Das Böse des Teufels brauchte den Pfusch.

Der Teufel ist nicht bloß eine literarische Schöpfung. Er *ist* real, gehört zur Wirklichkeit der okzidentalen Kultur. Vielleicht interessiert uns der Teufel deshalb, weil er Gott so sicher definiert wie Gott ihn. Gott sei Dank für den Teufel! Dies ist ein ernster Scherz. Vielleicht können wir mit Iwan Karamasow sagen: »Wenn der Teufel nicht existiert und also eine Schöpfung des Menschen ist, dann, so glaube ich, hat ihn der Mensch nach seinem Bild geschaffen.« Wenn wir uns auf die Bilder des Teufels beschränken, dann sind Iwans Bemerkungen allenfalls teilweise wahr. Vielleicht ist eine unzulängliche Vorstellung vom Teufel dasselbe wie eine unzulängliche Vorstellung von Gott. Was der Teufel ist, welches sein Name ist und wie er aussieht – dem wollen wir nachspüren. Die Ergebnisse können überraschen. Die gesamte Geschichte, die Historie des Teufels, ist als solche bereits hochinteressant, aber in diesem Buch wird sie uns auch zu einer neuen Sichtweise auf eine große Anzahl von Kunstwerken führen, von Katakomben-Fresken und französischen Skulpturen bis hin zu Michelangelos *Jüngstem Gericht.* Das

Werk Michelangelos von 1536-41 in der Sixtinischen Kapelle bildet, zusammen mit Lorenzo Lottos überraschendem Bild von 1550, *Michael und Luzifer,* aus Gründen, die noch klar werden sollen, den Abschluß unserer Studie. Bevor wir uns jedoch den Malereien und Skulpturen zuwenden, werden wir uns mit Aspekten des Teufels befassen, die sich aus literarischen Quellen herleiten, also insbesondere mit seinem Namen und seinem Sturz aus dem Himmel, so wie dies die Kirchenväter vom zweiten bis zum fünften Jahrhundert interpretierten.

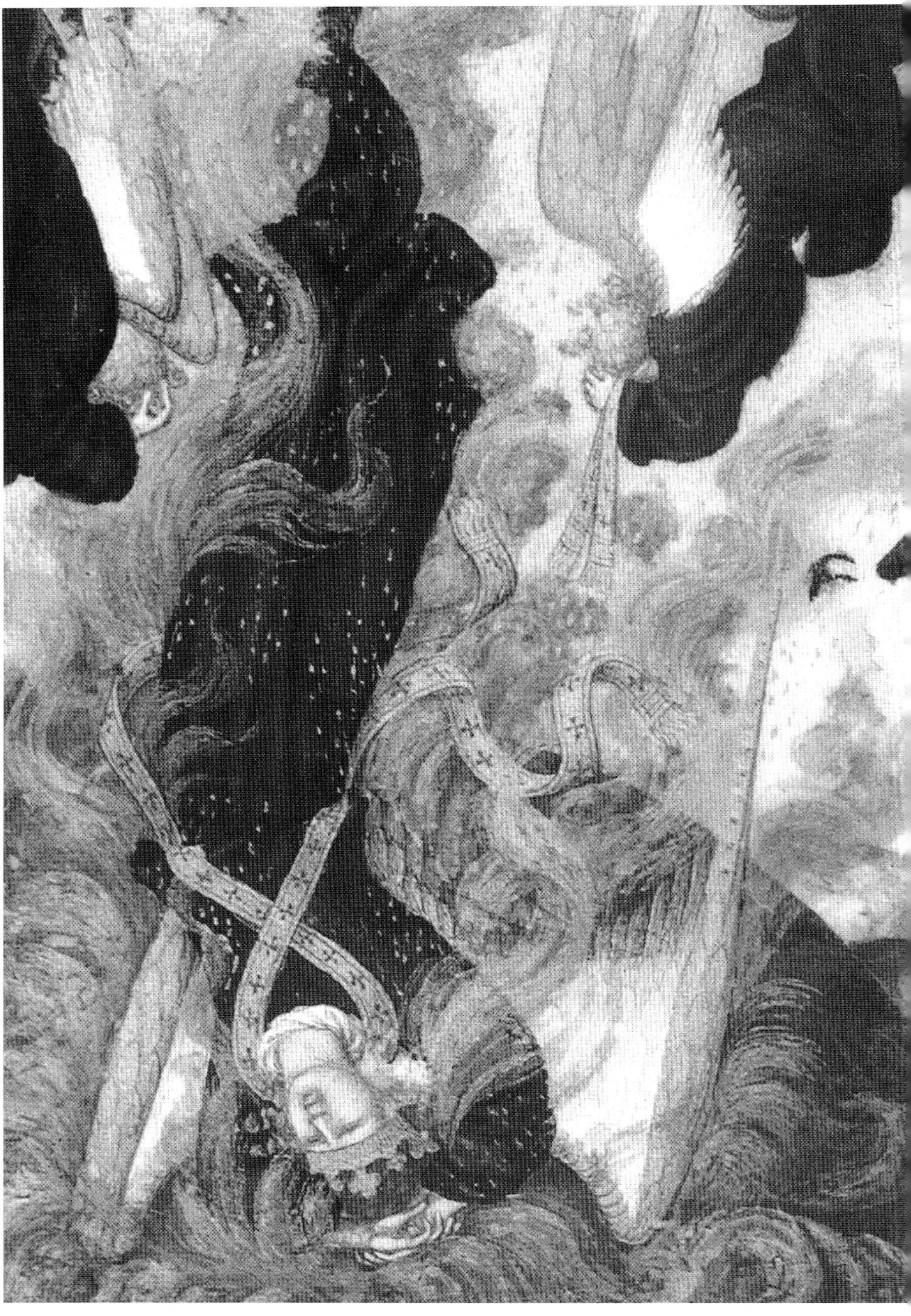

1. Der Name des Teufels

Der Unterschied zwischen dem Teufel und Satan

Jeder, der meint, Satan sei der Name des Teufels, wird sich wundern, wenn er entdeckt, daß das Wort *Satan* vor dem Wort *Teufel* existierte. In allen okzidentalen Sprachen ist der zweite Begriff derselbe: *devil, diable, diablo, diavolo, Teufel*. Und alle Sprachen, in denen er vorkommt, kennen auch *Satan*. Obwohl im großen und ganzen dasselbe, gibt es keinen Teufel ohne Satan und keinen Satan ohne Teufel. Heute »im großen und ganzen dasselbe«, aber zunächst sehr verschieden. *Satan* ist ein hebräisches Wort, das normalerweise Widersacher bedeutet und nichts anderes. Manchmal ist er ein menschliches Wesen und manchmal eine himmlische Person. Im Buch Hiob des Alten Testaments ist Satan ein Mitglied von Gottes Rat. Der Satan ist eine Stellung, die Stellung eines Inspektors oder Anklägers. Der Satan ist ein Titel, nicht irgendjemandes Name.[8] Der Satan ist *nicht* der Teufel (obwohl er in den christlichen Kommentaren dazu werden sollte). Abgesehen vom Buch Hiob findet man im Kanon des Alten Testaments selten *den* Satan (oder Satan), und wenn doch, dann ist er unwichtig. Der Gegner Gottes – der Teufel – wird im Lukas- und Matthäusevangelium *diabolos* genannt. Dieses griechische Wort bedeutete Ankläger oder Verleumder; latinisiert wurde es zu *diabolus*. Der Satan und der Teufel waren verschieden. Mehr als dreihundert Jahre vor Christus jedoch hatten die alexandrinischen Juden, die das Alte Testament ins Griechische übersetzten, eine »wild card« ins Spiel gebracht und das hebräische *Satan* in das griechische *diabolos* verwandelt. Aus diesem Grund teilen die Teufel des Alten und des Neuen Testaments den Namen, obwohl sie nicht dasselbe bedeuten. Das Ergebnis ist, daß die *Form* des englischen Wortes »devil« aus dem lateinischen *diabolus* kommt. Aber die *Bedeutungen* von »devil« kommen von drei Worten, die im Hebräischen, Griechischen und Lateinischen verschieden sind – *Satan, Diabolos* und *Diabolus* – und die die Menschen jahrhundertelang verwirrt haben. Diese Bedeutungen überschnitten sich bereits im ersten vorchristlichen Jahrhundert und wurden in den Schriften und Kommentaren schwankend alternativ eingesetzt.

3 Der Sturz Lucifers und der rebellischen Engel, aus *Les très riches Heures du Duc de Berry* der Brüder von Limburg (Abb. 64).

Ein weiteres Wort für Teufel ist *daimon* oder Dämon. Ein *daimon* war ein zwischen Göttern und Menschen stehender Geist, oftmals der Geist eines toten Helden. In Platons *Symposion* beispielsweise ist Eros ein großer *daimon*, der zwischen Göttern und Sterblichen vermittelt. Im *Kratylos* nennt Sokrates gute und weise Menschen »Dämonen«. Ein Dämon ist auch der Genius eines Menschen, und das ist in Shakespeares *Antonius und Kleopatra* gemeint, wenn ein Wahrsager von Antonius sagt: »Dein Geist, der dich beschützt, dein Dämon, ist / Hochherzig, mutig, edel, unerreichbar...« Unter *daimon* und *daimonion* verstand man jedoch auch einen bösen, Besessenheit verbreitenden Geist, und diese Bedeutung wurde als einzige vom Neuen Testament und von vielen frühen Kirchenvätern aufgegriffen. Die hellenisierten alexandrinischen Apologeten des zweiten und dritten Jahrhunderts zum Beispiel interpretierten platonische Dämonen – die weder besonders gut noch besonders böse waren – als bösartige gefallene Engel. Auf diese Weise stellten sie eine neue Gleichung auf: heidnische Götter = böse Dämonen = Teufel.[9] Diese Gleichsetzung rechtfertigte es, die Verehrung heidnischer Götter zu verdammen. »Was die Heiden opfern, opfern sie Teufeln«, schrieb Paulus. Und nach dieser Gleichung richteten sich die Kunst, die Wissenschaften und die sozialen Wahrnehmungen. Im Exodus (Kap. 32) wird das Volk es müde, auf die Rückkehr Mosis aus dem Gebirge zu warten, und bittet Aron, aus seinem Goldschmuck ein neues Kalb zu erschaffen. Das tut er, und die Leute verneigen sich vor dem neuen Idol. Gott unterrichtet Moses von dieser Übertretung, und Moses steigt hinab ins Lager der Israeliten und findet die Götzendiener feiernd und tanzend. Zornig zerschmettert Moses die Tafeln der Zehn Gebote, ergreift das Goldene Kalb, verbrennt es, zermalmt seine Reste zu Staub und schüttet den Staub auf das Wasser, das er die Israeliten dann zu trinken zwingt. Im elften und zwölften Jahrhundert war dieses Thema sehr beliebt, weil man im Goldenen Kalb den Teufel sah, der die Form eines heidnischen Idols angenommen hatte. Auf einem Kapitell in der Abteikirche La Madeleine in Vézélay (Abb. 4) und einem anderen in St. Lazare in Autun (Abb. 20), beide aus dem frühen zwölften Jahrhundert, steht Moses dem Goldenen Kalb gegenüber, das ausschließlich ein Werkzeug des Teufels und als grimmiges Ungeheuer dargestellt ist. In La Madeleine wird gezeigt, wie der wütende Teufel eben dem Maul des Kalbes entsteigt. In beiden Reliefs wird Moses mit einer Keule dargestellt, offensichtlich weil das Geschehen, von der Version im Exodus abweichend, als heftige Konfrontation und als Konflikt dargestellt wird. Das Goldene Kalb war für diese romanischen Bildhauer eine Gestalt des Widersachers Gottes.

Die Gleichsetzung heidnischer Kultbilder mit Dämonen hatte sehr

4 Moses und das Goldene Kalb, Kapitell, frühes XII. Jahrhundert,
La Madeleine, Vézelay, Yonne.

zu dem Zerstörungswerk beigetragen, das Vasari beklagen sollte. Im Vorwort der revidierten Ausgabe seiner *Viten* (1568) schrieb Vasari mit spürbarer Ironie, das Christentum habe

nun mit Leidenschaft und schärfster Achtsamkeit darnach [gestrebt], jede noch so geringe Gelegenheit, die Irrtümer erzeugen konnte, zu beseitigen und auszumerzen. Alle die wunderbaren Statuen ... wurden heruntergeschlagen oder verstümmelt, und damit nicht genug: auch die Denkmäler und Ehrentafeln zahlreicher ausgezeichneter Personen, denen wegen ihrer hervorragenden Verdienste von der hochedlen Welt des Altertums Statuen und andere Denkmäler... gesetzt waren, erlitten das gleiche Schicksal... Aus diesem glühenden Glaubenseifer [ergab sich] ein derartiger Verfall des edlen künstlerischen Schaffens, daß dieses gänzlich erlosch.[10]

Das Neue Testament förderte die Verwirrung. Markus nannte den Teufel nicht *diabolus*, sondern *Satanas*. Und das hebräische *Satan* wurde manchmal als *diabolos*, manchmal als das aramäische *Satanas* ins Griechische übersetzt. Bald verblaßten die Unterschiede. Satan, Satanas,

Diabolos und Diabolus wurden in ihrer Bedeutung austauschbar. Betrachten wir die Evangelien, den ersten Johannesbrief und die Offenbarung, so treten bestimmte Züge hervor:

daimonion (böser Geist) kommt bei Markus, Matthäus und Lukas vor (Johannes kennt keine Vertreibung der Teufel, sondern nur den Audruck »einen Teufel haben«). In der Offenbarung wird einmal *daimonion* hinsichtlich der heidnischen Götter gebraucht, *daimon* kommt zweimal vor. Im ersten Johannesbrief nichts.
diabolos: kommt bei Matthäus, Lukas, im ersten Johannesbrief und in der Offenbarung vor. Es fehlt bei Markus.
satanas: kommt bei Markus, Lukas, Matthäus und in der Offenbarung vor. Es kommt einmal bei Johannes vor, nicht aber im ersten Johannesbrief.

Es kann sein, daß diese Autoren verschiedene Wesen gemeint und daher verschiedene Termini gebraucht haben; keiner von ihnen scheint jedoch mit allen drei Ausdrücken vertraut gewesen zu sein. Es kann auch sein, daß sie verschiedene Vorstellungen hinsichtlich der wesentlichen Form und der spezifischen Attribute des bösen Feinds hatten oder sie auf verschiedene Weise ausdrückten. Wir wissen nicht, warum der Versucher Jesu von Matthäus und Lukas *diabolos,* aber von Markus *satan* genannt wurde. Wir wissen, daß *diabolos* gewöhnlich nicht mit den Besessenheit verbreitenden Teufeln verbunden wurde, wohl aber *satan*.[11] Vielleicht wollten Matthäus und Lukas den Widersacher Gottes, den (höheren) Satan, von den bloßen (niederen) Teufeln unterscheiden. Aber nachdem Markus für dasselbe Wesen, das in den anderen beiden Evangelien *diabolos* genannt wird, *satan* gebrauchte, setzten die späteren Kommentatoren (und Übersetzer) die beiden ganz selbstverständlich ineins. Schließlich wurde in der Gleichsetzung von Satan und Diabolos Satan zum Namen des Teufels, wie es in der Offenbarung (12. 9) ausdrücklich gesagt wird: »Und es ward gestürzt der große Drache, die alte Schlange, die da heißt Teufel [*diabolos*] und Satan, der die ganze Welt verführt...« Mit der Übersetzung der Bibel ins Lateinische (und es gab vor dem fünften Jahrhundert viele Übersetzungen aus verschiedenen Quellen) finden wir uns vor semantischen Verwirrungen, in denen die Unterschiede verschwinden. Vollkommen war diese Reduktion und Verschmelzung verschiedener dämonischer Traditionen und Teufels-Terminologien um das dritte Jahrhundert, und das Ergebnis sehen wir in einem der frühesten Mysterienspiele, dem anglo-normannischen »Mystère d'Adam« aus der Mitte des zwölften Jahrhunderts. Verärgert, daß »Diabolus« zu ihr gesprochen hat, wendet sich Adam an Eva und sagt: »Sage mir, Weib, was wollte der böse Satan von dir?« (*Di moi, muiller, que te querroit / Li mal Satan?*) So wurde aus dem hebräischen *Satan* das griechische *diabolos,* aus dem wiederum das lateinische *diabolus* und dann das französische *Satan* wurde! Und in englischen Mysterienspielen des fünfzehnten Jahrhunderts, zum Beispiel dem »Chester Cycle«, sind, so können wir feststellen, Satan, Satanas, Diabolus, Lucifer und der Teufel austauschbar; eins geht ins andere über wie auf einer Endlosschleife – wie bei einem Möbiusstreifen.[12]

Wie bekam der Teufel den Namen Lucifer?

»Ich kann nicht herausfinden«, bemerkte Shelley in seinem geistvollen Essay über den Teufel, »warum man ihn Lucifer nennt, abgesehen von einer falsch verstandenen Stelle bei Jesaja«.[13] Wir wollen zu verstehen versuchen, warum besagter Passus falsch gedeutet wurde. Selbst wenn man Seite für Seite die Apokryphen und Pseudepigraphen untersuchte, würde man nicht auf »Lucifer« stoßen. Lucifer steht, als Name des Teufels, nicht in den Schriften. Tatsächlich ist *Lucifer* niemandes Name: es heißt lediglich »Lichtbringer«. Lucifer ist der Morgenstern, der Planet Venus, der vor Sonnenaufgang erscheint. Ovid beschreibt, wie jeder neue Tag damit beginnt, daß »Lucifer hell am Himmel erstrahlt und die Menschen zu ihrem täglichen Geschäft ruft. Lucifer überstrahlt die hellsten Sterne.« In seiner *Defence of Poetry* begrüßt Shelley Dante als den »Versammler jener großen Geister, die der Wiedergeburt der Bildung präsidierten, den Lucifer jener Sternenherde, die im dreizehnten Jahrhundert aus dem republikanischen Italien wie von einem Himmel in die Dunkelheit der verdüsterten Welt voran leuchtete.« Aber wenn man die *Commedia* aufschlägt, findet man am Grunde von Dantes »Inferno« einen Lucifer, der ein scheußliches Ungeheuer ist. Für Dante sind Lucifer und Satan ein und dasselbe. Wie kam es dazu und warum?

Die Identifizierung Lucifers mit Satan leitet sich von Jesaja her (14. 12): »Wie bist du vom Himmel gefallen, Lucifer, Sohn des Morgens!«. Jesaja sprach *nicht* vom Teufel. Er bediente sich der Bildlichkeit eines vielleicht altkanaanitischen Mythos, um die Überheblichkeit eines ehrgeizigen babylonischen Königs, der in die Unterwelt stürzte, zu beschreiben.[14] Die Beziehung dieser Worte auf den Teufel entstand in vier Stufen: ein tyrannischer König wird in einer Metapher beschrieben (der Köng = ein glänzender Stern); das hebräische *Helel* (*Helel ben Shahar* = der Glänzende) oder das griechische *eosphoros* wird ins Lateinische als Morgenstern, Lucifer, übersetzt; später wird der tyrannische König mit dem Teufel identifiziert; *ergo* wird Lucifer zu einem anderen Namen für den Teufel. Wenn dieser König mit dem Teufel identifiziert wurde, dann weil man so das quälende Problem der Teufelsnatur löste. Origenes, ein Theologe des dritten Jahrhunderts, wich dem Problem nicht aus: »Keiner«, schrieb er, »der nicht eine Untersuchung über das Wesen des sogenannten ›Teufels und seiner Engel‹ anstellt: was er war, ehe er Teufel wurde, und wie er ein Teufel geworden ist ... wird fähig sein, ›den Ursprung des Bösen zu erkennen‹«[15] Wenn Gott den Teufel schuf und der Teufel wesentlich böse ist, dann schuf Gott das Böse. Die Folgerungen daraus waren beunruhigend (vor allem weil, wie Spinoza erklärte, der Teufel die Menschen in Versuchung führt, das Böse zu tun, für das sie dann bestraft werden). Wäre der Teufel böse geboren, könnte man dann sagen, er habe gesündigt? Er hätte das Böse tun *müssen.* Wenn Gott jedoch den Teufel nicht schuf, war er nicht allmächtig, und wir gleiten in einen Manichäismus ab, in einen Konflikt zwischen Gut und Böse mit notwendig ungewissem Ausgang. Die christlichen Kirchenväter des fünften Jahrhunderts lösten das Problem in zwei Schritten. Ja, Gott schuf den Teufel, aber der Teufel war bei seiner Erschaffung *nicht* inhärent böse; er entschied sich vielmehr dafür, böse zu werden. So bleibt Gott allmächtig, ohne jedoch für das Böse verantwortlich zu sein. Diese Lösung verlangte eine Stützung durch die Schrift, und die Art, wie sie stattfand, erklärt, warum Lucifer ein Name des Teufels wurde. Die diesbezüglichen Überlegungen des Augustinus, des führenden christlichen Denkers im frühen fünften Jahrhundert, sind lehrreich.

Augustinus war weit einflußreicher als Origenes (den er verachtete), und er gibt uns eine Vorstellung von seinem Temperament, wenn er sagt, daß es, wenn gute und schlechte Menschen gleichermaßen leiden, dennoch einen entscheidenden Unterschied gebe: »Denn wie in gleichem Feuer das Gold glänzt und der Abschaum trübe raucht, wie der gleiche Dreschwagen das Stroh zermalmt und das Getreide säubert, wie Öl und Hefe vom Druck der gleichen Kelter ausgepreßt, sich doch nicht vermengen, so bewährt, reinigt und läutert ein und dasselbe anfallende Geschick die Guten, aber verurteilt, zerstört und vernichtet die Bösen... Denn vom gleichen Lufthauch berührt, läßt der Kot abscheulichen Geruch, das Salböl lieblichen Duft aufsteigen.«[16] Im dritten Teil seines Hauptwerks, dem *Gottesstaat,* erklärt Augustinus den Ursprung der beiden Staaten, des Staates Gottes und des Staates des Teufels. Ursprünglich, sagt er, waren alle Engel Lichtwesen, geschaffen, damit sie »weise und glückselig lebten. Von dieser Erleuchtung sich abwendend, haben manche Engel die Auszeichnung des weisen und seligen Lebens nicht bewahrt.« Wenn der Teufel ein gefallener Engel ist, muß er gefallen sein. Aber der erste Johannesbrief insistiert darauf: »Der Teufel sündigt von Anfang. Dazu ist erschienen der Sohn Gottes, daß er die Werke des Teufels zerstöre. Wer aus Gott geboren ist, der tut nicht Sünde, denn was er von Gott empfangen hat, das bleibt in ihm; und kann nicht sündigen, denn er ist von Gott geboren« (3. 8-9). Heißt das, daß der Teufel nicht von Gott geschaffen ist? Johannes' und Augustinus' Teufel scheinen nicht ein und derselbe zu sein, aber Augustinus hatte eine Antwort. Johannes schreibt in der Tat, daß »der Teufel sündigt von Anfang«, gibt Augustinus zu, aber das »darf man dann nicht so deuten, als habe er seit Anbeginn seiner Erschaffung gesündigt, sondern seit Anbeginn der Sünde, weil mit seinem Hochmut die Sünde ihren Anfang nahm«. Diese Manipulation führt zur Antwort auf unsere anfängliche Frage.

[Die Manichäer] sehen nicht ein, daß von Sünde keine Rede sein kann, wenn er von Natur sündig ist. Aber was wollen sie auf die Zeugnisse der Propheten antworten, etwa jene Schriftstelle aus Jesaja, die den Teufel unter dem Bilde eines Fürsten von Babylon auftreten läßt, in der es heißt: »Wie ist er vom Himmel gefallen, der Morgenstern, der in der Frühe aufging!« ... Hier sieht man, daß er einmal ohne Sünde war.[17]

Augustinus' Erklärung zeigt, daß zu seiner Zeit Lucifer *kein* gebräuchlicher Name für den Teufel war. Freilich hatte zwei Jahrhunderte früher Origenes Passagen aus Leviticus, Exodus, Hesekiel und Jesaja als Referenzen auf die Manifestationen des Teufels interpretiert. Aber niemand hatte versucht, aus diesen Stellen ins einzelne gehende Schlüsse über den Teufel zu ziehen oder den Teufel mit dem Namen Lucifers zu *identifizieren*. Origenes versuchte, die Natur des Bösen zu erfassen. Augustinus hatte andere Gründe: er wollte Häretiker dingfest machen. Wer waren die Engel, die Lucifer folgten? Es waren, versicherte Augustinus seinen Lesern, »zu ihrem eigenen Unflat bekehrte« Häretiker.[18] Nein, sagt Augustinus, der Teufel hat keine ihm eigenen Kräfte, kein ihm eigenes Gebiet, und er hat sich nicht selbst geschaffen. Es gibt kein Gott entgegengesetztes Prinzip, das den Teufel erschuf. In Wahrheit, sagt er, war der Teufel ursprünglich ohne Sünde, aber später (nach einer Stunde, sagen manche, nach mehr als einer Woche, andere) fiel er von der Wahrheit ab, was unter anderem der von Jesaja zitierte Lucifer beweist. Zum Namen des Teufels wurde Lucifer im Rahmen jenes Denkens, das belegen sollte, daß der Teufel ursprünglich ein von Gott geschaffener Engel war, der die Gnade zurückwies und sich von der Wahrheit abwandte. Die treibende Kraft hinter Augustinus' Jesaja-Interpretation war sein Kampf mit »jenen Häretikern, den Manichäern und anderen, die ebenfalls der giftschwangeren Lehre anhangen, daß der Teufel sein eigenes böses Wesen habe, das aus einem üblen, gottfeindlichen Prinzip herzuleiten sei«.[19] (Acht Jahrhunderte später sollte Thomas von Aquin über den Teufel und die Manichäer dasselbe sagen.[20])

Um den Teufel zu bekämpfen und um ihn klarer zu definieren, wurde die Stelle aus Jesaja mit dem vierten Teil des Buchs der Offenbarung (Kap. 12), in dem der große rote Drache auftritt, in Beziehung gebracht:

Und sein Schwanz fegte den dritten Teil des der Sterne des Himmels hinweg und warf sie auf die Erde... Und es erhob sich ein Streit im Himmel: Michael und seine Engel stritten wider den Drachen. Und der Drache stritt und seine Engel und siegten nicht... Und es ward gestürzt der große Drache, die alte Schlange, die da heißt Teufel und Satan, der die ganze Welt verführt. Er ward geworfen auf die Erde, und seine Engel wurden mit ihm dahin geworfen.

Satan wurde zum rebellischen Engel. Obwohl Satan, der Teufel und Lucifer ein und derselbe waren, hätte Dante ohne diese Verschmelzung von Jesaja und Offenbarung im letzten Gesang des »Inferno« niemals schreiben können:

> *S'el fu si bello com' elli è or brutto,*
> *e contra 'l suo fattore alzò le ciglia,*
> *ben dee da lui procedere ogni lutto.*
>
> Wenn er so schön war, wie er jetzt gemein,
> Und gegen seinen Schöpfer hob die Brauen,
> So muß von ihm entspringen jede Pein. (dt. v. W. G. Hertz)

So scheußlich und abstoßend Lucifer in der *Commedia* ist, so hatte der rebellische Engel doch ein Drittel der Sterne am Himmel auf seine Seite gezogen und damit ein Veränderungspotential gewonnen, das dem unbedeutenden hebräischen Satan und dem Bösen des Neuen Testaments noch nicht zur Verfügung stand. Obwohl der Name Lucifer dem Satans hinzugefügt worden war, war für Dante wie für den Großteil der Christenheit Lucifer früher als Satan. So wie es der weltlich gesinnte Mönch in Chaucers *Canterbury Tales* in seiner Geschichte erzählt:

> *O Lucifer, brightest of angels all,*
> *Now art thou Satan, who cannot escape*
> *Out of the misery in which thou art fallen.*
>
> O Lucifer, strahlendster aller Engel,
> Jetzt bist du Satan, der dem
> Elend, in das er fiel, nicht entrinnen kann.

Dante erinnert sein Publikum daran, daß Lucifer einst »so schön war, wie er jetzt gemein«, aber mehr als tausend Jahre lang stand Gläubigen,

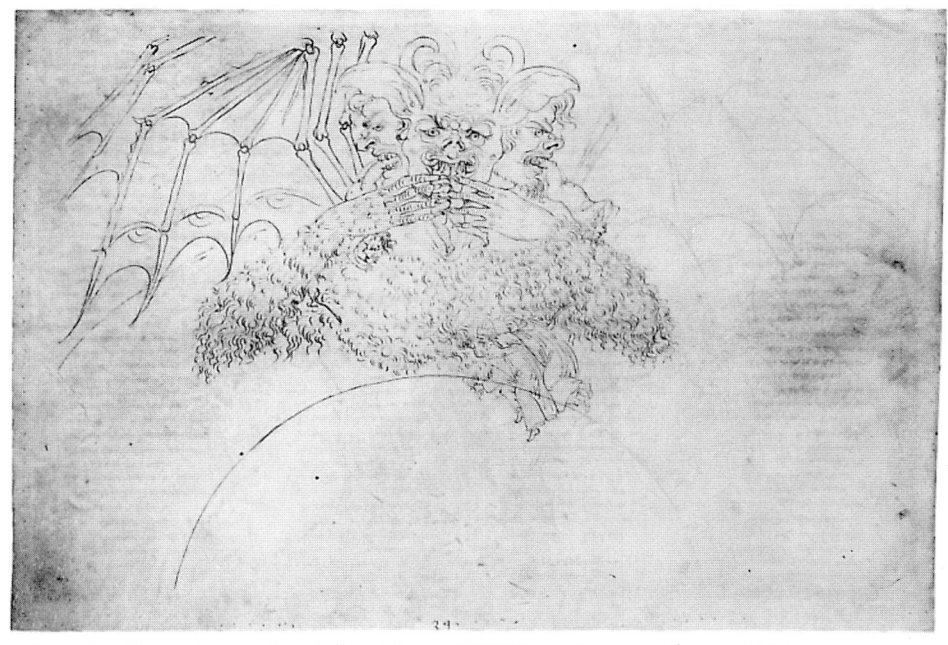

5 Lucifer, Illustration von Botticelli zu Gesang XXXIV von Dantes »Inferno«, 1497, Silberstift, Feder und Tinte. Kupferstichkabinett, Berlin.

Denkern, Schriftstellern und Künstlern nur Satans Häßlichkeit vor Augen. Selbst der Schönheitsliebhaber Botticelli zeichnete eine abstoßende Bestie, als er Dantes Lucifer darstellte (Abb. 5). Zwar folgte er dabei nur Dantes Text, aber nichtsdestoweniger stellen fast alle Gemälde und illuminierten Manuskripte des Mittelalters und der Renaissance Satan abstoßend dar.

Michael, der den scheußlichen Satan in Drachengestalt schlägt, ist ein geläufiges Thema, Michael als Kämpfer gegen den rebellischen Engel jedoch nicht. Der Sturz der rebellischen Engel wird selten dargestellt, und wenn, dann sind Satan und seine Engel groteske Gespenster. Der »schöne« Lucifer, Satan vor seinem Sturz, ist kaum bekannt. Eine bemerkenswerte Ausnahme ist die Illumination der Brüder von Limburg aus dem frühen fünfzehnten Jahrhundert (Abb. 3, 64). Oben sind Gott und die himmlischen Heerscharen. Die rebellischen Engel werden in zwei Linien links und rechts herabgeschleudert und bilden dabei einen Winkel, der in dem zur Hölle fahrenden Lucifer kulminiert. Die Linien dieser rebellischen Engel sind von erlesenem Blau und Gold, und aufgrund der formalen Komposition folgt ihnen das Auge hinunter bis zum Scheitelpunkt mit Lucifer an der Spitze. Verstärkt wird diese Bewegung noch dadurch, daß die rebellischen Engel größer werden in dem Maße, wie sie uns und der Hölle entgegenstürzen.

Lucifer, größer als Gott und schön, ist der erste »schöne« Lucifer der Kunstgeschichte. Eine nähere Analyse würde dieses einzigartige Bild in einem anderen Licht erscheinen lassen, aber damit müssen wir warten bis zum Schlußkapitel. Milton blieb es im siebzehnten Jahrhundert vorbehalten, einen Satan zu denken, der noch in der Hölle den Glanz des Lucifer, der er einst gewesen war, beibehält. Und die Romantiker des neunzehnten Jahrhunderts schufen den Engel Lucifer neu, indem sie die Gründe für seinen Sturz umdeuteten. Die wenigsten Leute aber wußten, daß die erste und entscheidende Umdeutung des Motivs für den Hinauswurf des Engels Lucifer aus dem Himmel auf die Kirchenväter des fünften Jahrhunderts zurückging.

Um welcher Sünde willen wurde der Teufel aus dem Himmel geworfen?

Die Bibel sagt uns nicht, welches die Sünde des Teufels war. Für Milton war Stolz seine Sünde. In zahllosen Mysterienspielen war diese Sünde Stolz. In allen Kommentaren seit Augustinus war seine Sünde Stolz. Er war der Günstling Gottes, der strahlendste aller Engel, und doch, erklärt Augustinus, verweigerte er seinem Schöpfer den Gehorsam:

So lebte der Mensch nach Gott im Paradiese ... Jedoch [wandte sich] jener hochmütige und darum auch neidische Engel durch eben diesen Hochmut ... von Gott weg und [wollte] in einer Art Tyrannenstolz sich lieber an Untertanen freuen, als selbst untertan sein...[21]

Die Meinung der frühen Kirchenväter und der führenden christlichen Denker der ersten drei Jahrhunderte war dies jedoch *nicht.* Der Hauptgrund für diesen wenig bekannten Unterschied ist der, daß ihre Bibel nicht die war, die wir kennen. Bis zum vierten Jahrhundert umfaßte der noch locker definierte Kanon auch das Buch Enoch.[22] Manche Gelehrte sind sicher, daß es auf hebräisch verfaßt ist, andere halten Aramäisch für seine Originalsprache, und manche meinen, Teile davon seien ursprünglich in hebräisch und andere in aramäisch geschrieben. Niemand weiß es sicher; der einzige erhaltene vollständige Text ist äthiopisch. Der erste Teil des Buchs Enoch (Kap. 1-36) ist äußerst wichtig, denn er reicht vermutlich in die Zeit um 300 v. Chr. und die ältesten Bücher der Bibel zurück. Eine der alten Quellen, die die schließlichen Herausgeber der

Genesis benutzten, glich einer anderen, die umfassender bei Enoch ausgewertet wird. Den Juden und frühen Christen vertraut, gehörte Enoch für Judas, Clemens, Barnabas und andere frühe Väter zu den wahren Schriften (auch wenn Hieronymus und Origenes Vorbehalte hatten). So einflußreich war dieses Buch, daß es selbst von heidnischen Kritikern wie Celsus, die die Schriften studierten, zitiert wurde. Viele christliche Vorstellungen treten zuerst bei Enoch auf, insbesondere der Menschensohn, der zum Auserwählten wird und als eschatologischer Richter fungiert.[23] Das Jüngste Gericht – eine Weiterentwicklung aus Matthäus (25. 31-33), die die Trennung der Schafe von den Böcken und Gottes Gericht einschließt – scheint sich von den Gleichnissen bei Enoch herzuleiten. Der feurige Abgrund, ein von Satan und den rebellischen Engeln beherrschtes Höllenreich, erscheint erstmalig bei Enoch. Trotz seines nachweisbaren Einflusses und obwohl das Buch Enoch jahrhundertelang bei führenden Theologen als heilige Schrift galt, fanden die maßgebenden Theologen, als der Kanon genau festgelegt wurde, einige Abschnitte darin ungenießbar, so daß Enoch – wie der Teufel – hinausgeworfen wurde.

Der Ursprung der gefallenen Engel und von Satans Sünde findet sich in den Eingangsversen von Kapitel 6 der Genesis:

> Als aber die Menschen sich zu mehren begannen auf Erden und ihnen Töchter geboren wurden, da sahen die Gottessöhne, wie schön die Töchter der Menschen waren, und nahmen sich zu Frauen, welche sie wollten... Zu der Zeit und auch später noch, als die Gottessöhne zu den Töchtern der Menschen eingingen und sie ihnen Kinder gebaren, wurden daraus die Riesen auf Erden. Das sind die Helden der Vorzeit, die hochberühmten.

Wenn Engel, die »Gottessöhne«, mit Frauen, den Töchtern der Menschen, Verkehr hatten, dann verlangte das einen Kommentar.[24] Jüdische Autoren interpretierten die »Gottessöhne« als Fürsten und Edle. Manche Christen, unter anderen Augustinus, glaubten, es seien damit fromme Männer gemeint, die spirituell die Söhne Gottes seien. Jüdische und christliche Autoren jedoch wichen gleichermaßen einer eindeutigen Bedeutung aus: daß zwischen den Gottessöhnen und den Kindern der Menschen eine Schranke durchbrochen worden war, nicht durch den Willen Gottes, sondern aus geschlechtlicher Lust. Diese geschlechtliche Vereinigung veranlaßte Gott, die Absicht kundzutun, »die Menschen, die ich geschaffen habe, zu vertilgen von der Erde«. Vermutlich war Kapitel 6 ein Fragment, das nachträglich eingefügt war, um der aus mesopotamischen Versionen übernommenen Sintflut-Geschichte eine moralische Motivierung zu geben. Die Kinder der sündigen Engel waren die Nephilim, die in der King-James-Fassung der Genesis [d. h. in der 1611 unter Jakob I. erschienenen »Authorized Version« der Bibel, A. d. Ü.] als »Riesen« bezeichnet werden. Obwohl in der Genesis nicht gesagt ist, daß die Nephilim böse seien, wurden sie in den apokryphen Schriften der Zeit des Zweiten Tempels so eingeschätzt. Darüberhinaus kannten die Kompilatoren von Kapitel 6 vermutlich die vollständige Geschichte bei Enoch mit Einzelheiten über die aus der Vereinigung von Engeln und Frauen entstandenen Kinder, »welche man die bösen Geister auf Erden nennen wird«.[25] Diese bösen Riesen kehrten sich wider den Menschen und richteten solch eine Zerstörung an, daß Gott Raphael anwies, den Führer der Engel zu fesseln, in der Wüste ein Loch zu öffnen, ihn mit Finsternis zuzudecken und am Gerichtstag ins Feuer zu werfen. Dem Michael befahl Gott, die anderen sündigen Engel und ihre Nachkommen zu fesseln und sie, zu ewiger Gefangenschaft und Qual, ins Höllenfeuer zu stoßen.

Stolz war also nicht die Sünde des Teufels. Die Sünde des Teufels war geschlechtliche Wollust. Dämonen und Teufel entstammten der geschlechtlichen Vereinigung von wollüstigen Engeln und Frauen. Diese von vielen frühen Kirchenvätern vertretene Deutung ist einer der Gründe, warum Enoch aus dem Kanon ausgeschlossen wurde. Folgendes schrieben diese frühen Väter. Justin, der 165 in Rom den Märtyrertod erlitt, sagte, daß einige Engel die richtige Ordnung der Dinge verletzt, sich sexuellen Trieben hingegeben und Verkehr mit Frauen gehabt hätten und daß wir deren Kinder heute Dämonen nennen.[26] Diese Dämonen sind die Ursache von Mord, Krieg, Ehebruch und allen anderen Übeln. Athenagoras, ein anderer christlicher Apologet, schrieb 177, Gott habe den Teufel ebenso wie die anderen Engel geschaffen. Den Engeln steht es wie dem Menschen frei, zwischen Gut und Böse zu wählen. Einst aber habe es manche Engel nach den Jungfrauen gelüstet, mit denen sie dann Kinder zeugten, die Riesen waren. Zusammen mit den Seelen dieser Riesen suchen die vom Himmel gestürzten Engel die Luft und die Erde heim; sie sind die Dämonen, die die Welt umwandern.[27] Clemens von Alexandrien, ein anderer führender Apologet, ein geschmeidiger und subtiler Denker, war um die Wende des zweiten Jahrhunderts tätig. Im neunten Jahrhundert von dem widerrechtlich konsekrierten Patriarchen Photios als Häretiker verdammt, wurde Clemens aus dem römischen Martyrologium entfernt. Er meinte, die Wahrheiten in der griechischen Philosophie seien von den Griechen bei den Hebräern gestohlen worden. Griechische sowohl wie hebräische Schriften vermischen Wahrheit und Irrtum, wobei der Ursprung der Vermischung der Teufel ist.[28] Letztlich stammten alle Wahrheiten in der Philosophie von den gefallenen Engeln, eine aus Enoch übernommene

Vorstellung. Einer der hervorragendsten christlichen Apologeten war der eifernde Polemiker Tertullian (155-220). Wie die meisten der schöpferischen frühen Väter bekehrte er sich in seinen mittleren Jahren. »Kann man gelehrter, kann man scharfsinniger sein als Tertullian?«, fragte Hieronymus. Viele »technische« christliche Termini im heutigen Kirchenlatein gehen auf ihn zurück; so die Erbsünde, das *vitium originis*. Nichts was er schrieb, ist geistlos, und das meiste hat seine Kraft behalten. Dieser grimmige Führer der nordafrikanischen Kirche schloß sich den Montanisten an, einer rigiden asketischen Gruppierung, die an die von der Kirche verdammte Lehre der stufenweisen Offenbarung glaubte. Wie Clemens nahm Tertullian an, daß die himmlischen Engel, die, wie bei Enoch beschrieben, mit den Töchtern der Menschen Sex hatten, viele geheime Künste offenbart hätten, unter anderem das Geheimnis der Wimperntusche. In bildhafter Prosa nimmt Tertullian einen Satz bei Enoch (Kap. 8) zum Anlaß, sich darüber zu verbreiten, daß die gefallenen Engel auf Erden nicht nur »jeglichen Vorwitz« geweckt hätten:

da haben sie im eigentlichen Sinne und gleichsam ganz speziell noch den Weibern die Mittel der weiblichen Prunksucht verschafft, die leuchtenden Steinchen, womit die Halsbänder in so verschiedener Weise geschmückt, die goldenen Spangen, womit die Arme beschwert, die Zusammensetzung der Schminke, womit die Wangen gefärbt und endlich auch noch das schwarze Pulver, womit die Grenzlinien über den Augen gezogen werden.[29]

Die Referenzen auf Enoch sind bei Tertullian zahllos. So versteht er in seiner berühmten Apologie die Genesis im Lichte Enochs, wenn er schreibt, die Schrift lehre uns, »daß einige Engel abtrünnig und der Ursprung einer noch verderbteren Art von Teufeln geworden seien«.[30] Er vertrat die Vorstellung von verderbten Engeln, weil er wie andere frühe Väter das sechste Kapitel der Genesis im Sinne Enochs verstand. Sie interpretierten den Text geradlinig und hielten sexuelle Wollust für die Sünde des Teufels. Im fünften Jahrhundert jedoch stellte Augustinus selbstsicher fest: »Doch waren sie nicht insofern Engel Gottes, daß sie keine Menschen hätten sein können, wie manche meinen; sondern zweifellos waren es Menschen«. Wenn man sagt, es »gebe keinen Zweifel«, dann gibt es gewöhnlich einen, zu Augustinus' Zeiten wie heutzutage.

Augustinus argumentiert, die »Gottessöhne« seien Engel nur im Geiste, und sie hätten es sich erlaubt, von der Gnade abzufallen. Die Kinder, die diese potentiell höheren Wesen vor ihrem Fall hatten, bekamen sie nicht als das Ergebnis sexueller Leidenschaft, sondern um »den Gottesstaat mit Bürgern zu bevölkern«:

Doch bin ich der Meinung, daß die heiligen Engel Gottes zu jener Zeit schlechterdings nicht auf solche Weise fallen konnten ... Darum stammen die Fabelgeschichten von Riesen, die keine Menschen zu Vätern gehabt haben sollen, welche unter Henochs Namen gehen, nach dem zutreffenden Urteil der Verständigen schwerlich von ihm. Bringen doch die Ketzer viel dergleichen unter dem Namen auch anderer Propheten, dazu Neueres unter dem Namen der Apostel, auf den Plan.[31]

Das Buch Enoch war zum Werkzeug der Häretiker geworden. Aber was uns Augustinus verschweigt – und was in der Tat erst jüngere Forschungen aufgedeckt haben – ist, daß manche die Riesen betreffenden Abschnitte bei Enoch von eben den Manichäern »adaptiert« oder »beschlagnahmt« worden waren, denen Augustinus angehangen hatte und die er später verabscheute.[32] Augustinus' Brandmarkung dieses Buchs als häretisch war wirksam genug, um es für ein Millenium zu begraben.

Die erste auszugsweise Publikation des äthiopischen Enoch-Texts, der, wie gesagt, der einzig erhaltene ist, geschah erst 1800. Die erste vollständige Übersetzung gab Richard Laurence 1821 in Oxford heraus, und sie führte zu neuen Diskussionen darüber, ob die »Gottessöhne«, die Sex mit Frauen hatten, wirklich Engel waren. Offensichtlich von dieser Übersetzung angeregt, benutzte sie Byron für sein Versdrama »Heaven and Earth: a Mystery« (1821), welches Goethe, wie Henry Crabb Robinson 1869 in seinem *Diary* notierte, als das beste von Byrons ernstzunehmenden Werken ansah. Selbst Byron folgte jedoch noch der Tradition, wonach die Sünde des Teufels der Stolz war. Woher hätte Byron wissen sollen, daß, vor Augustinus' Verwerfung des Buchs Enoch, für Justinus, Athenagoras, Clemens, Tertullian und andere, für mehr als drei Jahrhunderte christlicher Lehre also, die Sünde des Teufels nicht Stolz, sondern geschlechtliche Wollust war?

Die Rechte des Teufels oder Christus als Angelhaken

Warum hat Michelangelos *Moses* Hörner? Der Blick auf die Statue kann diese Frage nicht beantworten, sondern man muß wissen, daß bestimmte hebräische Sätze im Mittelalter falsch übersetzt wurden. Warum wird in einer Anzahl von Darstellungen der Flucht nach Ägypten ein Weizenfeld gezeigt, das plötzlich auftauchte, um den Weg Mariens zu verbergen? Die Antwort findet sich in dem apokryphen *Evangelium von Mariä Geburt und der Kindheit des Heilands* aus dem dreizehnten Jahrhundert. Warum erheben sich die Toten im Tympanon des Jüngsten Gerichts an Notre-Dame in voller Bekleidung aus ihren Gräbern? Die

Antwort ist in den Glaubensvorstellungen Maurice de Sullys, des Erzbischofs von Paris im frühen dreizehnten Jahrhundert, zu suchen. Doktrinen und Schriften hatten auf zahlreiche Motive in Skulptur und Malerei direkten Einfluß. Der Teufel ist jedoch die Ausnahme. Nach dem fünften Jahrhundert hatten kirchliche Schriften über den Teufel nur geringe Auswirkungen auf sein visuelles Bild. Thomas von Aquins Vorstellungen vom Teufel und vom Bösen waren, noch runde achthundert Jahre später, dieselben wie die von Augustinus.[33] Die scholastischen Lehrmeinungen über den Teufel hatten wenig Einfluß auf sein Bild; ein Beweis ist die Lehre von Christi Sühneopfer.

Die Lehre von Christi Sühneopfer war nie offiziell formuliert worden, obwohl sie zu den meistdiskutierten Mysterien der Kirche gehörte.[34] Man könnte sagen, daß es sich dabei um den ersten Vertrag mit dem Teufel handelt. Ursprünglich formuliert von Irenäus gegen Ende des zweiten und voll entwickelt von Gregor von Nyssa im vierten Jahrhundert, wurde die Lösegeld-Theorie des Sühneopfers von den meisten Christen ein Jahrtausend lang geglaubt. So bizarr sie scheinen mag, so haben sie doch Theologen von Gregor von Nyssa bis Augustinus, haben sie Päpste von Leo dem Großen bis Gregor dem Großen vertreten. Adam hatte gesündigt, und nach seinem Tod wurde er dafür bestraft als Leibeigener im Reich des Teufels. Frei kann ein Leibeigener nur werden durch Zahlung eines Lösegeldes an seinen Lehnsherrn. Gott wollte den Menschen befreien; andernfalls würde sein Plan vereitelt. Weil Gott gerecht ist, konnte er dem Teufel (dem Lehnsherrn) den Menschen (den Leibeigenen) nicht mit Gewalt entreißen. Daher beschloß Gott, den Teufel zu überlisten, indem er die Geburt Jesu geheimhielt. Als Jesus größer wurde, bemerkte der Teufel, welch vollkommener Mensch er war, und wünschte ihn für sein Reich. Er willigte ein, Jesu Tod als Lösegeld für den Menschen anzunehmen. Bei Jesu Kreuzigung aber nahm der Teufel sein Lösegeld nur in Empfang, um sogleich festzustellen, daß er überlistet worden war. Der Mensch Jesus war der menschliche Köder, in dem der Angelhaken von Christi Göttlichkeit versteckt war. Der Mensch wurde frei von den Ketten des Teufels, weil Christus geopfert wurde, um den Rechten des Teufels genugzutun: er sühnte die Sünden des Menschen. »Ich bin gekommen«, sagte Jesus, »zu dienen und um mein Leben für die Vielen zu geben«. Aus diesen wenigen Worten entwickelte sich die Idee des Sühneopfers. Paulus hält Christi Tod für eine Art Substitution für die Leiden des Menschen, durch die der Mensch mit Gott versöhnt werden könne. »Weil alle gesündigt haben«, sagt Paulus, »sind sie durch das Geschenk seiner Gnade gerechtfertigt, durch die Erlösung in Christus Jesus, den Gott als eine Sühne durch sein Blut gegeben hat«.

Im ersten Jahrhundert nahm Ignatius an, Gott habe den Teufel getäuscht, indem er Christi Geburt geheimhielt.[35] Im zweiten Jahrhundert definierte Irenäus die Rechte des Teufels mit dem Argument, Adams Apostasie rechtfertige die ungerechte Herrschaft des Teufels über den Menschen. Gewalt konnte Gott nicht anwenden, denn das würde die Prinzipien der Gerechtigkeit verletzen. Darum kaufte Gott den Menschen zurück, indem er Jesus als Lösegeld benutzte.[36] Christus war das Lösegeld an den Teufel, um den Menschen aus seiner Leibeigenschaft zu befreien. Gregor von Nyssa drückt dies in einer unvergeßlichen Metapher aus: Christus ist ein Köder an einem Angelhaken. Gott hat sich,

> um dem sein Lösegeld für uns Verlangenden zugänglich zu werden, unter der Hülle unserer Natur verborgen, damit, wie es bei gierigen Fischen zu geschehen pflegt, mit dem Köder des Fleisches zugleich der Angelhaken der Gottheit verschluckt werde.[37]

Weil Gott gerecht ist, dann konnte er, so argumentierte Gregor, keine Willkürherrschaft über den Teufel, der uns in seiner Knechtschaft hält, ausüben, denn wenn Gott Gewalt geübt hätte, hätte der Teufel einen gerechten Grund zur Klage gehabt. Christus als Gottes Falle für den Teufel und Christus als das dem Teufel gezahlte Lösegeld waren weitverbreitete Vorstellungen. Ein anderer Gregor des vierten Jahrhunderts, Gregor von Nazianz, war jedoch entsetzt: »Wem denn und wofür ist das Blut um unseretwegen vergossen worden? ... Wenn dem Bösen, welche Schmach, wenn der Räuber nicht bloß *von* Gott, sondern wenn er *Gott selbst* als Lösegeld erhält... Welches ist der Grund, daß das Blut des Eingeborenen den Vater erfreut?«[38] Dennoch blieb es bei dieser »frevelhaften« Vorstellung. Sie wurde von Augustinus übernommen, auch wenn er das Bild von Christus als Köder am Angelhaken durch ein noch unerfreulicheres ersetzte – eine Mausefalle.[39] Der Teufel hat Rechte über den Menschen, darum muß dem Teufel Lösegeld bezahlt werden, und Gott überlistet den Teufel, indem er Christus als Köder benutzt. Diese lebhaft ausgeschmückten Argumente waren orthodoxer Glaube.

Anselm, der im elften Jahrhundert die Scholastik begründete, lehnte diese Vorstellung heftig ab.[40] Nicht der Satan hat Anspruch auf *Lösegeld*, sondern Gott hat Anspruch auf *Schuldigkeit*: das ist der Kern der Genugtuungs-Theorie. Anselm verwarf Gregors Vorstellung, Gott sei verpflichtet, den Teufel mit dem Recht zu bekämpfen statt mit Gewalt. Er verstehe nicht, sagte Anselm, was an diesem Argument überzeugend sei. Der Mensch verdiente die Bestrafung, aber der Teufel – Anselm bestand darauf – hatte kein Recht, sie zu verhängen. Im Gegenteil, da das Motiv des Teufels nicht Gerechtigkeitsliebe, sondern Bösartigkeit ist, ist dies der Gipfel des Unrechts. Daher wird dem Teufel nichts geschuldet. Anselms Genugtuungs-Theorie – es besteht eine Schuldigkeit gegen Gott, nicht aber ein Anspruch des Teufels auf Lösegeld – wurde in gebildeten Klerikerkreisen weithin akzeptiert. Obiges ist meine Zusammenfassung der vorherrschenden Ansicht; ob jedoch Anselm ernsthaft daran interessiert war, herauszubekommen, ob es sich um Schuldigkeit oder Lösegeld handelt, ist eine andere Frage. Vielleicht blieb ihm nichts anderes übrig; mit seiner neuen Formulierung antwortete er Kritikern, die nicht verstehen konnten, wie Gott allmächtig und gut sein konnte, wenn er leiden und als Jesus Christus vom Himmel kommen mußte, um den Teufel zu besiegen. Vor demselben Problem wie einst Anselm stand Robinson Crusoe, als er seinem wilden Gefährten Freitag zu erklären versuchte, daß der Teufel Gottes Feind sei, der das Reich Christi zu zerstören versuche:

»Gut«, sagte Freitag, »aber du sagst, Gott ist so stark, so groß, ist er nicht viel stark, viel Macht als Teufel?« »Ja«, sagte ich, »Freitag, Gott ist stärker als der Teufel, Gott ist über dem Teufel, und deshalb beten wir zu Gott, er möge ihn unter seine Füße treten...« »Aber«, sagte er darauf, »wenn Gott viel stark, viel Macht als Teufel, warum Gott tötet nicht Teufel, damit nichts Böses mehr tut?« Über diese Frage war ich seltsam überrascht, schließlich war ich zwar ein reifer Mann, aber ein junger Theologe, und nicht erzogen, um einen Kasuisten oder einen gewiegten Auflöser von so kniffligen Fragen abzugeben. Zuerst wußte ich gar nicht, was ich sagen sollte, ich tat, als hätte ich ihn nicht verstanden...[41]

Den Luxus, angeblich nicht verstanden zu haben, konnte sich Anselm nicht leisten. Seine Schuldigkeits-Theorie war die Antwort an Dissidenten, die dieselben Fragen wie Freitag aufwarfen. Anselm verfolgt das Thema von den Rechten des Teufels und sagt, daß eine Tat je nach dem Standpunkt gerecht und ungerecht sein kann. Demnach quält der Teufel den Menschen mit Recht, weil es gerecht ist von Gott, es zu erlauben, und gerecht für den Menschen, es zu erleiden. Aber wenn gilt, der Mensch leide zu Recht, dann nicht aufgrund seines eigenen, ihm gemäßen Rechts, sondern weil er gestraft wird vom gerechten Urteil Gottes. Das mag sinnvoll sein, aber vor allem ist es ausweichend. Es gibt Leute, die von den Scholastikern fasziniert sind, aber die Scholastiker halten einer sorgfältigen Lektüre selten stand; sie scheinen eher den Sophisten nahezustehen, aber ohne deren Ehrlichkeit und bei weit schwächerer Logik. Aus der Nähe gesehen, spielen die meisten Scholastiker, auch Anselm, nur mit Formulierungen, die sie dann als logische Gedanken ausgeben.

Eine wichtige Ausnahme bildet Petrus Abälard (*ca.* 1079-1142), der wie Anselm die Vorstellung von den Rechten des Teufels ablehnte.[42] Anders als der Gründer der Scholastik spitzte Abälard das Problem zu. Mit welchem Recht, fragte er, konnte der Teufel den Menschen quälen, wenn ihm der Herr dieses Recht nicht ausdrücklich gegeben hatte? Und das konnte der Herr nicht tun: es wäre ganz ungerecht, wenn der Teufel über den Menschen Rechte hätte, denn es war der Teufel, der den Menschen zur Sünde verführte. Und welchen Grund konnte es haben, daß Jesus Fasten, Schmähungen, Geißelungen, Anspucken und schließlich einen höchst bitteren und gnadenlosen Tod erdulden mußte? Abälard ging über Anselm hinaus und stellte eine Frage, die bisher noch niemand gestellt hatte:

Wenn Adams Sünde so groß war, daß sie nur durch den Tod Christi gesühnt werden konnte, welche Sühne wird dann für den Mord an Christus hinreichend sein?

Beide, die Lösegeld- wie die Genugtuungs-Theorie, schienen ethisch abstoßend. Abaelards eigener Begriff des Sühneopfers besagt, daß Christus uns durch sein Leiden und seinen Tod durch Liebe enger an sich gebunden hat, und unsere Herzen sind »entflammt von solch einem göttlichen Gnadengeschenk... sie bezeugen, daß er ausdrücklich zu dem Zweck kam, die wahre Freiheit der Liebe unter den Menschen zu verbreiten«. Die Bildwelt von Schuld und Zins existiert bei Abälard nicht. Aber seine ethische Deutung des Sühneopfers wurde weitgehend ignoriert; orthodox wurde die Formulierung Anselms (die von Thomas aufgegriffen wurde). Die Macht des Teufels wurde erheblich eingeschränkt: an die Stelle eines Satan geschuldeten *Lösegelds* trat eine *Schuldigkeit* gegen Gott. Theologisch bedeutete diese neue Lehre eine radikale Neudefinition der Rolle des Teufels. Der Teufel wurde seiner Rechte beraubt. Tatsache ist aber, daß die ausgebreitete Literatur zu diesem Punkt *keinen* Einfluß auf das visuelle Bild des Teufels hatte. Im Gegenteil, die Jüngsten Gerichte, die für die Kathedralen in ganz Europa geschaffen wurden, zeigen den Teufel, wie er die ihm zustehenden Seelen empfängt und das Recht genießt, sie zu strafen, und somit an Gottes Gerechtigkeit teilhat.

Der drastische Wechsel bei der theologischen Formulierung der »Rechte« des Teufels bestand lediglich aus Worten: das volkstümliche visuelle Bild des Teufels blieb aus mindestens drei Gründen unverändert. Erstens kam im voll ausgeführten Jüngsten Gericht das Teufelsbild aus einer Bildtradition, die vom geschriebenen Wort wenig beeinflußt war. Zweitens verändern sich Bildtraditionen normalerweise nur langsam, und nur dann, wenn schon bestehende Formen mit den zeitgenössischen Methoden der Wirklichkeitsdarstellung nicht mehr zusammenpassen. Drittens existierten keine gemalten oder skulpierten Vorbilder, die als Grundlage für die ästhetische Widerspiegelung dieser neuen Auffassung des Teufels hätten dienen können. Zum Beispiel hielt noch drei Jahrhunderte nach Anselm ein Kanoniker in Shropshire eine von der Lösegeld-Theorie beeinflußte Predigt, in der er ausführte, Christus habe den Teufel überlistet, indem er die Beschneidung erduldete, so daß der »Leibhaftige das Mysterium der Fleischwerdung nicht bemerken konnte«.[43] Der entscheidende Grund für das Fortleben der Theorie ist jedoch wohl, daß die meisten Leute, auch die Kleriker, mit diesen neuen Unterscheidungen nicht gut zurechtkamen. Das frühere Bild hatte mehr als fünfhundert Jahre die populären Vorstellungen bestimmt und blieb vermutlich in der Volkstradition weiter bestimmend. Auf den höheren Ebenen der theologischen Theorie hatte sich die Rolle des Teufels gewandelt, aber auf der volkstümlichen Ebene behielt er seine Rechte. Nichts aus den Schriften der Scholastiker trägt zum Beispiel irgendetwas bei zum Verständnis des Teufels in den Mysterienspielen des vierzehnten und fünfzehnten Jahrhunderts, in denen die orale und populäre Teufels-Tradition ihren klarsten Ausdruck findet. »Gib dem Teufel das Seine« – ist diese Redensart nicht ein Relikt der Lösegeld-Theorie: nämlich daß auch der Teufel seine Rechte hat, die wir noch heute achten müssen?

2. Wie der Teufel aussieht

Warum ist der Teufel nackt?

Wenn wir mittelalterliche Bilder von verschiedenen Heiligen betrachten, sehen wir dieselben Gesichter, und nur mit Hilfe einer fixierten Ikonographie von Attributen können wir zum Beispiel Petrus von Paulus oder Markus von Lukas unterscheiden. An den Schlüsseln erkennen wir Petrus, an dem Stier Lukas. Aber woran erkennen wir den Teufel? An seinen Hörnern? An seinem Schwanz? Leider hat der Teufel allzuoft weder Hörner noch Schwanz, weder Mistgabel noch Pferdefuß. Und gerade weil er armselig ist, manchmal sogar regelrecht komisch (Abb. 13), erkennen wir den Teufel nicht. Zwischen dem fünften und dem fünfzehnten Jahrhundert änderten sich die Darstellungen aller Figuren, auch die von Jesus und dem Teufel. Die Veränderungen bei Jesus können festgehalten werden; die beim Teufel sind nicht so klar, weil die Jesus-Ikonographie definiert war und die des Teufels nicht. An einigen Beispielen wird dieser Kontrast klarer hervortreten, aber die Klarheit wird eine falsche sein, wenn wir diese Darstellungen nicht in ihren historischen Kontext versetzen.

Die Medien des Mittelalters – kirchliche Predigten, Mysterienspiele, farbige Glasfenster, Mosaiken und Skulpturen – hatten den Zweck, zu belehren, den Glauben zu erklären und zu stärken. Die Bedeutung war durch die Ikonographie festgelegt, und diese wurde normalerweise von einzelnen Kirchen entworfen und von deren Künstlern ausgeführt. Die großen Werke mittelalterlicher Kunst beweisen, daß die Kreativität nicht ganz erstickt war. Immerhin, als der Bildhauer Tideman 1306 für eine Londoner Kirche einen nicht-traditionellen Christus schuf, entfernte der Bischof das Werk und verlangte von dem Bildhauer das Salär zurück[44] (In unserem Jahrhundert heißt es, ein mißvergnügter Rockefeller habe sich gesperrt, als Diego Rivera in einem Wandbild ein Lenin-Porträt unterbringen wollte. »Schließlich ist es meine Wand«, sagte Rockefeller, als er davon hörte). Der Hauptgrund, warum Piero della Francesca seiner *Kreuzaufrichtung* in San Francesco in Arezzo eine deutlich antisemitische Note gab, war vermutlich der Druck der Franziskaner, die regelmäßig in der Kirche die Juden denunzierten.[45] Gewisse

Techniken entsprachen dem Zweck der mittelalterlichen Kunst besonders gut, so die Art von Symbolismus, die man sinnbildlichen Realismus nennt (*figural realism*). Seinen typischen Ausdruck findet er in einem Schema von Korrespondenzen, so wenn Ereignisse, die im Alten Testament erzählt werden, auf analoge im Neuen Testament verweisen. Zum Beispiel nimmt man an, daß ein Prophet des Alten Testaments einen Apostel vorwegnimmt; oder daß die Opferung Isaaks das Opfer Christi präfiguriert; oder daß die Gefangennahme Simsons durch die Philister analog zur Gefangennahme Christi durch die Römer ist. Idealerweise unterscheidet sich sinnbildlicher Realismus von Allegorie und »reinem« Symbolismus, weil das Sinnbild (Simson zum Beispiel) seine buchstäbliche und historische Bedeutung behält. Dies mag kompliziert klingen, aber es wird noch komplexer in den vier Bedeutungsebenen, die die Scholastiker bei der Bibelerklärung benutzten. Diese vier Ebenen waren die wörtliche, die moralische, die allegorische und die anagogische (oder mystische). Es ist, als ob man ein kleines Stück Stoff unter einem Mikroskop betrachtete: was man sieht, hängt davon ab, welche Färbung man benutzt. Wenn dieses kleine Stoffstück Jerusalem ist, dann wäre die wörtliche Ebene die Sicht ohne jede Färbung; man sähe die wirkliche Stadt in Palästina. Mit der moralischen Färbung sähe man die Kirche Christi, mit der allegorischen die Himmelsstadt, mit der anagogischen schließlich wäre man bei der Betrachtung der christlichen Seele.

Der Symbolismus in der mittelalterlichen Kunst ist ein heikles Thema. G. G. Coulton, ein gewissenhafter Mediävist, hat vermutet, daß die schwindelerregenden Erklärungen des komplexen Symbolismus und die Deutungen mittelalterlicher Kunst (und Literatur, wäre zu ergänzen) im Sinne der vier Ebenen oftmals akademische Erfindungen sind. Obwohl diese theologischen Methoden nicht modern sind, sind die Anwendungen der scholastischen Exegese auf bestimmte Bilder vielfach Erklärungen post factum. Nur wenige Kleriker hätten derartige Interpretationen verstanden. Nachdem es aber Mediävisten gibt, die versuchen, uns für Bilder zu begeistern, die außer ihrem angeblichen symbolischen Gehalt wenig Reiz haben, wollen wir uns einem bestimmten Beispiel eingehender widmen.

Jean Pucelle war ein geschickter und origineller Illustrator des frühen vierzehnten Jahrhunderts, und eines von seinen Werken ist das zweibändige Belleville-Breviar (Bibliothèque Nationale, Paris). Im ersten Band erklärt Pucelle seine Psalter-Illustrationen; sie zeigen die Beziehung der sieben Sakramente zu den drei theologischen und den vier Kardinaltugenden sowie die sinnbildliche Beziehung des Alten Testaments zum Neuen. Pucelle fordert den Leser auf, er solle im Falle von Unklarheiten nach der Bedeutung fragen, und wenn es in dem von ihm illustrierten

Psalter welche gibt, so will er sie erklären. Er liefert jedoch lediglich ein paar allgemeine Grundsätze, etwa den, daß »das Neue Testament im Alten überall symbolisch gegenwärtig« ist. Für jeden Monat, so bemerkt Pucelle zum Beispiel, gibt es einen Propheten, dessen »verhüllte« Prophezeiung ein Apostel als Glaubensartikel erkennt. Wenn wir jedoch nach einem *spezifischen* Beispiel für komplexen Symbolismus suchen, dann ist das beste Pucelles Darstellung der vier Evangelisten:

[Auf dieser Seite] sind vier Evangelisten und ihre vier Tiere, die die vier Werkzeuge der Passion Jesu Christi halten. Erstens hält der Adler St. Johannes die drei Nägel hin, die die Göttlichkeit, die Zahl der drei Personen, bedeuten und die, wie das Göttliche, Barmherzigkeit ist, die die Herzen mit sich nimmt und zusammenführt; und St. Johannes spricht besonders zur Gottheit. Sodann hält der Ochse dem heiligen Lukas den Speer hin, der Qual und Passion bedeutet; und St. Lukas spricht besonders von der Passion.[46]

Das ist nicht besonders kompliziert. Obwohl wir es mit einem sehr bewußten Künstler zu tun haben, finden wir *nicht* die üblichen vier Bedeutungsebenen der Mediävisten. Was Pucelle beschreibt, ist viel einfacher: die Zahl Vier zu Korrespondenzen erweitert. Es gibt auch symbolische Korrespondenzen wie die drei Nägel sowie eine assoziierte Korrespondenz von Gottheit und Barmherzigkeit. Gewöhnlich erwähnt Pucelle nur die konventionellen alt- und neutestamentlichen Beziehungen und erklärt nur zwei Bedeutungsebenen topisch: »Wir sprechen von der Synagoge in der Zeit des Alten und von der Kirche in der Zeit des Neuen Testaments auf zwei verschiedene Weisen, im gewöhnlichen und materiellen und im subtilen und spirituellen Sinn.«

In seinem bekannten Brief an Can Grande illustriert Dante die vielfachen Bedeutungen seiner *Commedia* gemäß dem scholastischen Schema der vier Ebenen. Sein Beispiel stammt jedoch nicht aus dem eigenen Werk, und seine Definition, wonach jeder mystische Sinn allegorisch sei, unterläuft die starre Standardformel und ist, selbst in der *Commedia* (zum Beispiel, »Inferno«, XXVI), nicht durchgehend anwendbar. Die komplexe Technik der vier Ebenen ist eine Theorie, und sie wird von Dante auch weitgehend in die Praxis umgesetzt, aber das ist nicht der Normalfall. Selbst die geistige Elite lieferte widersprüchliche Kommentare, und das sollte den Gelehrten, die uniforme Lesarten fordern, zu denken geben. Abt Suger von St. Denis deutete eine Szene in einem farbigen Glasfenster, die zeigt, wie Gott dem Moses im brenenden Dornbusch erscheint, aber der Autor der *Bible moralisée* besteht auf der entgegengesetzten Deutung derselben Episode.[47] Ich vermute, daß entgegen der Theorie die schwerfällige Maschinerie der vier Ebenen in spezifischen Werken selten angewandt wurde, einfach weil zu wenig Leute sie verstanden hätten, und das gilt insbesondere für die volkstümlichen Malereien und Skulpturen in Kathedralen und Kirchen.

Eine Jesus-Darstellung kann normalerweise anhand bestimmter ikonographischer Merkmale datiert werden. Der ruhige Christus, der im neunten Jahrhundert mit offenen Augen unbewegt am Kreuz hängt, wird im vierzehnten zu einem Christus in heftigem Todeskampf. Zur Darstellung dieser Neuerung war ein einfaches Zeichen oder Etikett nicht ausreichend, und es begannen expressivere Konventionen aufzutreten. Man denke zum Beispiel an die Stellung der angenagelten Füße Christi: seit *ca.* 800 scheint Christus mit dem Kreuz verwachsen, beide Füße parallel und je ein Nagel im Fuß. Seit 1250 liegen in der Malerei die Füße übereinander und es wird nur ein Nagel benutzt; dieser Prototyp setzt sich seit 1320 durch. Die Änderung einer malerischen Konvention konnte jedoch im Mittelalter politische und theologische Bedeutung haben. Das ist der Grund, warum in der zweiten Hälfte des dreizehnten Jahrhunderts der Bischof von Tuy in Iberien sich beklagte, daß Häretiker den Glauben der Orthodoxen zu erschüttern versuchten, indem sie »übel geformte« Bilder malten oder meißelten: »Voller Spott und Verachtung für Christi Kreuz, machen sie Bilder unseres Herrn mit übereinandergelegten Füßen, so daß beide von nur einem Nagel durchbohrt werden, und versuchen so, den Glauben der Menschen an das heilige Kreuz und die Überlieferungen der heiligen Väter zu zerstören oder zu schwächen.« Der Bischof hatte schon viele Beispiele dieser heterodoxen Anordnung gesehen, denn die Bildhauer hatten vor 1200 mit ihrer Einführung begonnen.[48] Die *Pietà,* der tote Christus auf dem Schoß Mariens, erscheint nach 1300 in Deutschland; einige von diesen Holzskulpturen gehören zu den bewegendsten Schöpfungen der Kunst überhaupt.

Der Teufel ist jedoch *immer* ein ohnmächtiger Wicht oder ein lasterhafter Dämon in wechselnder Gestalt. Seine Darstellung wechselt sogar im Werk desselben Bildhauers an derselben, im zwölften Jahrhundert erbauten romanischen Kathedrale St. Lazare in Autun. Sie wechselt im selben Werk, wie drei Jahrhunderte später in Fra Angelicos *Jüngstem Gericht* im Kloster San Marco in Florenz (Abb. 32). Einige von Fra Angelicos Teufeln haben Hörner, andere nicht; manche haben Hunds-, manche Katzengesichter (Abb. 6). Und Fra Angelicos großer schwarzer Satan sieht am ehesten wie Godzilla aus (Abb. 1). Betrachtet man die Teufelsdarstellungen vom elften bis zum sechzehnten Jahrhundert, so hat man normalerweise eine groteske Bestie vor sich, oder es steckt vielleicht ein Drache seine Zunge zwischen die wohlgeformten Hinterbacken einer nackten Hexe. Oder ein Wicht flüstert hier jemand etwas

6 Detail aus Fra Angelico, *Das Jüngste Gericht* (Abb. 32).

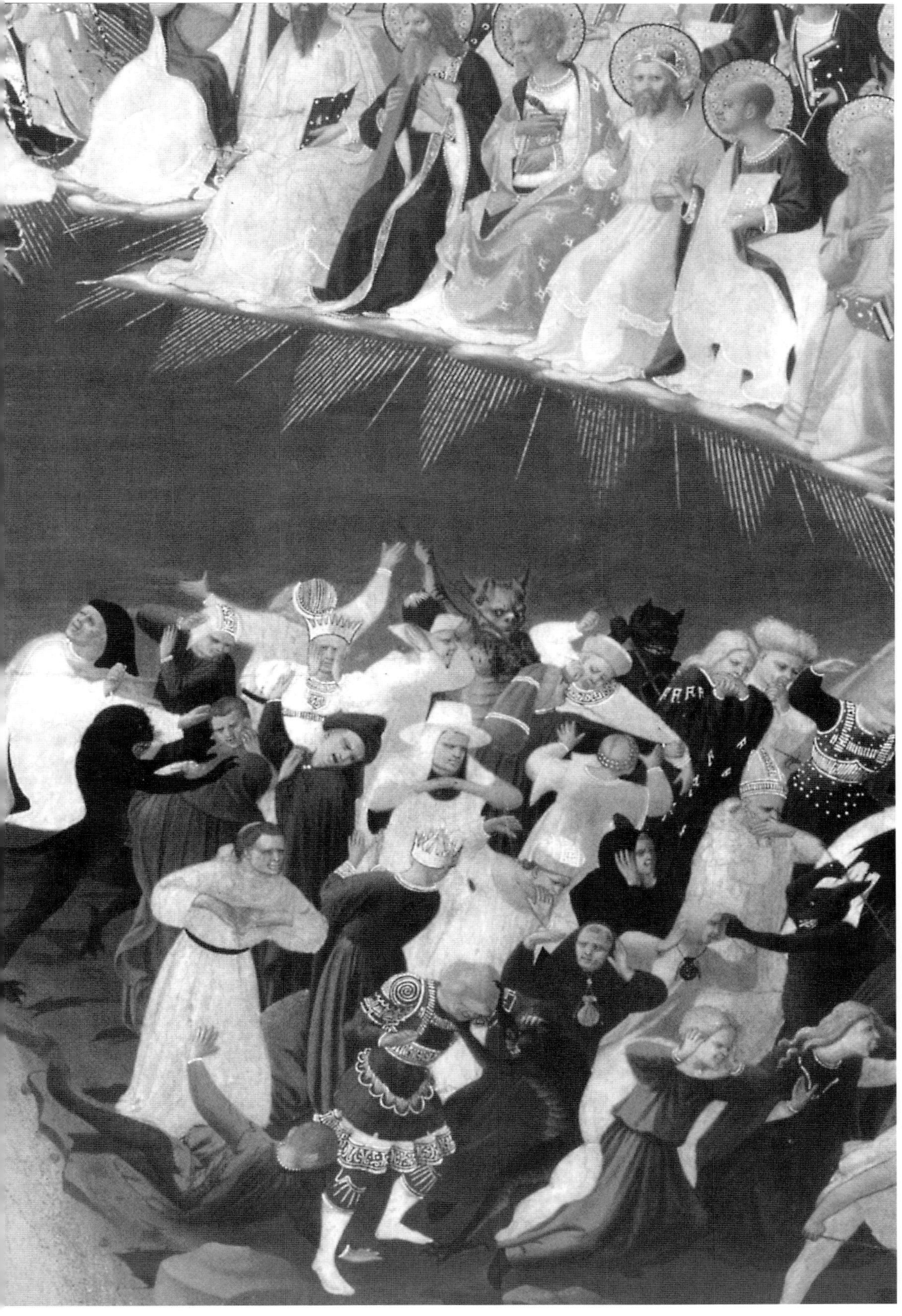

ins Ohr, klettert dort jemandem aus dem Mund – ein Wicht, quasimenschlich, mit Hörnern, manchmal mit Krallen. Oder ein widerliches Wesen schielt nach einer Dame, die sich vor einem Spiegel putzt. Man sieht den Engel Michael ein fledermausflügliges Halbtier niederwerfen, ein häßliches Wesen, verschreckt, als ob es von einem unheilbaren Leiden befallen wäre, gegen das zu kämpfen sinnlos ist. Manchmal sehen diese Teufel grotesk aus, manchmal erbarmungswürdig, manchmal lasterhaft. Wir sehen nackte Teufel, die oft mehr komisch als schreckenerregend sind, aber wir sehen nicht Satan, den Teufel, den *Widersacher* Gottes. Wir sehen Wesen wie Drachen, die wir als den Teufel *interpretieren* können. Aber das ist etwas anderes.

Im wirklichen Leben waren jene Teufel, die, etwa als Ursache von Nasenbluten oder Neid, jeden Bereich des menschlichen Lebens infizierten, bei weitem am verbreitetsten. Die zahllosen kleinen Agenten des Teufels stellte man sich im Mittelalter ganz ähnlich vor, wie wir uns heute Mikroben vorstellen – immer potentiell anwesend und bösartig. Anders als diese Teufelsmikroben trat der Teufel selbst in zwei Hauptrollen auf. Erstens war er der Drache, den Michael in der Apokalypse bekämpft und besiegt hatte. Seine Kohorten sind Ungeheuer. Brueghels *Sturz der rebellischen Engel* (Académie Royale, Brüssel) von 1562 stimmt ikonographisch mit einer Illumination im *Morgan Beatus* des zehnten Jahrhunderts überein (Abb. 38). Dann das Jüngste Gericht. Hier ist der Teufel nicht der Feind: er tut Gottes Werk und bestraft die Sünder. Keineswegs ein Rivale, hat der Teufel seinen ihm zustehenden Platz und arbeitet in vollster Übereinstimmung mit den heiligen Gewalten. Weder Widersacher noch Bedrohung, stärkt der Teufel, der die Verdammten quält, das System. Ein ganz anderes Thema beginnt *ca.* 800 und endet *ca.* 1500: der Sturz der rebellischen Engel. Das erste Datum bezieht sich auf das der Trierer Apokalypse, das zweite auf *Michael und Lucifer* des venezianischen Malers Lorenzo Lotto (Abb. 65). Dieses Thema stellt eine größere Herausforderung dar. Eines ist es, eine Horde von fallenden *Ungeheuern,* die von *Engeln* attackiert werden, darzustellen; ein anderes ist die Darstellung von *Engeln,* die selbst von *Engeln* attackiert werden. Das schwierige und normalerweise umgangene Problem wird in Lottos Bild aufgegriffen. Michael und Lucifer gleichen sich: derselbe Körper, dasselbe Gesicht. Sie sind Zwillinge, komplementäre Seelen. Lucifer ist das andere Gesicht Michaels.

Die meisten Auftritte hat der Teufel in Apokalypsen und Jüngsten Gerichten aus der Zeit zwischen der frühchristlichen Kunst und dem Ende der christlichen Kunst. Als Skulptur und Malerei nicht mehr in kirchlichem Auftrag entstanden und als die Formen und Funktionen der Kunst sich gewandelt hatten, wurde die christliche Kunst zu einer

Kunstart unter vielen. In gewisser Weise endet die christliche Kunst mit dem Beginn des fünfzehnten Jahrhunderts. Die kirchliche Kontrolle der Medien geht zurück; die musivische Glasmalerei stirbt aus; an die Stelle der Stundenbücher treten gedruckte Texte, Holzschnitte und Stiche, und es beginnt die Reformation. In Michelangelos *Jüngstem Gericht* ist es die klassische Figur Charons, die die Verdammten über den Styx zur Hölle bringt, und es gibt keinen Satan. Nach der kürzlich stattgefundenen umfassenden Restaurierung dieses Werks meinte Philippe Dagen, der Kunstkritiker von *Le Monde,* es handle sich »in keiner Weise um ein mystisches Bild, nicht einmal wirklich um ein religiöses. Selbst daß es ein christliches Werk ist, ist zweifelhaft, so entschlossen ignoriert es die Möglichkeit von Erlösung und Vergebung« (10.-11. April 1994). Dem *Höllensturz der Verdammten* von Rubens (Alte Pinakothek, München) liegt keine theologische Konzeption zugrunde, sondern eine artistische von Licht, Raum und miteinander verbundenen Massen von Körpern. Tatsächlich sind Rubens' Werke in der Alten Pinakothek das Ergebnis einer Verbindung. Zum Beispiel ist das »kleine« *Jüngste Gericht* von 1619 inhaltlich der Sturz der rebellischen Engel, an welchen der Künstler das obere Drittel seines »großen« *Jüngsten Gerichts* von 1617 angefügt hat. Eine solch individuelle Behandlung des Themas verweist nicht nur auf eine qualitative Veränderung hinsichtlich der Funktionen und der Auftraggeber, sondern auch auf eine Verlagerung bei den Brennpunkten der schöpferischen Impulse. Bis zu diesem Wandel war die christliche Kunst Medium und Botschaft für die ungebildeten Massen gewesen. »Ich bin eine arme alte Frau«, sagt im fünfzehnten Jahrhundert die Mutter des Dichters François Villon in einer seiner *Balladen,* »ich weiß nichts, ich kann nicht lesen. Aber ich habe in meiner Pfarrkirche das Bild des Paradieses mit Harfen und Lauten gesehen, und eine Hölle, wo die Verdammten gebraten werden. Das eine macht mir Angst, das andere gibt mir Freude und Heiterkeit.«

Diese Zeilen Villons hat man allzuoft zitiert, und die Kommentatoren haben dabei vergessen, daß Villons Mutter einem Dichter das Leben geschenkt hat, dem man nicht so leicht Angst einjagen konnte. Die Sünder, die in der Hölle gebraten werden, sind ein Bild, das damals nicht alle so ernst nahmen wie manche Gelehrte heute. Im Mittelalter und in der frühen Renaissance gibt es viele Stimmen, die die Historiker gern ignorieren. Ein Barbier im Languedoc zum Beispiel behauptete fest, »in der Bibel stehe nichts davon, daß irgendwer zur Hölle fuhr, es sei denn vielleicht Judas und der reiche Geizhals«.[49] Er wurde zu einer sechsjährigen Galeerenstrafe verurteilt. Ein gewisser Juan Franzano aus der Lombardei meinte, »etwas wie das Fegefeuer gebe es nicht; zu beichten sei unnötig; [der Papst] folge nicht dem Evangelium; und die Glaubenslehren der Inquisitoren seien falsch«.[30] Er wurde zum Tode verurteilt. Catalina Villarina, eine Bauersfrau, sagte 1630, es gebe »keine geistliche Messe, die nicht Schwindel und Quatsch sei«.[50] Acht Jahre zuvor hatte Constantino Saccardino, ein berufsmäßiger Spaßmacher und Quacksalber, gelehrt, Religion und Hölle seien nichts als Betrug: »Ihr seid Affen, wenn ihr daran glaubt... Die Fürsten wollen es euch glauben machen, damit alles in ihrem Sinn läuft.«[52] Und im fünfzehnten Jahrhundert gab es in der Gemeinde des volkstümlichen Geistlichen Meffret Leute, die sich beklagten, daß »die Priester, wenn sie uns nichts von der Hölle erzählen würden, nicht wüßten, wovon sie leben sollten«.[53]

Besser lassen sich die Bilder von der Hölle und vom Teufel interpretieren, besser wird ihre Entwicklung verständlich, wenn wir einen Blick auf die Form werfen, die die Darstellung Jesu annahm. Wenn man heute die Petersbasilika in Rom durchwandert und die bewegende Meisterschaft von Michelangelos *Pietà* von 1500 bewundert, dann befindet man sich direkt über einer Nekropole mit einem Deckenmosaik, das 1100 Jahre vor Michelangelos Geburt vollendet wurde. Der Apoll, der auf diesem Mosaik mit seinem Wagen durch den Himmel fährt, ist von besonderer Art – es ist Christus als Sonnengott im Wagen (Abb. 35). Christus als der römische Sonnengott Helios war der Versuch, eine Frage zu lösen: wie Christus darzustellen sei. Christus am Kreuz zum Beispiel stellte von Anfang an ein ernstes Problem dar. Am Beginn des vierten Jahrhunderts berichtet Arnobius, jener eindrucksvolle, höchst lesenswerte Apologet, die Heiden fänden es unfaßlich, daß die Christen wirklich glauben könnten, daß »jemand, an dem die Strafe der Kreuzigung, die selbst für den niedrigsten Menschen ehrlos ist, vollstreckt worden war, Gott sei«.[54] Um 430 erscheint auf einem heute im British Museum befindlichen italienischen Elfenbeikästchen ein junger, bartloser Christus am Kreuz. Zu den frühesten Bildern des gekreuzigten Christus gehört auch das auf den Türen von Santa Sabina in Rom. Bemerkenswert ist dabei weniger die Rohheit des Werks als seine unwichtige Placierung unter den zahlreichen Tafeln der Türen. Diese Anordnung ist naheliegend, denn eine Kreuzigung war, wie uns Arnobius mitteilt, das Zeichen einer schändlichen Niederlage. Jahrhunderte vergingen, bevor dieses Motiv zum Symbol eines spirituellen Triumphs wurde und Christus nicht mehr mit offenen Augen auf dem Piedestal des Kreuzes stehend, sondern schmerzhaft daran hängend dargestellt werden sollte. Diese Veränderung war es, die aus einem bildlichen Zeichen, das wir nur als Verweis interpretieren, ein künstlerisches, emotionales Symbol machte, das wir direkt nachempfinden. Der Teufel wurde jedoch nie zu solch einem Symbol.

Die christlichen Katakombenmalereien und Sarkophage des dritten

WIE DER TEUFEL AUSSIEHT 51

7 Der jugendliche, bartlose Christus thront zwischen Petrus und Paulus über dem Firmament, Detail von dem Steinsarkophag des Junius Bassus, IV. Jahrhundert, Grotte Vaticane, Rom.

8 *Christos Pantokrator*, um 1100, Kuppelmosaik in der Koimesis-Kirche, Daphni.

und vierten Jahrhunderts sind nicht christlich: Dekoration, Komposition, Modellierung, Formen, Ausdruck und Posen sind klassisch. Aber sie enthalten Szenen, die ein Bibelunkundiger nicht erklären könnte. Ein Christ würde jedoch den ersten ikonographischen Christus sofort ausmachen: den Guten Hirten, der ein Schaf auf den Schultern trägt (nicht einen Widder wie Hermes Kriophoros). »Ich bin der gute Hirte«, hatte Jesus gesagt. In den Elfenbeidiptychen aus dem vierten und fünften Jahrhundert ist Christus jung und bartlos, und so auch in den großen Mosaiken aus dem frühen sechsten Jahrhundert in Ravenna. Jung und bartlos bleibt er, wenn er auf einem Sarkophag des vierten Jahrhunderts als Herrscher und Schöpfer des Universums auftritt (Abb. 7). Der junge, oftmals klassischen Vorbildern folgende Christus wird allmählich durch einen älteren, bärtigen Heiland ersetzt. Der ältere, bärtige, machtvolle Christus aus Syrien und Jerusalem triumphierte schließlich, vermutlich weil ein furchterregendes Bild besser zum Pantokrator (Abb. 8) und zur Majestas Domini – beides Themen von theologischer und politischer Relevanz – paßte. (Ein weiterer Grund war vielleicht, daß die meisten Päpste zwischen 678 und 752 Griechen oder Syrer waren.) Die volkstümlichste Formulierung war die aus kaiserlichen Traditionen entwickelte Majestas Domini.

Die Farbe benutzten die romanischen Künstler nicht, weil sie eine impressionistische Sensibilität besaßen, sondern aufgrund spezifischer, aus dem Kaiserkult abgeleiteter Bedeutungen. So haben die liturgischen Farben Weiß, Purpur und Gold ihren Ursprung in den kaiserlichen Hofzeremonien. Diese Farben, sagt der Wiener Historiker Friedrich Heer, waren es, die symbolisch verkündeten, daß alle Machtattribute, die einst zum Römischen Reich und seinem Kaiser gehört hatten, auf Christus als den Kaiser des Himmels übergegangen waren.[55] Die Himmelfahrt von Jesus und Maria leitet sich ab vom römischen Kaiser, der über die Wolken entrückt wird. Das ist nicht überraschend, denn irgendwo muß ein Bild herkommen. Und wenn man ein öffentliches Bild braucht, sehen sich die Künstler nach einer bildlichen oder literarischen Quelle oder nach beidem um. Wenn die bildliche Tradition verloren gegangen ist und dem Künstler einzig die literarische Quelle bleibt, entstehen bizarre Versionen, wie bei den mittelalterlich gewandeten klassischen Gottheiten aus dem zwölften Jahrhundert.[56] Auch das Umgekehrte kann passieren: die literarische Quelle ist verloren. Der Steinmetz von einem der Kapitelle in der Kathedrale von Autun zum Beispiel hatte irgendwo eine Venus mit Muschel und einen Vulkan mit Hammer gesehen. Aber er hatte nicht verstanden, was er vor sich hatte, und so meißelte er eine nackte Frau, die einen Stein hält, und einen Teufel, der ein Messer ergreift. Der byzantinische Künstler der beiden Marienssze-

WIE DER TEUFEL AUSSIEHT

9 *Pan und eine Ziege,* Herculaneum, I. Jahrhundert v. Chr. Eine klassische Quelle für die Hörner des Teufels, seinen Bart, seine platte Nase, seine spitzen Ohren und seinen behaarten Unterkörper. Museo Nazionale, Neapel.

nen im Winchester-Psalter zeigt neben Mariens Bett eine Grabplatte, was ein klare Fehldeutung ist, denn es müßte eine große Fußbank sein. Christus als Apoll ist eine Umdeutung unter vielen: eine klassische Bildquelle wird als christliches Motiv behandelt.

Wenn sie den Teufel malen sollten, waren die Künstler wirklich in einer üblen Lage. Es gab keine nennenswerte literarische Tradition und, schlimmer noch, überhaupt keine bildliche. In den Katakomben und auf den Sarkophagen finden wir *keinen* Teufel. Diese mangelnde Bildtradition ist, in Verbindung mit literarischen Quellen, die Teufel, Satan und Lucifer durcheinanderwarfen, ein wichtiger Grund für das Fehlen eines einheitlichen Teufelsbildes und für die erratische Ikonographie. Etwas ist jedoch besser als gar nichts. Und etwas boten die klassischen Quellen dem christlichen Künstler, das auch die theologischen Kommentare befürworteten – Pan. »Es ist unerklärlich«, schrieb Shelley, »warum man ihn [den Teufel] zum Zeichen des Schreckens und der Mißgestalt mit diesen Beigaben [den Hörnern und Hufen Pans] versah. Mit ihrem Anführer, dem großen Pan, waren die Waldgötter und Faune höchst poetische Leute...«[57] Ich will versuchen, das Unerklärliche zu erklären.

10 Figur auf einem Kapitell, vielleicht ein keltischer Gott, frühes bis mittleres XI. Jahrhundert, Abteikirche St. Benoît, St. Benoît-sur-Loire, Loiret.

Peter Pan, ein weiterentwickeltes Fragment des pastoralen, flötenblasenden Pan, weilt noch unter uns. Der junge Pan und der alte Silen waren Satyrn: kampfbereit, musikalisch begabt, manchmal weise und oft lüstern. Halb Mensch und halb Geißbock, oft mit einem großen Phallus, hatte Pan spitze Ziegenohren und gewöhnlich einen dichten Bart; man brachte ihn so oft mit Satyrn und Faunen in Verbindung, daß es manchmal den Anschein hat, er sei eins mit ihnen. Wie Pan hatten Satyrn und Faune ziegenartige Ohren, manchmal einen Ziegenschwanz, gespaltene Hufe, ein paar Hörner und einen behaarten Körper (aber manchmal, anders als Pan, einen Menschenkörper). Diese Unterschiede waren den Theologen gleichgültig. Hieronymus nannte Satyrn und Faune laszive Dämonen, Symbole des Teufels, und wenn Jesaja das zerstörte Babylon als einen Ort beschreibt, wo »Behaarte« (hebräisch *sair*) tanzten, dann bezog Hieronymus diese Stelle auf die Satyrn (seine Interpretation überlebt in der King-James-Bibel: 13,19-21). »Behaarter« oder »Ziege« wird auch als »Teufel« übersetzt in Leviticus 17,7 und 2. Chroniken 11,15. Von den gängigen Merkmalen des Teufels leiten sich fünf vom klassischen Pan ab: Hörner, Hufe, Ohren, Schwanz und der haarige

11 Ein Engel und ein gestreifter Teufel kämpfen um eine Seele, frühes bis mittleres XI. Jahrhundert, Kapitell (rechte Seite) in St. Benoît, St. Benoît-sur-Loire.

Unterkörper (Abb. 9). Man stelle sich vor, wie diese Bilder von Leuten, denen die klassische Kultur fremd geworden war und die heidnische Schwänze als bedrohlich empfanden, aufgefaßt wurden. Tierisch, wollüstig und im christlichen Schema der Welt nicht einzuordnen (sollte Gott solche Kreaturen geschaffen haben?), war Pan ein Knecht des Teufels oder der verkleidete Böse selbst.

Wenn man sich freilich Pan als *den* Prototyp des Teufels vorstellt, dann widerspricht das den Tatsachen. Das gilt insbesondere für viele Teufelsskulpturen in romanischen Kirchen und Kathedralen in Frankreich, viele davon in kleinen Städtchen und Dörfern; in Conques bei Rodez zum Beispiel gibt es weder Bahnhof noch Bushaltestelle. Obwohl der Teufel in Skulptur und Malerei vor dem sechzehnten Jahrhundert vieltausendfach abgebildet wurde, entstanden die wohl erregendsten Darstellungen für Abteikirchen und in einem sehr kurzen Zeitraum. Der Teufel ist in den Tympana des Jüngsten Gerichts an den gotischen Kathedralen und hier und da an einem Kapitell zu finden, aber in den Abteikirchen ist der Teufel beherrschend, ist das Thema von etwa einem Drittel der Kapitelle. Die Mönche waren es, die ihre Kirchen mit dem Teufel füllten; die Mönche waren es, die in ihm eine fürchterliche und gewaltige Kraft erkannten. Tief empfundene und originelle Teufelsdarstellungen finden sich an den Kapitellen und in den Tympana ganz besonders von St. Lazare in Autun, La Madeleine in Vézélay, Ste. Foy in Conques und St. Benoît in St. Benoît-sur-Loire östlich von Orléans. Da sehr viel zerstört oder restauriert worden ist, ist der ursprüngliche Kontext dieser Werke nur nach sorgfältiger Untersuchung auszumachen. Die berühmte Turmvorhalle von St. Benoît-sur-Loire (ca. 1050?) war ursprünglich höher und außerdem freistehend; sie hatte vier Eingänge an ihren vier Seiten. Heute steht diese Vorhalle mit der Kirche in Verbindung. Der eigentliche Zweck dieser ungewöhnlichen Vorhalle ist ungewiß. Ungewiß ist auch die Bedeutung vieler ihrer Kapitelle, insbesondere wo sie von heidnischer (vermutlich keltischer) Bilder- und Symbolwelt beeinflußt sind; so bei dem großartigen Antlitz einer mysteriösen Gottheit, aus deren Mund sich Weinranken über Löwen winden (Abb. 10). Der Abt von St. Benoît, Gauzlin, erschien auf einem der ersten Häresieprozesse, den Gauzlins Halbbruder, König Robert der Fromme, 1022 in Orléans abhielt. Adhemar von Chabannes, derselbe Chronist, der die Aktivitäten dieser Häretiker beschrieb, teilt uns mit, daß Gauzlin der Sohn von Hugo Capet und einer Prostituierten war. Es war der scharfsinnige, gelehrte und machthungrige Gauzlin, der vermutlich verantwortlich war für den Vorhallenturm mit seinen einzigartigen Kapitellen, von denen viele den Erzhäretiker zum Thema haben, ein Thema, das im nahen Orléans als ernste, sehr reale Bedrohung galt und für welches die Züge Pans kaum angemessen schienen.

Keine andere Kunststätte besitzt derartig originelle romanische Kapitelle, von denen viele den Teufel darstellen, ohne daß Pan eine auch nur indirekte Quelle wäre. An einem Kapitell wird rechtsseitig eine kleine, geschlechtslose nackte Figur vom Teufel und einem Engel, wahrscheinlich St. Michael, festgehalten (Abb. 11). Die Mittelpartie dieses Kapitells ist gänzlich zerstört; die linke Seite teilweise. Auf der erhaltenen rechten Seite ist die Seele merkwürdig passiv; der Zugriff des Engels scheint stärker zu sein, denn er hält nicht nur die linke Hand der Seele fest, sondern legt auch seine eigene Hand auf ihr Haupt. Die Gegenseite des Kapitells zeigt ungefähr dieselbe Szene, und obwohl der Teufel stark beschädigt ist, ist es klar, daß Körper und Kopf der Seele sich dem Engel zuwenden. Trotzdem hält der Teufel noch ihre Hand fest. Was die Mittelpartie auch darstellte, insgesamt zeigt das Kapitell die Hartnäckigkeit des Bösen. Der Gegensatz zwischen dem glückseligen Antlitz mit dem kleinen, geschlossenen und lächelnden Mund bei dem üppig gefiederten und beflügelten Engel und dem gestreiften Teufel mit seinem offenen Maul, den tierischen Zähnen und dem nackten, flügellosen

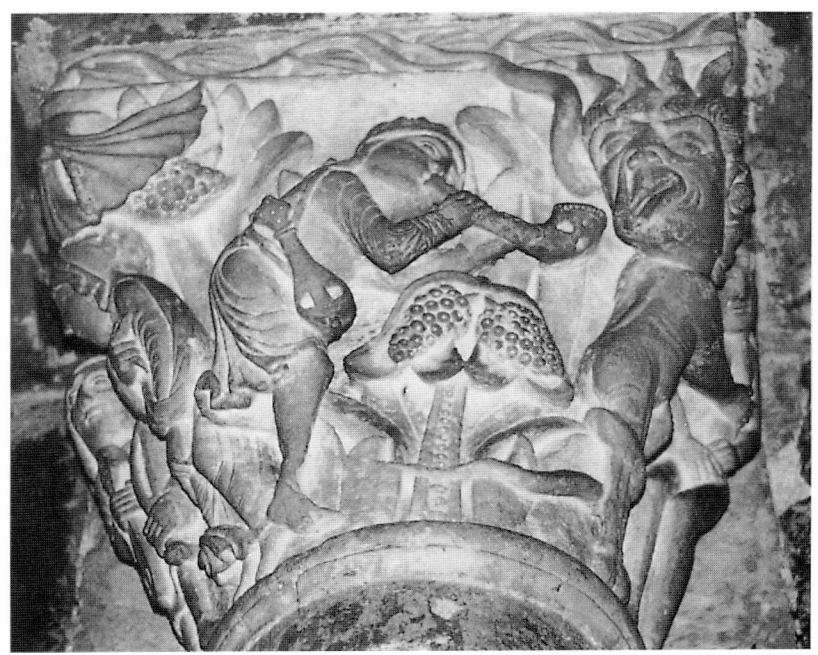

12 Weltliche Musik, Kapitell, frühes XII. Jahrhundert, La Madeleine, Vézélay, Yonne.

Körper wird durch eine subtile Andeutung betont. Der Engel wendet sein Gesicht leicht aufwärts, der Teufel leicht abwärts. Beim Photographieren dieses Kapitells wollte ich abwarten, daß die Sonne es beschiene. Um 2 Uhr nachmittags war das Engelsgesicht besonnt, aber weil ich mich mehr für den Teufel interessierte, wartete ich noch. Nach ein paar Stunden merkte ich, daß die Sonne nie auf das Gesicht des Teufels schien. Der Bildhauer hatte seine Gestalt so angeordnet, daß sie sich immer im Schatten befand.

St. Benoît besitzt die größte Vielfalt an Kapitellen; die Abteikirche in Vézélay jedoch hat von allen romanischen Bauten den schönsten Innenraum, nicht zuletzt wegen der, den Lichtverhältnissen entsprechenden, subtilen Farbvariationen in den sorgfältig ausgewählten Kalksteinsorten. Es war hier, wo gegen die Mitte des XII. Jahrhunderts der junge Ludwig VII. von Frankreich sich, durch die Propagierung des zweiten Kreuzzugs, als wenig weitsichtig erwies. Dieser sollte in einer militärischen Katastrophe enden, welche mit einer persönlichen verbunden war, denn Eleonore von Aquitanien, seine schöne und gewitzte Gemahlin, begleitete ihren König nur, um ihm untreu zu werden (so wie ihr zweiter Gemahl, Heinrich von Anjou, der spätere Heinrich II. von England, ihr untreu werden sollte). Ludwig beredete den Zisterzienserabt Bernhard von Clairvaux, ihm dabei zu helfen, den Papst für den zweiten Kreuzzug zu gewinnen, und Ostern 1146 rief der »honigredende« Bernhard während einer im Freien stattfindenden Predigt vor einer großen Versamlung, die nahe der Maria Magdalena geweihten Abteikirche von Vézélay einberufen worden war, zum Kreuzzug auf. Hier war es, wo 1166 der exilierte Thomas Becket mehrere Geistliche Heinrichs II. exkommunizierte und die Politik des Königs verdammte. Hier trafen sich zweieinhalb Jahrzehnte später Richard von Poitou (der spätere Richard I. von England) und Philipp II. von Frankreich, um zum dritten Kreuzzug aufzurufen. Heute hat Vézélay knappe fünfhundert Einwohner. Die Kirche selbst, die diese Führer gewählt hatten, um ihre Unternehmen zu verkünden, war im frühen elften Jahrhundert nach der Entdeckung von Reliquien Maria Magdalenas begonnen worden. Bald war Ste. Madeleine das Ziel so vieler Pilger, daß Abt Arnaud 1096 befand, der Bau müsse um einen neuen Chor mit Umgang erweitert werden. Zur Deckung der Kosten erhob er so hohe Steuern, daß die Einwohner rebellierten, ins Kloster einbrachen und ihn umbrachten. Renaud de Semur, der ihm 1106 nachfolgte, versuchte, etwas gemäßigter wohl, die Arbeit fortzusetzen, aber 1120 brach ein verheerendes Feuer aus. Um 1140 stand jedoch das neue Schiff, und um 1160 war ein neuer Narthex hinzugefügt und vollendet. Die acht Szenen, die ein Tympanon (*ca.* 1125) umgeben, zeigen spezifische Gruppen und Völker, aber man ist sich nicht einig darüber, welche. So identifiziert ein Fachmann die drei Figuren in einer der Szenen um das Tympanon (die dritte oben links) als Kappadokier (aus der Zentraltürkei); ein anderer als Lepröse; ein weiterer als Araber.[58] Alle drei Thesen können nicht stimmen, obwohl alle drei falsch sein können. Der heilige Geist, nicht Jesus, steigt Pfingsten herab, trotzdem benennen die meisten Kommentatoren (zu Recht, meine ich) dieses Tympanon nach dem pfingstlichen Christus, der das göttliche Wort und den göttlichen Geist unter allen Völkern und Nationen verbreitet. Francis Salet schreibt in seiner eingehenden Studie, daß, von Moissac abgesehen, »nichts der Schönheit und Menschlichkeit des Christus von Vézélay gleichkommt«.[59] Doch es ist seltsam, daß sich in einer Maria Magdalena geweihten Kirche keine ihr gewidmete Szene findet und daß ein so großartiges, friedevolles Tympanon im Narthex den Auftakt zu einem runden Hundert von Kapitellen bildet, die sich fast ausschließlich auf Episoden des Alten Testaments beziehen und von denen mehr als die Hälfte schreckliche Gewaltszenen mit vielen abschreckenden Teufelsdarstellungen enthält.

13 Die Seelenwägung, französischer Psalter, ca. 1230, Lewis Collection (MS 185, fol. 25r), Free Library of Philadelphia.

Auf der linken Seite des Kapitells mit der »Weltlichen Musik« steht ein Spielmann mit Laute und Bogen. Eine Frau blickt ihn an, wobei sie nach hinten über ihre Schulter auf die Hauptszene dieses Kapitells deutet. Diese Hauptszene wird von einem Spielmann und dem Teufel bestritten (Abb. 12). Die Laute hat der Spielmann über die Schulter gehängt; Musik macht er, indem er energisch in ein Horn bläst. Haltung, Modellierung und Technik sind sind außergewöhnlich geschickt. Die Öffnung des Horns zeigt auf das Maul des Teufels, welches sich ihr zuwendet und sie fast berührt. Es ist, als ob die Musik in den Teufel einträte und ihn triebe, die Brüste einer jungen Frau zu kosen. Sein Körper wendet sich der Frau zu, aber sein Kopf ist so stark in die Gegenrichtung (zur Musik hin) gedreht, daß eine unmögliche Stellung herauskommt. Wie andere Teufel ist dieser nackt und hat flammendes Haar. Aber anders als bei den anderen Teufeln dieser Kirche ist sein Kopf im Verhältnis zu seinem Körper übergroß; er scheint eher träge als von Wollust erregt, und er zeigt eine scheußliche Grimasse mit verzerrtem Maul. Zwischen Teufel und Spielmann befindet sich eine große Pflanze, die Salet beschreibt als »verderbenbringende Blumen, die ihren Kelch öffnen und die böse Atmosphäre eines anderen Teufelskapitells wachrufen, von Geilheit und Verzweiflung.«[60] Vielleicht. Das Format und der prominente Platz der Pflanze machen jedoch eine bloß atmosphärische Funktion unwahrscheinlich. Wenn wir die Pflanze jedoch identifizieren wollen, so finden wir wir uns in einer Situation wieder analog zu der vor dem oben erwähnten Tympanon, bei der Szene, deren Figuren von den Fachleuten als Kappadokier, Leprose oder Araber gedeutet wurden. Professor Richard Bartha von der Abteilung für Biochemie und Mikrobiologie an der Rutgers-Universität teilt mir mit, daß die beiden traubenartigen Gebilde und die andere (halb von einem Blatt bedeckte) Traube links oben an ein Mitglied der *Araceae*-Familie erinnern, wozu auch die phallische Dreiblättrige Zeichenwurz (*Jack-in-the-pulpit*) und andere, in der Volksmedizin benutzte Pflanzen gehören, deren Samen manchmal Narkosewirkungen hervorrufen. Andererseits informiert mich Harry Gilonis, ein kenntnisreicher englischer Amateurmykologe, daß die »Trauben« als Tupfen auf dem Schirm eines Fliegenpilzes (*Amanita muscaria*) deutbar wären, eine Lesart, die, wenn sie stimmt, noch interessanter wäre. Wenn die »Pflanze« wirklich dieser Fliegenpilz ist, dann ließe sich sagen, daß die Flecken auf dem Schirm und die kammerartigen Hohlräume im Stamm recht genau dargestellt sind. Der Fliegenpilz ist ein Narkotikum, und das könnte den besonderen Gesichtsausdruck des Teufels erklären. Die Musik und das Narkotikum rufen beim Teufel Wollust und Trägheit hervor, denn das Essen von Fliegenpilzen stimuliert zum Singen, führt zu Halluzinationen und schließlich zum Einschlafen. Diese Wirkungen würden auch erklären, warum der Mund des Teufels verzerrt ist wie beim Verlust der Muskelkontrolle, warum er so schläfrige Augen und vielleicht auch warum er so einen enormen Kopf hat, denn das zeigt, wie man sich nach dem Genuß dieses Pilzes manchmal fühlt! Statt des konventionellen Titels der »Weltlichen Musik« wäre die Szene angemessener charakterisiert durch den Hinweis auf das Übel halluzinogener Reize (Musik und narkotische Pilze) und die von ihnen verursachten Wahrnehmungsstörungen, die zur Sünde verführen. Sicher ist, daß das Thema dieses Kapitels, obwohl Musik in ihm eine Rolle spielt, nichts mit Pan oder klassischen Einflüssen zu tun hat.

Auch von der Malerei wird die übliche Vorstellung von Pan als der Hauptquelle für den Teufel nicht bestätigt. Ein vermutlich für den königlichen Hof angefertigter französischer Psalter des dreizehnten Jahrhunderts zeigt einen munteren Teufel mit dem Schwanz, den Hörnern, den Ohren und den Hufen Pans, aber mit unbehaartem Körper (Abb. 13). Überdies deuten, wichtiger noch, die tierischen Züge nicht auf ein Tier, denn der Ausdruck ist sehr menschlich und intelligent. Weder lasterhaft, noch bedrohlich, noch ekelhaft, spielt dieser Teufel mit St. Michael sein Spielchen. Die Teufel in dem aus dem zwölften Jahrhundert stammenden Fresko des Jüngsten Gerichts (oder der Heilsleiter) in der Pfarrkirche in Chaldon, Surrey, haben keine Ähnlichkeit mit Pan, ebensowenig wie die in den frühen Apokalypsen. Die Teufel im Winchester-Psalter haben nur Schwänze und Hörner. Im *Jüngsten Ge-*

14 Die Versuchung Christi, Illustration zu Psalm 90 (91), aus dem *Stuttgarter Psalter*, frühes IX. Jahrhundert, Landesbibliothek Stuttgart (Cod. bibl. fol. 23, 107).

richt in Bourges und in Chartres stammen vielleicht ein paar Ohren und bärtige Gesichter von Pan, aber sonst nichts. Auch das berühmte *Jüngste Gericht* in Autun schuldet ihm nichts. Offenbar ist die übliche Ansicht, Pan sei die wichtigste bildliche Quelle des Teufels, zu einfach. Tatsächlich wurde bisweilen zwischen dem Satyr und dem Teufel unterschieden. Die christliche Lehre legte Wert darauf, daß der Unterschied zwischen Mensch und Tier nicht physisch, sondern spirituell sei. Das führte zu der seltsamen Vorstellung, daß selbst ein Satyr in der Welt erhöht werden könne. Isidor von Sevilla und die Kompilatoren der *Legenda Aurea* griffen die Geschichte von einem Satyr auf, der mit St. Antonius zusammentraf und ihn bat, zu ihrem gemeinsamen Gott, der die Welt erlösen werde, zu beten.[61] In dem wunderbaren, aus der Mitte des fünfzehnten Jahrhunderts stammenden Gemälde *Das Zusammentreffen der Heiligen Antonius und Paulus* (National Gallery of Art, Washington) sind es ein Kentaur und ein Satyr, die dem heiligen Antonius freundlich den Weg zeigen.

Auch die Tradition des wilden Mannes dürfte eine Rolle spielen. Seit dem zwölften Jahrhundert tritt in Literatur und Kunst ein wilder Mann auf.⁶² Wilde Männer lebten in Wäldern, waren sexuell aggressiv und entführten Frauen, die dann gelegentlich von höfischen Rittern befreit wurden. Manchmal gelang es der entführten Frau, ihren wilden Mann zu zähmen. Der wilde Mann hatte einen ganz mit Haaren bedeckten Menschenkörper und schwang eine schwere Keule. Im fünfzehnten Jahrhundert war aus dem Schreckbild des wilden Mannes die Vision vom edlen Wilden geworden, und dieser Traum vom Goldenen Zeitalter gewann an Stärke durch die Entdeckung von »Wilden« in der Neuen Welt. Verkompliziert wird das Problem noch durch die oftmalige Verwechslung von wildem Mann und Satyr.⁶³ Es gibt haarige Teufel, die wohl eher dem wilden Mann als dem Satyr nachgebildet sind, aber die Trennung dieser beiden Elemente ist nicht leicht, und die Wechselwirkung zwischen beiden mahnt zur Vorsicht. Insbesondere im Deutschland der Renaissance schien der wilde Mann ein friedliches Familienleben zu führen, was in Dürers vielkopiertem Stich von 1505, der *Satyrfamilie,* zum Ausdruck kommt.

Wenn die Teufel an den Kathedralen von Autun und Bourges und in vielen Psaltern sich weder von Pan, noch vom wilden Mann herleiten, was haben sie dann gemeinsam? Sie sind alle nackt und gewöhnlich schwarz. Die vermutlich erste erhaltene Darstellung des den Christus versuchenden Satan zeigt diesen schwarz und nackt (Abb. 14). Warum ist der Teufel schwarz? Seine Schwärze kontrastierte mit dem schönen Weiß der Engel. Die Schwärze stellt das Böse und die Befleckung dar. Satan auf seinem Höllenthron ist immer schwarz. Wenn er vom Himmel stürzt, ist er meistens schwarz. Vielleicht hängt die Schwärze des Teufels mit ägyptischen und nubischen Göttern zusammen. Nubien stand immer in enger Verbindung mit Ägypten, und zeitweise wurde Ägypten von Nubiern regiert. In Apokryphen, die vermutlich ägyptischen Ursprungs sind, wird der Teufel vom zweiten bis ins fünfte Jahrhundert als schwarzer Äthiopier beschrieben. In den Petrusakten zum Beispiel (XXII) erscheint der Teufel dem Petrus in Gestalt einer häßlichen Frau die »schwarz und schmutzig wie ein Äthiopier war, nicht wie ein Ägypter.« Der Teufel als schwarze Verführerin war nicht ungewöhnlich. In Palladius' Geschichten von den heiligen Vätern (Historia Lausiaca, Kap. XXIII) aus dem frühen fünften Jahrhundert wird erzählt, wie ein junger Mönch, der von seinen sexuellen Begierden geplagt wird, Rat bei Pachomius sucht, und der ältere Mönch erzählt ihm von seinen eigenen Kämpfen mit dem Bösen. Der Teufel der Wollust

nahm die Gestalt eines äthiopischen Mädchens an, das ich in jungen Jahren zur Sommerszeit Ähren sammeln sah, setzte sich mir auf den Schoß und erregte mich so, daß ich Unzucht mit ihr zu treiben glaubte.

Um das fünfte Jahrhundert hatte sich das Christentum in Nubien durchgesetzt, und im siebten Jahrhundert führte die umfangreiche Einwanderung von Kopten (frühen ägyptischen Christen) zu einer systematischen Zerstörung der traditionellen ägyptischen und nubischen Tempel und ihrer Statuen. Der ägyptische Gott Anubis, der für die von mir im dritten Kapitel besprochene Seelenwägung als Vorbild diente, war ein schwarzer Schakal mit buschigem Schwanz oder ein schwarzer Mann mit einem Schakalkopf. Spätestens seit der XVIII. Dynastie waren viele Ägypter Schwarzafrikaner. Der senegalesische Forscher Cheikh Anta Diop hat an der Haut von alten ägyptischen Skeletten (bevor die Mumifizierung üblich wurde) Melaninanalysen vorgenommen, die auf schwarzafrikanische Haut schließen lassen, und antike Schriftsteller beschrieben die Ägypter oft als schwarz. Statuen, Reliefs und Zeichnungen zeigen Ägypter mit schwarzafrikanischen Zügen. Die frühesten Formen der Sphinx (vor den nachträglichen Veränderungen) suggerieren deutlich ein schwarzafrikanisches Profil.[64] Die Sphinx von Kawa (siebtes Jahrhundert v. Chr.) im heutigen Nubien hat ein entschieden nubisches Gesicht. Im dreizehnten Jahrhundert ist der ägyptisch gekleidete Teufel im Soriguerola-Altar schwarz (Abb. 34).

Wenn der Teufel nackt ist, weil klassisch-heidnische Götter nackt waren, dann ist vielleicht ein Grund für seine Schwärze, daß manche ägyptische Götter schwarz waren. Aber der Hauptgrund ist vermutlich der offenkundigste: das Schwarz des Teufels ist das Zeichen für Unreinheit und Unflat, im Gegensatz zu den weißen, reinen Engeln. Der Teufel ist nackt, wie es Adam und Eva im Paradies waren. Kleidung ist Gesellschaft. Michael und seine Engel sind *immer* in Gewänder oder Rüstungen gekleidet, wenn sie die rebellischen Engel aus dem Himmel stürzen. Die rebellischen Engel haben allenfalls Lendenschurze, aber im zehnten Jahrhundert sind sie gewöhnlich nackt, und nackt sind sie noch in Rubens' Gemälden. So stark war diese Konvention, daß bei der Verwandlung des Teufels aus einem abstoßenden Dämon in einen tragischen Helden, William Blake, einer der Agenten dieser Veränderung, Satan in der Hölle nackt darstellt (Abb. 15).

Warum ist der Teufel nackt? Daß Nacktheit mit Sünde zusammenhing, wäre eine mechanische Antwort. In den höheren Kreisen Roms war athletische Nacktheit ein Statusmerkmal, und weil die öffentlichen Bäder ein Teil des sozialen Lebens waren, war Nacktheit gegenüber Gleichrangigen und Untergebenen eine Alltäglichkeit.[65] Die christliche Kunst jedoch vermied die Nacktheit. Das nackte Christuskind ist ein hervorragendes Beispiel, denn zwischen dem zehnten und dem dreizehnten Jahrhundert sind keine Beispiele bekannt. Das erste nackte Christuskind scheint das in Jean Pucelles für Jeanne d'Evreux angefertigtem Stundenbuch von 1325 zu sein. Erst Jahrzehnte später wurde wieder ein nacktes Jesuskind gemalt. (Der *putto,* das nackte Kind, ist ein hellenistischer Eros, erst nach 1400 wieder aus dem Dunkel der Zeiten auftaucht.) Gelegentlich gibt es zwischen 1150 und 1200 nackte klassische Figuren, so Atlas, Herkules, verschiedene Ringkämpfer, die vier Winde in der Apokalypse (in der Abteikirche von Castel S. Elia in Latium beispielsweise) und die ungewöhnlichen nackten vier apokalyptischen Reiter an einem Strebepfeiler von Notre Dame in Reims.

Nackt gezeigt wurde Jesus manchmal in frühen Skulpturen und ab und zu in byzantinischen Mosaiken, aber selten nach dem sechsten Jahrhundert, als der Zugang zu den klassischen Vorbildern abnahm. Als im klerikalen Bewußtsein die sexuellen Konnotationen der Nacktheit zunahmen, wurden, etwa seit der karolingischen Epoche, Männer und Frauen nicht mehr nackt getauft, und Christus am Kreuz wurde bekleidet. Vom dritten bis zum siebten Jahrhundert wurde Christus bei seiner Taufe oft als nacktes Kind dargestellt;[66] seit dem zehnten Jahrhundert ist er ein bärtiger Mann, der (selbst im kleinsten Flüßchen) bis zur Taille im Wasser steht, wobei seine Genitalien verborgen oder zugemalt werden. Seit *ca.* 900 sind, abgesehen von Leuten, die in einem Fluß oder einer Wanne getauft werden oder von dem im Meer schwimmenden Jona, vierhundert Jahre lang die einzigen nackten Gestalten Adam und Eva im Stande der Unschuld, sowie der Teufel. Der entscheidende Unterschied ist, daß Adam und Eva nackt *geschaffen* waren, während der Teufel nackt *wurde.* Eine Person ihrer Uniform oder ihrer Kleidung zu berauben, ist eine universale Geste der Degradierung. Ausgestoßen aus der Gesellschaft, konnte der Teufel niemals gerettet werden, und insbesondere Augustinus konnte Origenes seine Spekulationen nicht verzeihen, daß bei Gottes unendlichem Erbarmen vielleicht sogar eines Tages dem Teufel vergeben würde.

Ob Gott einen Penis hat, scheinen nicht einmal die spitzfindigsten Scholastiker diskutiert zu haben. Indirekt jedoch, weil um die Mitte des fünfzehnten Jahrhunderts in Beantwortung bestimmter theologischer Probleme die Menschlichkeit Christi hervorgehoben wurde, wurde die Frage gestellt, und in diesem Zusammenhang entstand ein neues künstlerisches Genre, in welchem die Genitalien Jesu zur Schau gestellt wurden. Dieses neue Genre hatte seinen Grund in den intellektuellen, ideologischen und theologischen Veränderungen der Renaissance. In seinem brillanten Werk über die Sexualität Christi hat Leo Steinberg ausgeführt, daß ein erhebliches Quantum an devotionaler Bilderwelt existiert, »worin die Genitalien des Christkinds oder des toten Christus eine Betonung erfahren«, die uns dazu zwingt, »eine *ostentatio genitalium* anzuerkennen«.[67] Solche Bilder unterstreichen die Tatsache, daß

15 William Blake, *Satan erregt die rebellischen Engel,* 1808, Aquarell für einen Stich zu Miltons *Paradise Lost.* Victoria & Albert Museum, London.

Christus ein Mensch aus Fleisch und Blut geworden war: insbesondere die Genitalien Christi offenbarten mit Nachdruck, daß Christus ein Mann war, was wiederum von der Inkarnationstheologie gestützt und betont wurde. Nichtsdestoweniger wird Christus selbst in der Renaissance selten nackt gezeigt. Doch obwohl dem Teufel fürchterliche sexuelle Kräfte unterstellt wurden und viel darüber geschrieben wurde – in welchem Werk des Mittelalters oder der Renaissance sehen wir die Genitalien des Teufels?[68] Vielleicht ließ es der spezifische theologische Inkarnationssymbolismus der Genitalien Christi unklug erscheinen, das Geschlecht des Bösen zu zeigen; wenn die Genitalien Jesus vermenschlichten, dann könnten sie auch, ein nicht unbedingt willkommenes Ergebnis, den Teufel vermenschlichen. Vielleicht hat der Teufel keine Genitalien, weil er ursprünglich ein Engel war. Wenn wir jedoch an den Geschlechtsverkehr der Engel mit Jungfrauen denken (Genesis 6), dann ist diese Erklärung nicht sehr überzeugend. Vielleicht war die Vorstellung einer Zeugung durch den Teufel nicht anziehend. Jedenfalls ist der Teufel in der Kunst zwar nackt, aber seiner Genitalien beraubt.

Wollen wir herausfinden, warum der Teufel nackt ist, dann müssen wir fragen, in welcher bildlichen und skulpturalen Tradition Aktdarstellungen vorkamen. Die naheliegendste Antwort verweist auf die klassische Skulptur und Malerei. Nachdem die Kirchenleute glaubten, heidnische Götter seien »Teufel«, und nachdem diese Götter oft Aktdarstellungen waren, waren Teufel Akte, oder genauer, sie waren nackt. Aus der Nudität wurde eine *Nacktheit,* die gleichbedeutend war mit Degradierung und Entwürdigung, das Zeichen eines Ausgestoßenseins, wie es einem Verrückten oder einem Tier, dem man ungestraft Recht oder Wasser verweigern konnte, widerfuhr. Bisweilen war der Angeklagte, an dem die Folter verübt wurde, nackt. Nackt trieb man die Verbrecher durch die Straßen des mittelalterlichen und frühneuzeitlichen Europa. Die Nacktheit wurde ein Symbol der Befleckung und diente als Keil, um die heidnischen Götter aus dem christlichen Bewußtsein herauszubrechen. Im Kontext des Kampfs gegen den Paganismus war die Ausstoßung des nackten Teufels gleichbedeutend damit, die klassische Bildung vom Tisch zu wischen und auf den Müll zu werfen. Für die Manichäer, Juden und Heiden gilt also, daß sie sich, in den unsterblichen Worten Papst Leos I., mit »all den Sakrilegien und Gotteslästerungen in sämtlichen Häresien... wie in einer Art von Senkgrube zugleich mit allem anderen Unrat angesammelt« haben.

Um zu sehen, wie die Senkgrube gereinigt wurde, will ich abschweifen und einen Blick auf die Einstellung gegenüber dem klassischen Griechenland und Rom werfen. Hieronymus kannte die Klassiker, und als er die Propheten las, fand er ihren Stil »roh und abstoßend«. Er war nicht der einzige. Arnobius und Origenes berichten, daß das Neue Testament als grobschlächtig, banal, grammatisch ärmlich und als gespickt mit schlampigen Konstruktionen galt. Aber Hieronymus sah in diesem Mißvergnügen am Stil der Bibel einen Trick des Teufels. Als er einmal von schwerem Fieber befallen war, stellte er sich vor, er werde vor Christus, seinen Richter, gebracht und gefragt, wer er sei. Hieronymus antwortete: »Ich bin ein Christ.« Aber er, der den Vorsitz führte, sagte: »Du lügst, du bist ein Jünger von Cicero, nicht von Christus.« Da begriff Hieronymus endlich. Tertullian warnte, daß Athen mit Jerusalem nicht mehr gemein habe als die Häretiker mit Christen. Die Vorstellung, daß die Christenheit und ihre Mönche die klassische Bildung aufbewahrt und in den dunklen Jahrhunderten »Inseln des Wissens« dargestellt hätten, widerspricht den Tatsachen: kaum ein Mönch von fünfzig schrieb irgendetwas.[69] Der ohne Bezahlung und aus reiner Großzügigkeit geschehende Bau der Kathedralen oder die Mönche, die ihr eigenes Kloster bauen, sind Legenden, die, wie der französische Gelehrte Jean Gimpel gezeigt hat, auf terminologischen Verwechslungen und Unkenntnis der wirklichen Praxis beruhen.[70]

In der Kathedrale von Autun zeigt ein Kapitell Konstantin zu Pferd; unter den Hufen des Pferds duckt sich ein nackter Heide. Als ein Zeichen der Degradierung und Erniedrigung ist in der christlichen Kunst die Nacktheit für Teufel, Heiden und Häretiker reserviert. Die Identifizierung der Heidengötter mit Teufeln und die Benutzung des Pan für die Gestalt mancher Teufel sind nicht von ungefähr. Sie zeigen, wie die Kirche die klassische Wissenschaft und Philosophie zerstückelte und sie für Jahrhunderte absterben ließ. So gab Eratosthenes, der Astronom des dritten vorchristlichen Jahrhunderts, genau den Umfang der Erde an und bewies ihre Kugelgestalt. Im Mittelalter wurde aus der Erde eine flache Scheibe. Im frühen elften Jahrhundert, also sechshundert Jahre nach der Ermordung der alexandrinischen Mathematikerin Hypatia, korrespondierten die Gelehrten Ralph und Reginbald, die in den Kathedralstädten Lüttich und Köln ansässig waren, über ein mathematisches Problem, das sie in einem von Boethius' Aristoteleskommentaren entdeckt hatten.[71] Was sie verwirrte, war die Bemerkung, daß die inneren Winkel eines Dreiecks gleich seien mit zwei rechten Winkeln. Keiner von beiden Gelehrten hatte eine Vorstellung davon, was die inneren Winkel eines Dreiecks sein könnten. Sie standen damit nicht allein: Generationen von mittelalterlichen Gelehrten mühten sich mit der Lösung dieses einfachen Problems ab. Noch heute erinnert man uns daran, daß die Bezeichnung »dunkle Jahrhunderte« nur metaphorisch ist und daß die Klöster das Wissen sorgfältig hüteten. Welches Wissen? Eine derartige Unwissenheit gibt zu denken: wie hat man die Kathedralen bauen können? Die praktische Geschicklichkeit der Handwerker wurde durch auswärtige Architekten, die man hinzuzog, ergänzt. Die eigentliche Unterstützung kam jedoch in Gestalt von Übersetzungen arabischer Werke, die an der einzigartigen multi-kulturellen Gelehrtenschule im Toledo des frühen zwölften Jahrhunderts (deren führende

Köpfe Juden waren) entstanden und die die Mathematik der Antike assimilierten und weiterentwickelten.[72] Die gotischen Kathedralen wären kaum entworfen worden ohne die Arbeit etwa eines Adelard von Bath, der dem Okzident mit seinen Übersetzungen, die selbst auf denen aus Toledo basierten, Euklids *Elemente* vermittelte.[73]

Man nehme zum Beispiel Kosmas, einen Mönch, der im sechsten Jahrhundert in Alexandria studiert und die erste umfassende Kosmologie, die an die Stelle der hellenistischen Lehren treten sollte, geschrieben hatte. Sein erstes Buch überschrieb er folgendermaßen: »Gegen diejenigen, die, obwohl sie sich zum Christentum bekennen, wie die Heiden glauben, daß die Himmel sphärisch sind«. Ein Jahrhundert früher, im Alexandrien der Hypatia, hätte man Kosmas noch ausgelacht. Genau besehen, ist die Nacktheit des Teufels ein Spiegelbild dessen, was das Christentum entstellte und ausschloß. Der Mord an Hypatia illustriert den Erfolg der Kirche. In Rabelais' unter dem Titel *Gargantua und Pantagruel* gesammelten Satiren aus dem frühen sechzehnten Jahrhundert beschließt Pantagruel, die Universität von Toulouse zu besuchen, die er aber schnell verläßt, als er sieht, daß die Behörden häretische Professoren auf dem Scheiterhaufen verbrennen (ii, 5). Statt dessen geht er an die Universität von Orléans, wo er die Mathematik und die Physik Theons studiert (ii, 7). Theon war im frühen fünften Jahrhundert der wichtigste Gelehrte aus dem Umkreis des Museums von Alexandria gewesen. In Alexandria, der ersten Kosmopolis, herrschten Griechen. Die einheimische Bevölkerung bestand aus Ägyptern, aber es gab auch eine große jüdische Gemeinde, sowie Araber, Perser, Inder, buddhistische Priester und Afrikaner. Drei Jahrhunderte lang war die Stadt der Schauplatz erstaunlicher Fortschritte in der Mathematik, der Astronomie, der Physik, der Geographie und der Philologie.[74] Die Werke von Euklid, Archimedes, Apollonios, Eratosthenes und anderen entstanden mit Hilfe und auf der Grundlage eines umfassenden Verarbeitungs-Zentrums in Gestalt des Museums, und eines leistungsstarken Speicher-Zentrums in Gestalt der Bibliothek. Das Museum bot der wissenschaftlichen Forschung ein in der menschlichen Geschichte noch nicht dagewesenes Maß an Freiheit und Organisation. Mit der Vielfalt und Qualität ihrer (schätzungsweise) 700 000 Schriftrollen war die Bibliothek einzigartig. Nie zuvor war so viel akkumuliertes Wissen so gut zugänglich gewesen.

Theons Tochter Hypatia war der erste weibliche Mathematiker und darüber hinaus eine bedeutende Lehrerin des Neoplatonismus. Das Ende Alexandriens als Hauptstadt von Wissenschaft und Forschung wurde weder von einem Klimawechsel, noch von einem Rückgang der Papyrusexporte herbeigeführt. Die Bibliothek wurde im Jahr 391 schwer beschädigt von Theophilus, dem Bischof von Alexandria, den Edward Gibbon beschrieb als einen »frechen, bösartigen Mann, dessen Hände abwechselnd mit Gold und mit Blut besudelt waren«. Der Bischof attackierte und plünderte den Serapistempel, ein wichtiges heidnisches Kultzentrum, in dem ein Großteil der Bibliothek eingelagert war. Theophilus' Nachfolger Kyrill setzte das Zerstörungswerk fort und war auch in den Mord an Hypatia verwickelt. Kyrill organisierte ein Pogrom an den Juden, die seit sechshundert Jahren dort lebten. Die darauf folgenden Gewalttätigkeiten hinterließen in Alexandria bleibenden Schaden. Die Vertreibung der Juden bedrohte die Stadtregierung, und Orestes, der Stadtpräfekt, stellte sich gegen Kyrill, welcher wiederum einen Mob von fünfhundert nitrischen Mönchen aufwiegelte, der den Präfekten fast ermordet hätte. Dann zogen die von Kyrill aufgehetzten, kapuzenverhüllten Mönche wieder nach Alexandria, umringten Hypatias Wagen, zerrten sie heraus, rissen ihr die Kleider vom Leib und brachten sie mit Tonscherben um.[75]

Ein Dutzend Jahre nach Hypatias Ermordung sprach Leo I., der als erster Papst unter den Parteien, die sich über die Beziehung zwischen dem Sohn, dem Vater und Maria zankten, eine gewisse Stabilität herstellte, in seiner Weihnachtspredigt in Rom über den Teufel:

Geradezu eine Hochburg aber schuf er sich in der wahnwitzigen Lehre der Manichäer ... Hier gebot er unumschränkt nicht nur über eine Art der Verworfenheit, sondern über alle nur erdenklichen Torheiten und Ruchlosigkeiten zusammengenommen. Alle Lasterhaftigkeit Heiden, alle Verstocktheit der »fleischlich gesinnten« Juden, alles Verbotene in den Geheimlehren der Magie, all die Sakrilegien und Gotteslästerungen in sämtlichen Häresien, all dies hat sich bei dieser Sekte wie in einer Art von Senkgrube zugleich mit allem anderen Unrat angesammelt.[76]

Leo nennt die vier Bestandteile des Teufelsmoleküls: schwarze Magie, die Juden, die Häretiker und die Heiden. Alle stammen sie vom Teufel und sind sie des Teufels. Vielleicht glaubte Leo, was er predigte. Aber spricht er über den Feind Gottes? Oder über den Feind Leos? Die iranischen Führer folgten 1975 Leos Vorbild und stimmten ein in den Sprechchor der Demonstranten: »Amerika ist der Satan«. Und 1982 warnte der Präsident der USA die Welt bezüglich der Sowjetunion vor dem »Reich des Bösen«. Von Papst Leo bis zu Ronald Reagan ist der Teufel eine Methode, um jedweden, der mit den Mächtigen nicht übereinstimmt, anzuschwärzen. Ich weiß nicht, ob Kyrill wirklich glaubte, Hypatia sei ein Teufel, weil sie Heidin war. Ich glaube nicht, daß das etwas ausmacht. Aber wenn der Teufel manchmal bloß eine rhetorische Figur ist, dann heißt das nicht, daß für das Böse dasselbe gilt. Weil sich der Teufel nicht auf ein reales Böses bezieht und eine rhetorische Figur ist, wird er für den Benutzer dieser Figur zur Rechtfertigung für reales Böses.

Die Kennzeichen des Teufels

Obwohl der Teufel nackt dargestellt wird, ist er selten ganz nackt. Statt dessen trägt er gewöhnlich eine Art Schürze oder Schurz, der wenig Beachtung gefunden hat. Zuerst tritt diese Schürze in in einer der wenigen sicheren frühen Teufelsdarstellungen auf, im Utrecht-Psalter (Abb. 16).[77] Ein Höllenteufel, wie er in Armentia (Alava, Spanien) auftritt, trägt einen Schurz aus Häuten, der uns an Höhlenmenschen erinnert. Denselben Schurz finden wir im Winchester-Psalter, dem Tympanon von Conques, einer illustrierten Bibel aus dem zwölften und in einer angelsächsischen Buchmalerei aus dem elften Jahrhundert – und überhaupt so oft, daß dieser Höhlenmenschen-Schurz als ein Attribut des Teufels gelten kann. Er bezeichnet ein Wesen, das unzivilisiert und wild ist und sich außerhalb der Gesellschaft befindet; er ist ein Zeichen der Unordnung.[78]

Woher kommen diese struppigen Höhlenmenschen-Schurze? Nur Teufel tragen sie. In ägyptischen, griechischen oder römischen Werken sind sie nicht zu finden. Der starke Einfluß des oft und in vielen Ländern kopierten Utrecht-Psalters, des originellsten mittelalterlichen Werks der Federzeichnung, erklärt vielleicht die weite Verbreitung dieses Motivs, aber woher hatten es die Künstler des Psalters? Ein schwieriges Problem. An den Skulpturen von Ur finden wir eine Kleidung, die als Quelle in Frage käme, aber diese sumerischen Werke stammen aus der Zeit um 3000 v. Chr.. Chnubis, der von Typhon abstammende Schlangengott, trägt häufig etwas, das vielleicht als ein solcher Schurz verstanden worden sein könnte. Aber das Wesen von Chnubis selbst ist unklar. War er eine Schöpfung der Juden? Oder irgendeiner Sekte? Man ist sich nicht einig. Vermutlich kommt der Teufelsschurz aus griechischen Darstellungen von Satyrspielen, denn diese Satyrn waren mit ihren herausfordernden Phalli für die Kirche ein Greuel. Hier war ein Teufelsbild, das der Künstler des Utrecht-Psalters vielleicht benutzt hat, und es würde fürs erste die Herkunft der Teufelsschurze erklären. Die meisten Darstellungen von Satyrn, insbesondere die auf griechischen Vasen, hängen mit Satyrspielen zusammen (Abb. 17). Vermutlich galten die Shorts der Satyrn als ein Attribut ihres wilden und disziplinlosen Sexualverhaltens. Tatsache bleibt jedoch, daß der »nackte« Teufel in drei Formen auftritt: ganz nackt, in einem Höhlenmenschen-Schurz und überall mit Haaren bewachsen.

Der bepelzte Teufel ist besonders verbreitet, wo er als eine Art Mikrobe aufgefaßt wird (Satans ausgedehntes Netzwerk von minderen, herumwimmelnden Agenten). Dieser Teufel hat Hörner, aber kein flammendes Haar, ist gewöhnlich flügellos und oft komisch. Die Kostüme der Spielleute sehen ganz ähnlich aus, und bei vielen haarigen Teufeln spürt man geradezu einen Komödianten in seinem Kostüm lauern. Vielleicht ist darum der bepelzte Teufel weder bedrohlich noch erschreckend, sondern amüsant. Kein Künstler konnte in ihm einen gefährlichen Gegner Gottes sehen. Wir haben gesehen, daß Pan und die Nacktheit (der klassischen Götter) wichtige Quellen für die Kennzeichen des Teufels waren. Jetzt können wir seine spezifischen visuellen Charakteristika benennen. Die üblichen und wichtigen Charakteristika für den *Körper* des Teufels sind, wenn wir für einen Augenblick die kompositen Monster beiseitelassen, die folgenden: Nacktheit (Varianten sind struppige Shorts oder kurze Schurze aus Tierhaut) und behaarter Körper; offener Mund und große, hervorragende Zähne; oftmals struppiges oder flammenartiges Haar. Sein wichtigstes *Zubehör* besteht aus Hufen, Klauen oder Adlerkrallen, einem Schwanz, Hörnern und aus Flügeln wie bei einer Fledermaus oder einem Engel.

Eine Quelle für viele Charakteristika des Teufels ist, vermute ich, Bes (Abb. 18). Historiker und Mythologen haben sich für diese zwergartige Gottheit (die vermutlich aus Nubien, vielleicht aus Punt stammt – einem nicht lokalisierbaren, vielleicht im heutigen Somalia gelegenen Land) wenig interessiert, obwohl sie häufiger als irgendein anderer ägyptischer Gott in den Wohnstätten gefunden wurde. Obwohl nie ein führender Gott, wuchs seine Popularität zwischen 1500 und 1000 v. Chr. derart an, daß viele Ägypter der Mittelklasse seine Figur zu Hause hatten; auch benannte man Kinder nach ihm. Ob Bes seinen Ursprung in Ägypten oder Mesopotamien hatte, ist nicht sicher. Häßliche Gnomenfiguren in der typischen Hockstellung des Bes erscheinen auf mesopotamischen und achämenidischen Rollsiegeln. (Vermutlich gab es in der mesopotamischen Tradition eine Bes-artige Figur, aber die voll entwickelten Bes-Kennzeichen kamen aus Ägypten nach Mesopotamien.) Als Talisman gegen Unheil und als Beschützer des Kindbetts wurde der häßliche Bes in Karthago und Abydos verehrt; man findet ihn auf Vasen, Antimonitgefäßen sowie an den Wänden und den Möbeln der hellenistischen Epoche. Man traf ihn auch an Bettpfosten, in *mammisi* (Geburtshäusern) sowie am Bug von phönizischen Schiffen, als Aksum (in Nordäthiopien) zu einem Zentrum des Fernhandels wurde, nachdem Nubien unter christliche Kontrolle gekommen war. Um die Mitte des vierten Jahrhunderts war das Bes-Orakel in Abydos (500 Kilometer südlich von Kairo) so volkstümlich, daß Constantius II. einen üblen Hexenjäger

16 Detail aus Psalm 38 des *Eadwine-Psalter* (einer Kopie des älteren *Utrecht-Psalter*) mit dem Höhlenmenschen-Schurz des Teufels, frühes XI. Jahrhundert, Feder und Tinte. Trinity College (MS R.171), Cambridge.

(auch Tartareus oder »Höllenfeuer-Paul« genannt) in eine benachbarte Stadt entsandte, wo er sich daranmachte, Hunderte zu ermorden, die der »Bes-Verehrung« angeklagt waren. Um die Mitte des siebten Jahrhunderts flohen ägyptische Christen in großer Zahl nach Meroe, weil sich dieses alte afrikanische Königreich zum Christentum bekehrt hatte und nach der Errichtung der islamischen Herrschaft in Ägypten den Flüchtlingen Schutz bot. Bes war ein ganz alltäglicher Name, auch wenn er für die ägyptischen Christen, die Kopten, Anathema war.

Wenn ein Grund dafür, daß der Satyr als Modell für Merkmale des Teufels diente, darin bestand, daß er oft mit seinem Phallus dargestellt wurde, dann könnte das auch erklären, warum auch Bes ein Vorbild des Teufels war. Insbesondere im vierten vorchristlichen Jahrhundert, als Bes' Attribute vergrößert wurden, um seine beschützenden Kräfte zu steigern, treten ithyphallische Darstellungen auf. Ein ausgezeichnetes Beispiel ist die ausdrucksvolle ithyphallische Bes-Bronze im Louvre (Abb. 19). Hervorgegangen aus einem kurzen, fetten Zwerg, ist dieser Bes ein kühner Beistand gegen das Böse, ausgestattet mit geöffneten Isis-Flügeln, während sein Kopfputz anstelle des üblichen Feder-

WIE DER TEUFEL AUSSIEHT 73

17 Vorbereitungen für ein Satyrspiel, von der Pronomos-Vase, vielleicht eine Quelle für den Höhlenmenschen-Schurz des Teufels. Spätes V. Jahrhundert v. Chr., Museo Nazionale, Neapel.

schmucks acht *uraei* (heilige Kobraschlangen) trägt. Obwohl Bes vor bösen Geistern schützte, hätten manche Christen in diesem grotesken ägyptischen Gott einen Teufel gesehen. Hier nähern wir uns einer Zone von kulturell determinierten unbewußten Verhaltensweisen. Die typischen Reaktionen westlicher Christen gegenüber asiatischen und indischen Gottheiten können fehlgehen: Europäer meinen oft, die grimmigen Gestalten, die in den Kulturen des Ostens das Gute gegen das Böse verteidigen, seien Teufel. Selbst der kenntnisreichste Gelehrte auf dem Gebiet des Teufels und der Dämonologie, Jeffrey Burton Russell, hat eine japanische Figur als »bösen« Dämon etikettiert, obwohl sie in Wirklichkeit ein Wächter gegen das Böse ist (Abb. 23). Von »universalen« Bildern kann es sich herausstellen, daß sie lediglich irrtümliche Konstruktionen von Gelehrten sind. Es ist also sehr wahrscheinlich, daß die Christen Bes mißverstanden. Manchmal nackt, manchmal in Shorts aus Häuten (oder im syrischen Kilt) gezeigt, hat Bes das struppige Haar, den großen Mund mit großen Zähnen, den Schwanz, die Tierohren, das bärtige Gesicht, die dicken Lippen und die herausgestreckte Zunge, die wir von Satan kennen. Oft sieht man ihn mit Affen und Schlangen, was

18 Figürchen des Bes, des volkstümlichsten ägyptischen Talismans gegen das Böse, zweiundzwanzigste Dynastie (950–730 v. Chr.), glasierter Stein; vielleicht als Rassel gebraucht, die Löcher an der Oberkante wären dann mit Ringen versehen gewesen, in dem Loch an der Unterseite hätte ein Stab gesteckt. The University Museum, University of Philadelphia.

seine Identifikation mit dem Teufel verstärkt haben würde. Für die Christen des Mittelalters war der Affe ein Symbol der Sünde und der Wollust, und der Teufel soll oft in Affengestalt aufgetreten sein. Der an einem Kapitell von St. Lazare, der romanischen Kathedrale von Autun, dargestellte grimmige Teufel, der Moses herausfordert, hat gewaltig flammendes Haar und ein merkwürdiges Stirnband (Abb. 20). Dieses Stirnband leitete sich nicht von griechischen oder römischen Göttern her. Bes aber trug oft ein Stirnband, in das Straußenfedern gesteckt waren (Abb. 18), und wenn diese Federn als flammendes Haar mißverstanden werden, sind wir bei unserem Bes-Teufel auf diesem Kapitell angelangt.

Natürlich sind es schlechte Manieren, aber in der Kunst des Mittelalters streckten Verräter und Bösewichter oft die Zunge heraus und verspotteten so ihr Opfer, und auch der Teufel tut das manchmal. Teufel tun es, um ihre Opfer zu verspotten und um das Heilige zu verhöhnen. Könige und Edelleute öffnen in der mittelalterlichen Kunst nur selten ihren Mund (falls überhaupt); Teufel und Unterklasse-Figuren tun es.[79]

19 Bes, *ca.* 650 v. Chr.,
Bronze, Musée du Louvre, Paris.

Die meisten Mediävisten glauben, daß das Motiv der herausgestreckten Zunge ganz und gar auf die klassische Gorgo zurückgeht; aber es kann auch etwas mit Bes, den die koptischen Mönche öfter zu Gesicht bekamen als Gorgonen, zu tun gehabt haben. Ein Einwand gegen Bes als Quelle für den Teufel besteht darin, daß es keine nennenswerte Bezugnahme auf ihn zu geben scheint. Aber bei Pan scheint es auch keine expliziten Anzeichen dafür zu geben, daß er zum Teufel verwandelt wurde. Bes könnte durchaus die Hauptquelle für die Gorgo sein, aber auch wenn dem nicht so ist, war die Gorgo fähig, teufelsartige Züge, die auf Bes zurückgingen, ihrerseits zu verstärken. Der Hauptanteil der Gorgo an der Höllen-Ikonographie besteht darin, daß sie als Vorbild für das Höllenmaul diente – für ein Maul mit Fangzähnen, die bei Bes fehlen.

Neben der Nacktheit ist struppiges oder flammendes Haar ein Zeichen für die Ausstoßung des Teufels aus dem zivilisierten Leben. In den beiden vielleicht frühesten Teufelsbildern (Abb, 14, 16) ist das flammende Haar mit seinen Suggestionen von Wildheit, Bestialität und Stärke

20 Ein Bes-artiger Teufel auf einem Kapitell mit Moses und dem Goldenen Kalb, frühes XII. Jahrhundert, St. Lazare, Autun.

ein deutliches Kennzeichen. Wenn wir jedoch nach anderen Beispielen für flammenartiges Haar Ausschau halten, können wir sie wie im Falle der Nacktheit in der klassischen Kunst finden. So haben die Porträts auf griechischen und römischen Münzen oft das struppige oder flammende Haar des Teufels (Abb. 21, 22). Manche Gelehrten vermuten auch, daß dieses Haar von der gefetteten, abstehenden Haarfrisur mancher Barbaren inspiriert war.[80] Diese Vermutung begann mit Mönchen, die Diodorus lasen, einen Historiker, der gelegentlich erfand. Er sagt, die Kelten wüschen ihr Haar mit Leim, um ihre Locken zu versteifen; das braucht nicht falsch zu sein, aber eine so spezielle Quelle hat die Künstler wohl kaum beeinflußt. Flammendes Haar wurde schon früh zu einem distinktiven Zug des Teufels. Man wird keinen Christen, durchaus aber östliche Gottheiten finden, die das Haar so frisiert trugen und die Kräfte des Guten darstellen. Obwohl das Flammenhaar des Teufels sich, wie ich glaube, nicht von nicht-westlicher Kunst herleitet, ist der Blick auf ein paar Beispiele lehrreich. In Nara, Japans erster Hauptstadt, befindet sich ein Shinyakushi genannter Tempel mit einem Yakushi Nyorai aus dem achten Jahrhundert, einem erleuchteten Buddha, der die Unwissenheit bekämpft. Dieser sitzende Buddha wird verteidigt von zwölf ihn umgebenden göttlichen Generälen (*Juni-Shinsho*). Westliche Besucher des Tempels würden vermutlich mehrere von ihnen, insbesondere Meikira, für Teufel halten (Abb. 23). Da aber Meikiras Wildheit dem Bösen *opponiert,* zeigt sich an seinem Flammenhaar die Wut *auf* das Böse (bekannt als *funnu-gyo*). Bei zwei von diesen göttlichen Generälen ist dieses Flammenhaar – ein herkömmliches, *enpatsu* genanntes ikonographisches Merkmal – üblich. Die typischsten Buddhafiguren mit Flammenhaar sind auch die grimmigsten: die *Myo-o*. Im esoterischen Buddhismus verkörpern diese gezähnten und schreckenerregenden Gottheiten den Zorn auf das Böse. Ohne uns in einen ikonographischen Dschungel zu begeben, können wir feststellen, daß die indischen Vajra-Gottheiten sowohl in hinduistischen Werken wie in chinesischen Tang-Seiden oft rotes Flammenhaar haben.

Der interessante Punkt ist folgender: Flammenhaar ist in der christlichen Kunst ein Zeichen des Bösen, währdend es in der buddhistischen die gewaltige Spannung anzeigt, die der Zorn gegen das Böse hervorruft.[81] Dieses Beispiel erinnert daran, daß die Anwendung Jungscher oder universaler Theorien bei der Interpretation der Ikonographie unter Umständen eher Verwirrung als Aufklärung stiftet: Roland Villeneuve, ein französischer Dämonologe, setzt das Flammenhaar romanischer Teufel mit dem Flammenhaar buddhistischer Figuren gleich, die den

21 Flammenhaariger Pan, Goldstater, *ca.* 360 v. Chr., aus der griechischen Kolonie Pantikapaion am kimmerischen Bosporus. Bibliothèque Nationale, Paris.

22 Flammenhaariger Apollon, Tetradrachme, *ca.* 380 v. Chr., aus Klazomenai, Jonien. Bibliothèque Nationale, Paris.

23 *Meikara Daisho (früher Basara),* ein göttlicher General, VIII. Jahrhundert v. Chr., Stuck, Shinyakushi-ji, Nara, Japan.

Teufel bekämpfen. Relevanter in unserem Zusammenhang ist, daß diese wilden, schrecklichen Gottheiten der buddhistischen Kunst oftmals, anders als die christlichen Teufel, bemerkenswerte Meisterwerke sind. Zum Beispiel wird jeder, der sich mit japanischer Malerei und Plastik beschäftigt hat, leicht einen bestimmten *Myo-o* nenen können, der ihn (oder sie) beeindruckt hat. Niemand, der im Shinyakushi-ji den göttlichen General Meikira oder im To-ji von Kyoto die *Myo-o*-Gottheiten

(Dai-itoku- und Kundari-Götter) gesehen hat, wird diesen Anblick vergessen. Die Künstler, die diesen göttlichen Grimm gestalteten, waren glaubensstark genug, um in diesen Figuren jenes Gefühl unstillbaren Zorns zu verkörpern, dem sich kein Betrachter entziehen kann.[83] Einen Teufel mit Flammenhaar zu finden, ist leicht; aber einen mittelalterlichen Teufel zu finden, der ein übernatürliches Wesen mit Kräften ist, die über die eines Insekts hinausgehen, ist schwierig.

Die Teufel in der Hölle haben oft keine Flügel, aber sie brauchten sie gewiß, als sie aus dem Himmel herausgeworfen wurden oder mit Michael kämpften. Vom neunten bis zum dreizehnten Jahrhundert haben Satan und seine Teufel gefiederte Engelsflügel, auch wenn ihre Spitzen geschwärzt, gekürzt und fransig sind. Um das vierzehnte Jahrhundert wächst dem Teufel der schwarze, gerippte Fledermausflügel; die gefiederten Flügel verschwinden. Natürlich bilden schwarze Fledermausflügel einen dramatischeren Kontrast zu den hellen, weiß- oder schönfarbigen, gefiederten Flügeln der Engel. Den genauen Zeitpunkt dieser Veränderung anzugeben, scheint unmöglich. Jurgis Baltrusaitis hat den Einfluß chinesischer Dämonen, deren Flügel bisweilen gerippt waren, vermutet.[84] Er verweist darauf, daß Papst Clemens V. 1307 den Franziskaner Giovanni Montecorvino zum Erzbischof von Peking ernannt hatte, und der 1375 datierbare Altar des Meisters des Parement de Narbonne zeigt unter denen, die der Kreuzigungsszene beiwohnen, einen chinesischen Mandarin. Sicher, nestorianische Missionen hatten mit dem Westen Kontakt. Wieviele chinesische Bilder aber waren den mittelalterlichen Künstlern gegen Ende des dreizehnten Jahrhunderts zugänglich? Ich glaube, bei dieser These handelt es sich um ein weiteres Beispiel von zwanghaftem Diffusionismus, und das Problem würde eine sorgfältigere Betrachtung verdienen.

Im Schlußgesang des »Inferno«, wo Dante Lucifer beschreibt, kommt das Detail der beiden riesigen, geöffneten Flügel Lucifers vor – »Sie waren, gleichwie bei den Fledermäusen, / Der Federn bar« (*non avean penne, ma di vispistrello / era lor modo*, ll. 49-50). Dantes implizites Bestehen auf der Fledermausgestalt läßt vermuten, daß Federflügel zu seiner Zeit bei Teufelsbeschreibungen noch die Norm waren, und wir könnten uns Dante als Quelle für die Fledermausflügel des Teufels vorstellen, spräche nicht ein entscheidender Grund dagegen. Das »Inferno« war vermutlich um 1307 begonnen und etwa sieben Jahre später abgeschlossen worden. Giotto hatte jedoch seine Fresken in San Francesco in Assisi *vor* 1300 beendet, und Dante hatte sie fast mit Sicherheit gesehen, denn er erwähnt Giottos Popularität im »Purgatorio« (*e ora ha Giotto il grido*: xi, 95). In einem dieser Fresken haben die Teufel, die durch den Himmel fliegen, Fledermausflügel. Es ist nicht ganz ausgeschlossen, daß Dante und Giotto beide ein chinesisches Bild sahen und unter dem unmittelbaren Eindruck der Fledermausflügel eines Dämonen sich zum Gebrauch dieses Bildes inspirieren ließen, aber ich gebe Ockhams Rasiermesser den Vorzug und nehme an, daß die Quelle für die Fledermausflügel bei Giotto nicht in chinesischen Gemälden, sondern in Giottos eigener Phantasie zu suchen ist. Überraschend wäre das nicht, denn Giottos Errungenschaften sind nicht nur technisch, sondern enthalten auch einflußreiche ikonographische Innovationen. Leo Steinberg hat nachgewiesen, daß es Giotto und sein Sieneser Zeitgenosse Duccio waren, die erstmals den gekreuzigten Christus mit einem diaphanen Lendentuch versahen.[85] Und es war Giotto, der um 1304 in seiner *Anbetung der Könige* in der Arenakapelle in Padua anstelle des üblichen stilisierten Sterns von Bethlehem das erste naturalistische Abbild eines Kometen lieferte. Fast mit Sicherheit geht diese Wiedergabe auf die eigene Beobachtung des Halleyschen Kometen durch den Künstler im Jahre 1301 zurück.[86] Angesichts eines Bildes, das etwa Maria mit einem Leberfleck auf dem linken Ohr zeigt, stellen manche Gelehrte reflexartig die Frage: wo kommt das her? Nun ist zwar besonders bei zweit- und drittrangigen Künstlern und Autoren die Suche nach Quellen sinnvoll. So wurde zum Beispiel die *Auferstehung* aus dem Rabbula-Evangelium in Florenz noch fünfhundert Jahre nach ihrer Entstehung kopiert. Aber manchmal ist die Quelle eines Werks das Werk selbst, und eben das scheint bei Giottos Teufeln mit Fledermausflügeln der Fall zu sein.[87]

Der heutige Teufel mag gespaltene Hufe haben, aber im Mittelalter hatte der Teufel häufiger Krallen als Hufe. Die Hufe stammen, wie wir sahen, von Pan, und die Krallen von den Harpyien oder einer Vielfalt von Tieren, die die sassanidische Kunst überliefert hatte. Zumeist trägt der Teufel ein spitzes Werkzeug, gewöhnlich die von den Kerkermeistern benutzte Dregge.

Wir haben uns nun in Malerei und Skulptur nach Darstellungen umgesehen, die für einige übliche Merkmale im Bild des Teufels als Quelle dienten. Wie der Teufel aussah, hatte jedoch oft nichts mit den pikturalen Traditionen der Vergangenheit zu tun. Nichts hat eine solche Wirkung wie das, was wir mit eigenen Augen gesehen haben. Vielleicht aus diesem Grund ist eine wichtige Quelle für Antlitz und Gestalt des Teufels der Teufel, den die Leute nicht in ihren Träumen, sondern auf der Bühne sahen. Als Ludwig XI. 1461 nach seiner Krönung die Stadt Tours besuchte, unterhielt man ihn mit Mysterienspielen, und um die Professionalität der Aufführungen sicherzustellen, bezahlten die städtischen Amtsträger zu diesem Zweck Jean Fouquet. Gewöhnlich halten wir Jean Fouquet für einen Maler, nicht für einen professionellen Theatermann. Wie Jacques Callot oder Diego Velázquez gehört er jedoch zu den seltenen Künstlern, die die Welt, die sie sehen, mit außerordentlicher Präzision und unbeeinflußt von persönlichen Visionen oder Leidenschaften wiedergeben. Der besondere Ton von aristokratischer Eleganz (sogar von Geziertheit), der die Illuminationen der Brüder von Limburg überzieht, oder die unmittelbar identifizierbare Persönlichkeit eines Michelangelo sind in Fouquets Stundenbuch des Etienne Chevalier (1445) nicht zu finden. Aber wir sehen genau, wie die Kathedralen gebaut wurden, wie ihr Inneres damals aussah und welche Werkzeuge die Zimmerleute benutzten. Daß es Fouquet war, der in einem Werk, das er *Ausgießung des Heiligen Geistes unter die Gläubigen* nannte, die erste bekannte topographische Ansicht von Paris malte, ist typisch. Manchmal stellt Fouquet Raum und Perspektive dar, als ob wir die Bilder durch eine moderne Weitwinkel-Linse sähen. *Der heilige Martin und der Bettler* ist ein gutes Beispiel; das *Martyrium der heiligen Apollonia* ebenfalls (beide Werke befinden sich im Stundenbuch des Etienne Chevalier). Das letztgenannte Werk ist für uns wegen seines Zusammenhangs mit den Mysterienspielen besonders wichtig; in der Malerei Fouquets gibt es vielfach Aspekte – in den tiefen Perspektiven zum Beispiel – , in denen die Bühnenpraxis der Mysterienspiele spürbar ist. Das *Martyrium der heiligen Apollonia* ist jedoch selbst die Szene eines Mysterienspiels (Abb. 40), und es gehört aus drei Gründen in unseren Zusanmmenhang. Erstens können wir, da Fouquet der Autor ist, annehemen, daß die Szene genau wiedergegeben wurde. Zweitens sehen wir – und die Zeitdokumente bestätigen es – , daß die Inszenierung eines mittelalterlichen Dramas extensiv, detailliert und relativ realistisch war. Drittens sehen wir den Höllenrachen mit dem Teufel, sowie Teufel mit Hörnern, Tiergesichtern, Krallen und behaarten Körpern.

Bei den Darstellungen des Jüngsten Gerichts ist die Hauptquelle für den Teufel nicht in der Kultur der Oberklassen oder in den endlosen Abhandlungen der Scholastiker zu suchen, noch in den klassischen Sarkophagen, in Pan, in päpstlichen Rundschreiben oder in Mönchsspekulationen. Die pikturale Hauptquelle war vielmehr der Teufel, den Maler und Bildhauer selbst in den Mysterienspielen gesehen hatten. Das volkstümliche pikturale Bild des Teufels ist ein hervorragender Beleg für Michail Bachtins Einsicht, daß die Elitekultur ihren Kontrapunkt in der Volkskultur hat. Schon so frühe Teufelsdarstellungen wie die im Winchester-Psalter von 1150 gehen auf mittelalterliche Teufelskostüme in Mysterienspielen zurück.

Manchmal geißelten die Kleriker zwischen dem zehnten und dreizehnten Jahrhundert das liturgische Drama, manchmal priesen sie es. Wenn auch durchaus lückenhaft besitzen wir den Text des schon erwähnten Mystère d'Adam, das ncht auf lateinisch, sondern auf anglonormannisch geschrieben wurde. Die ausführlichen Bühnenanweisungen und impliziten Theatereffekte verlangten Bühnen und Kostüme ähnlich denen zur Zeit Fouquets, der Mitte des fünfzehnten Jahrhunderts. Vierhundert Jahre früher entstand das erste erhaltene liturgische Spiel, ein fragmentarisches »Oratorium« über die Höllenfahrt Christi. Wir wissen nicht, wie es aufgeführt wurde, aber der Teufel zählt wohl zu den ältesten Bühnenrollen, und Dämonen mit Krallen und Tierhaar gehörten vermutlich schon vor dem zehnten Jahrhundert zum profanen Drama. Der Text des Mystère d'Adam sagt nichts über die Kostüme der Dämonen oder des Teufels, vermutlich weil bereits traditionelle Kostüme vorhanden waren. Natürlich nahmen die mittelalterlichen Aufführungen an Verfeinerung, an Effekten und Umfang zu, insbesondere bei Mysterienzyklen. Aber das dramaturgische Raffinement des Mystère d'Adam beweist, daß liturgische Spiele mit Teufelskostümen schon vor 1100 aufgeführt worden sein müssen.

Der Gedanke, daß Teufelskostüme aus Mysterienspielen zur wichtigsten Quelle für Gesicht und Gestalt Satans wurden, ist durchaus naheliegend. Ein Blick auf die ersten beiden Versuchungen Christi und die Qualen der Verdammten im Winchester-Psalter zeigt uns, daß diese Teufel kostümiert sind. Das gilt insbesondere für den Teufel rechts von Jesus (Abb. 50, oben) und den mittleren Teufel im oberen Höllenstockwerk (Abb. 52), der eine gehörnte Tiermaske trägt und dessen Unterkörper bekleidet ist. Gleichermaßen wichtig und überzeugend ist eine auf *ca.* 1320 datierbare Illustration in dem berühmten Roman de Fauvel (Bibliothèque Nationale, Paris), die eine Gauklertruppe zeigt. In diesem eigenartigen und bemerkenswerten Werk finden wir die tierfellbekleideten Körper, die gehörnten Köpfe, das flammende Haar und die großen Ohren, die wir von den Teufeln kennen, sowie (mittleres Register, ganz links) einen wilden Mann. In dem Renaud de Montanban aus der Zeit um 1400 gibt es eine Illustration mit einem Ritter-Schauspieler, der sich ein pelziges Teufelskostüm angezogen hat und sich eben einen Teufelskopf aufsetzt; die gleiche Aufmachung finden wir bei einem Wanderschauspieler im mittleren Register der Fauvel-Illustration sowie bei dem Teufel ganz links in den Qualen der Verdammten (Abb. 52, unteres Register) im Winchester-Psalter; dieser Teufel hat dieselbe Art von langer Dregge wie der Ritter-Schauspieler. Die Garderoben-Listen des englischen Königs Eduard III. aus den Jahren 1347 und 1348 enthalten eine umfangreiche Sammlung von Masken und Köpfen, unter anderem von Drachenköpfen, von Menschenköpfen mit Fledermausflügeln und von einem Dutzend Drachenkopf-Masken. Das berühmte illuminierte Cailleau-Manuskript von 1547 (Bibliothèque Nationale, MS 12536, fol.

2v) zeigt Schauspieler, die als groteske Teufel aus dem Höllenrachen kommen, während die Sünder im Kessel gesotten werden. Der Künstler hat sich das nicht ausgedacht, sondern er hat wiedergegeben, was er auf der Bühne sah.

Obwohl Emile Mâles grundlegende Arbeiten den Einfluß des mittelalterlichen Dramas auf Malerei und Plastik nachgewiesen haben, sind die Einzelheiten – also Chronologie und Wechselwirkung – noch umstritten. Louis Réau zum Beispiel, der Doyen der christlichen Ikonographie, meint, daß es manchmal die Bilder waren, die die Theaterdekorationen und -kostüme beeinflußten. Er hat recht. »Können wir nicht annehmen, daß Malerei und Plastik die Kostüme beeinflußten?« Zweifellos kamen manche Einzelheiten bei den Kostümen aus der bildlichen Tradition. Andere kamen aus Bibeltexten. In Römer 16,18 und in Philipper 3,19 spricht Paulus von Häretikern, Leuten die Zwietracht schaffen, von Leuten, »die nicht unserem Herrn Christus dienen, sondern ihrem Bauch«. Diese Beschreibung steht hinter den zahllosen, die Jahrhunderte durchziehenden grotesken Bildern, wo der Teufel ein Gesicht auf dem Bauch oder auf den Knien hat (Abb. 55). Glynne Wickham, ein Kenner des mittelalterlichen Dramas, hat vermutlich recht, wenn er hinter den Wolkenmaschinen, die in den Mysterienspielen für die Himmelfahrt benutzt wurden, die Mandorla sieht. Vorsicht ist dennoch angebracht, denn es ist leicht zu sagen, daß die visuellen Medien die Spiele und die Spiele die visuellen Medien beeinflußten und daß eine Wechselwirkung stattfand. Das erklärt jedoch nichts. Es kommt auf den Einzelfall an. Und wir stellen fest, daß Gislebertus' Teufel beim jüngsten Gericht keine Kostüme tragen (Abb. 46), daß der Soriguerola-Teufel nie auf einer Bühne auftrat (Abb. 34), daß die Teufel im Winchester-Psalter jedoch Kostüme tragen. Die Einteilungen in der Hölle Fra Angelicos stammen vermutlich aus Mysterienspielen (Abb. 6); nahezu mit Sicherheit auch der Teufel, der im Visconti-Stundenbuch von einem Engel von Haus zu Haus geführt wird, um unter den Ägyptern die Pest zu verbreiten; bis in alle Einzelheiten leitet sich dieser Teufel aus einem Kostüm her. Fouquets Teufel, der im Chevalier-Stundenbuch den heiligen Bernhard unterbricht, trägt ein Kostüm, ebenso wie die trommelnden Teufel, die in einem illuminierten Manuskript Karl den Großen herausfordern (Abb. 24), und auch der Teufel, der in einer volkstümlichen Szene einen Sünder in den Höllenrachen befördert (so im *Jüngsten Gericht* an der Kathedrale von Chartres). Wenn wir diese Werke, die in der Zeit zwischen dem zwölften und dem fünfzehnten Jahrhundert entstanden sind, richtig interpretiert haben, dann ist die weitaus wichtigste Quelle für das Aussehen des Teufels sein Aussehen auf der Bühne.

Die Züge des Teufels aufzulisten ist vielleicht naheliegend, aber es

24 Als Teufel verkleidete Sarazenen bedrängen die Armee Karls des Großen, *Grandes Chroniques de France*, XIV. Jahrhundert, Bibliothèque Nationale (MS 2813, fol. 119), Paris.

bringt die Gefahr des Ahistorischen mit sich. Entscheidend ist der Kontext. Bevor wir versuchen, den Teufel an den ihm eigenen Stätten zu finden, wollen wir jedoch kurz zurückblicken und einige Merkmale annehmen, die wir im historischen Zusammenhang sehen wollen. Funktion und Rolle des Teufels in der Kunst kommen, wie auch sein Name, aus der Theologie des fünften Jahrhunderts. Gesicht und Gestalt kommen aus hellenistischen Quellen (einschließlich übernommener osirischer Götter und des Bes) und aus dem liturgischen Drama. Was folgt, ist, grob gesagt, wie der Teufel auftritt. Die frühesten christlichen Malereien finden wir in den römischen Katakomben, aber es fehlt der Teufel. Die Gelehrten rätseln noch, warum es vor dem sechsten Jahrhundert kein Bild des Teufels gibt.[88] Ich meine sogar, es gibt keines vor dem neunten. Das hat, meine ich, zwei Gründe: die bezüglich des Teufels bestehende Verwirrung und eine Leere, das heißt das Fehlen jedes brauchbaren pikturalen Vorbilds in der Zeit, da die spezifisch christlichen Kunstformen und -motive auftreten und sich von den klassischen Einflüssen loslösen. Obwohl die Formen der christlichen Kunst zwischen 500 und 800 in hoher Blüte stehen, gibt es noch keinen Teufel (auch wenn es ein paar Beispiele von exorzierten Dämonen gibt, die von manchen Gelehrten als Teufelsdarstellungen betrachtet werden, sowie ein ravennatisches Mosaik, das ich unten, S. 126-127, diskutiere).[89]

Zuerst tritt er im neunten Jahrhundert mit einem Pansgesicht und einem Höhlenmenschen-Schurz auf, sowie, gewöhnlich in Gestalt eines Drachens, als befleckter Geist, der aus dem Himmel geworfen wird (Abb. 71, 38). Wenn Lucifer als Engel (statt als Drache) aus dem Himmel geworfen wird, ist er gewöhnlich nackt (oder mit Höhlenmenschen-Shorts bekleidet), betrübt und flammenhaarig.

Der Teufel als Höllenfürst (Abb. 30, 59) hat mit den ersten Teufeln des neunten Jahrhunderts nichts zu tun. Sein Typus ist der eines dicken, nackten, häßlichen schwarzen Gorillas, der Ausbund von Leos »Senkgrube«. Der Teufel in seinem Reich hat weder Flügel noch Hörner, weder Hufe noch Schwanz. Im zwölften und dreizehnten Jahrhundert hat der Teufel Hörner und Hufe (oder Krallen), Schwanz und Dregge. Meist hat er keine Flügel, und wenn doch, dann sind es Engelsflügel, die sich jedoch im Lauf des vierzehnten Jahrhunderts in Fledermausflügel verwandeln. Bei der Trennung der Seligen von den Verdammten in den Jüngsten Gerichten ist er zumeist ein pelziges Urwesen in den romanischen Werken; in den Werken der Gotik ist er nackt, hat einen Menschenkörper und grobe Gesichtszüge (Abb. 55). In seiner Eigenschaft als Höllenfürst bleibt er sich insgesamt gleich, aber seine Gestalt und seine Funktion findet sich bisweilen durch Dantes Beschreibung beeinflußt: oft hat er Fledermausflügel und Hörner, und sein Sündervolk verschlingt er mit demselben Eifer, wie er es wieder ausscheidet (Abb. 5, 57). In den Jüngsten Gerichten der Gotik und der Renaissance bleibt er ein groteskes Ungeheuer.

Im fünfzehnten Jahrhundert erscheint ein neues Thema, das voll entwickelt wird im sechzehnten: das der rebellischen Engel. Jetzt wird der Teufel immer menschlicher, solange bis er von seinem Gegner Michael kaum noch zu unterscheiden ist. Die Linie des Godzilla-Teufels – oftmals modifiziert durch den Teufel, der die Seligen von den Verdammten trennt – setzt sich fort ins siebzehnte Jahrhundert (besonders bei Darstellungen des Hexenzaubers). Die andere Linie, das Thema des Kampfs zwischen Lucifer und Michael, reicht bis ins romantische Zeitalter und umfaßt zum Beispiel den heroischen Satan von Blakes Aquarellen und Stichen sowie Delacroix' Lithographien zu Goethes *Faust*.

Wo tritt der Teufel auf?

Der Teufel ist in neun Motiven zu finden, von denen die ersten beiden die wichtigsten sind, während es in den anderen um seine kleinen Agenten geht: I. die Apokalypse (ein Motiv, das sich teilweise in den rebellischen Engeln fortsetzt); II. das Jüngste Gericht (mit dem Höllenmaul des Leviathan); III. die Versuchungen Jesu; IV. die Höllenfahrt; V. Theophilus und seine Geschichte; VI. die Versuchung Hiobs; VII. der Garten Eden; VIII. die Teufel attackieren und versuchen Antonius Abbas; IX. Teufel versuchen, lügen und lauern überall und jederzeit.

Richalm, ein Zisterzienserabt des frühen dreizehnten Jahrhunderts, schrieb ein Werk, das der Mediävist G. G. Coulton das »vollständigste dämonologische Handbuch des Mittelalters« nannte, und lieferte darin eine typische Beschreibung des Teufels als Mikrobe. »Teufel sind es«, klagte Richalm, »die mich bei der Arbeit kurzatmig machen, und es sind Teufel, die mich so in Laune versetzen, daß ich in Lachen ausbreche, und alles Schnarchen, Husten, Niesen und Spucken im Chor ist ihr Werk«. Die Teufel störten Richalm sogar beim Lesen: sie machten ihn schläfrig, und wenn er seine Hand ausstreckte, um sie abzuwehren und wach zu bleiben, versuchten sie, seine Hand zu wärmen. Teufel waren die Ursache aller Beschwerden Richalms:

Siehe, ich leide jetzt unter Husten und Blähungen, das ist ihr Werk. Kürzlich trank ich ein bißchen Wein, worauf sie mir diese Blähungen und Bauchschmerzen gesandt haben; aber Wein ist gut für mich ... Die Teufel würden mir gern die Nüsse verleiden, ich soll glauben, meine Heiserkeit käme von unseren Nüssen ... »Tatsächlich [sagte Richalms Schüler], ich höre ein seltsames Geräusch, das anscheinend von einer Verstimmung deines Magens oder der Gedärme kommt.« »Nein [sagte Richalm], du irrst dich, es ist das Geräusch des Dämons.« »Angesichts der Art dieses Geräuschs [antwortete der Schüler] fällt es mir schwer, dir zu glauben.«[90]

Mönche können von anderen mit Dämonen – wie mit Erkältungen – angesteckt werden. »Ich selbst habe sie mir bei Bruder Wilhelm geholt, als wir zusammen in der Krankenstube waren, sie ließen ihn los und stürzten sich auf mich«, behauptete Richalm. »Ich höre sie in den Stimmen der Vögel und im Plätschern des Wassers im Klosterbrunnen.« Der Teufel war nicht nur als Mikrobe im sozialen Körper, er war sogar in den Gasen von Richalms Verdauung am Werk. Die Mikrobe ist bis in die Mitte des fünfzehnten Jahrhunderts die bei weitem verbreitetste Erscheinungsform des Teufels. Ich werde mich mit dieser Motivgruppe nicht weiter befassen, denn es ist nicht ganz leicht, sich vorzustellen, daß es die Sache von Gottes Gegenspieler ist, Blähungen zu verursachen. Auch der Garten Eden (Motiv VII) ist nicht sehr ergiebig, denn eine Schlange ist auch dann eine Schlange, wenn sie manchmal einen Menschenkopf hat, meist einen weiblichen.

Das Thema des heiligen Antonius hat einiges an schreckenerregenden Ungeheuern hervorgebracht, aber diese können kaum je mit dem Teufel selbst identifiziert werden, sondern sind vielmehr seine Agenten. Bei der

25 Hiob und der Teufel, *ca.* 1200-30, aus dem rechten Feld des Nordportals der Kathedrale Notre-Dame, Chartres.

Versuchung Hiobs (Motiv VI) ist der Teufel gewöhnlich ganz klein und für Gott etwa so gefährlich wie eine Fliege für dich und mich (Abb. 33). In der Skulptur gibt es ein paar Ausnahmen, deren eindrucksvollste der Teufel am Nordportal von Chartres ist, einem aus dem dreizehnten Jahrhundert stammenden Meisterwerk der Bösartigkeit. Die Szene läßt kaum vermuten, daß dieser Teufel unter der Kontrolle Gottes steht, zumal da er mit einer Art Herausforderung zum Himmel aufblickt (Abb. 25). Die Geschichte von Theophilus (Motiv V), einem Mönch, der mit dem Teufel paktierte, weil er ungerecht behandelt wurde, scheint die Geschichte von Faust vorwegzunehmen. In Wirklichkeit ist es jedoch nur eine Geschichte zur Glorifizierung Mariens, deren Mitleid den armen Mönch errettet. Ursprünglich gegen Ende des sechsten Jahrhunderts auf griechisch verfaßt, wurden die lateinischen Übersetzungen dieser Legende volkstümlich und verbreiteten sich nach 1100 über ganz Europa. Sie wurde zum Stoff eines Dramas, und ihre plastische Fassung an Notre Dame in Paris geht vermutlich auf eine Theateraufführung zurück.

Die melodramatische Höllenfahrt Christi (Motiv IV) wird vielfach illustriert und war jahrhundertelang ein Thema für Mysterienspiele, obwohl sie in der Bibel nicht vorkommt. In dem urprünglichen Bericht von Nikodemus aus dem dritten Jahrhundert wird die Hölle als Herrscher personifiziert, während Satan der Fürst ist, der aus der Hölle geworfen wird, um gegen Jesus zu kämpfen. Wie zu erwarten, verpatzt Satan seinen Auftrag. Jesus tritt den Tod zu Boden, fesselt Satan, unterwirft das Reich der Hölle und befreit seine Gefangenen. Bei so schlechten Ergebnissen rüffelt die Hölle Satan verständlicherweise für die Tötung Jesu. Zur Strafe wird Satan auf ewig der Herrschaft der Hölle unterworfen, wobei er an die Stelle Adams und seiner Kinder tritt. (So als ob Satan Adam erlösen und ersetzen würde; eine Art Sühneopfer im Sinne des schwarzen Humors.) Jesus, der Held, wirft die Höllentore nieder oder bricht ihren Rachen auf, um die Gefangenen zu befreien. In diesem Drama liegt Satan in Ketten; er liegt bloß da wie ein böser Kettenhund, grollend und sich windend.

Der auch in der Apokalypse (Motiv I) und dem Jüngsten Gericht (Motiv II) auftretende Höllenrachen ist ein eindrucksvolles Symbol, das sich sowohl aus bildlichen wie aus literarischen Quellen speist. Die wichtigsten bildlichen Quellen waren ägyptische Darstellungen vom krokodilmäuligen Ammit, der die Verdammten verschlingt, klassische Bilder und Skulpturen des Hadestors und, vermutlich am einflußreichsten, das Gorgonenmaul. Zu den wichtigsten literarischen Quellen zählt die Beschreibung Leviathans bei Hiob; in der Offenbarung der Bericht von dem Engel mit dem Schlüssel, der den Teufel in einem bodenlosen Brunnen verschließt; sowie eine Anzahl von Bibelstellen, die auf die Unterwelt bezogen wurden. Die Berichte, wie Gott die rebellischen Engel in die Hölle stürzt und ewig in Ketten und Finsternis hält bis zum Tag des Gerichts (aus Enoch abgeleitet im Judasbrief und im zweiten Petrusbrief) wurden ebenfalls oft mit dem Höllenmaul illustriert. Dieses konnte auftreten als eigenständige, vom Teufel losgelöste Kraft mit eigenem Willen, als ein bloßes Gefäß Gottes für den Teufel oder als ein Werkzeug des Teufels. Obwohl das Höllenmaul wohl nur eine einzige theologische Bedeutung hat, unterscheiden sich die drei Varianten in bildlicher Darstellung. Die erste Variante findet sich in der Höllenfahrt, die zweite in der Apokalypse, die dritte beim Jüngsten Gericht. In der Höllenfahrt gilt Satan der Hölle als Unruheherd. Es ist eine Hölle, die für Satan unkontrollierbar ist; klar wird das, wenn Christus das Höllenmaul zwingt, die gefangenen Seelen herauszugeben. Gerade weil das Höllenmaul ein eigenes Bewußtsein hat, haben die Autoren der Mysterienspiele diese Variante bevorzugt. Die Hölle spricht, diskutiert mit Satan und wirft ihm die Ankunft Jesu vor: »Was hast du nur getan, verdammter Narr!« Während die erste und die dritte Variante nur einen gewaltigen Rachen zeigt, leitet sich die zweite Variante von alten symbolischen Formen her. Wenn eine dreidimensionale Maske von hinten

WIE DER TEUFEL AUSSIEHT

26 Ein Engel verschließt das Höllentor, *Winchester-Psalter*, 1150. British Library (Cotton Nero MS C iv, fol. 39r), London. Die symmetrische Höllenrachen-Maske ist typisch für das Motiv des Engels, der das Höllentor verschließt. Dieser Psalter wurde vermutlich in der Proirei von St. Swithin oder von Hythe für Heinrich von Blois, den Bischof von Winchester, hergestellt.

aufgeschnitten (wobei nur noch die Stirnpartie die beiden Hälften zusammenhält) und dann von hinten nach vorne geöffnet und abgeflacht wird, entsteht ein abstraktes geometrisches Schema (die T'ao-t'ieh-Maske auf Bronzegefäßen der Chou-Dynastie ist ein Beispiel). Dasselbe Schema findet sich auch bei indischen Plastiken von Kirttimukha (das Antlitz des Ruhms), einem löwenköpfigen Dämon, der über Alexandria vermittelt worden sein könnte. Manche Gelehrten halten jedoch die Gorgo für die Hauptquelle dieser Variante.[91] Bei der Höllenfahrt Christi öffnet sich das Maul und die Leute kommen heraus. Das Höllenmaul der Apokalypse wird von einem Engel, der Sünder und pelzige Teufel gleichermaßen einsperrt, auf immer verschlossen (Abb. 26). Dieses Maul ist von Natur aus frei von Konflikten. Sein Teufel macht oft einen unterhaltsamen Eindruck, eine Art theologischer Hofnarr, der selbst in Dürers Holzschnitten über das Niveau eines Comic-Strp nicht hinauskommt. Als Widersacher Gottes ist dieser Teufel so hoffnungs- und hilflos wie der Satan bei Christi Höllenfahrt.

In seiner dritten Variante – als Werkzeug des Teufels –, dem leviathanischen Höllenmaul des Jüngsten Gerichts, ist der Höllenschlund eine gewaltige, primitive Kraft, ein Bewohner der Tiefe, die aufnimmt, was Satan hineinwirft. So wenig wie ein Kessel kann dieses Höllenmaul als böse gelten. Es ist ein Werkzeug Satans, das am besten verständlich wird im Kontext der Szenen des Jüngsten Gerichts. Drei weitere Motive gibt es noch: die Apokalypse (I), das jüngste Gericht (II) und die Versuchungen Jesu (III). Die Versuchungen scheinen sich anzubieten, um den Kontrast zwischen Jesus und seinem Widersacher darzustellen. Es gibt nicht viele Beispiele, aber wir werden diejenigen an den Kapitellen der Kathedrale von Autun und im Winchester-Psalter sorgfältig betrachten. Ein persönlicher Konflikt zwischen dem Teufel und Jesus böte zwar Stoff für eine dramatische Szene, scheint aber die Künstler nur selten inspiriert zu haben. Anfangs, im neunten Jahrhundert, hat der Teufel manchmal Menschengestalt; diese wurde jedoch bald ersetzt durch eine groteske, geflügelte und krallenfüßige Figur, bis schließlich im fünfzehnten Jahrhundert der Teufel manchmal erneut Menschengestalt annimmt.[92] Eine der ersten Darstellungen des Teufels ist eine Versuchungs-Szene im Stuttgarter Psalter (Abb. 14), die aus dem frühen neunten Jahrhundert stammt. Zwei nackte, schwarzflügelige Teufel (vielleicht wird auch derselbe Satan in zwei aufeinanderfolgenden Szenen gezeigt, zuerst Jesus versuchend und dann, zurückgewiesen, fliehend) versuchen Christus von links, während zwei Engel die Welt, die Jesus zu retten bestimmt ist, emporheben. Zwischen dieser Buchillustration von erstaunlicher Kunstfertigkeit und einem (nur ein paar Jahrzehnte späteren) deutschen Elfenbein-Buchdeckel mit einer der ungewöhnlichsten Versuchungs-Szenen überhaupt (Abb. 27) scheinen Jahrhunderte zu liegen. Die Mitteltafel zeigt die erste Versuchung, die in der Wüste stattfinden müßte, obwohl in der Mitte ein belaubter Baum steht. Christus und Satan gleichen sich in Aussehen, Größe, Kleidung und Gebaren. Zwei sichtbare Unterschiede bestehen darin, daß Satans Füße nackt sind, während Jesus Sandalen trägt, und daß Satan einen römischen Soldaten-Chlamys und Jesus ein christliches Pallium trägt. Der Konflikt ist psychologisch. »Befiehl, daß diese Steine zu Brot werden« – diese Worte (die einzigen, die Satan im Neuen Testament spricht) werden unterstrichen durch die starke, bedrohliche Persönlichkeit, der Jesus antworten muß, und er tut es mit einer sicheren Geste der Zurückweisung. In dieser Versuchung zeigt sich, in diesem Medium nicht ungewöhnlich, ein klassischer Einfluß. Obwohl Elfenbein für vielerlei Gegenstände benutzt wurde, von kleinen liturgischen Gefäßen (*pyxides*)

WIE DER TEUFEL AUSSIEHT

27 Die Versuchung Christi, ca. 830-850, elfenbeinerner Buchdeckel für MS Barth. 180, Ausst. 68. Stadt- und Universitätsbibliothek, Frankfurt.

bis hin zu Kaiser Maximilians Thron, war seine gebräuchlichste Verwendung die für Diptychen und Buchdeckel. Diptychen (Paare von durch Scharniere verbundenen Elfenbeintäfelchen) waren bis zur Mitte des sechsten Jahrhunderts, als das Amt des Konsuls abgeschafft wurde, die traditionellen Geschenke der römischen Konsuln an Kaiser und Senat. Unter den christlichen Kaisern fuhren die Hofkünstler mit der Herstellung dieser Konsulardiptychen fort (obwohl Christus oft an die Stelle des Kaisers trat), weshalb es nicht überraschend ist, wenn in Elfenbeinwerken die klassischen Einflüsse stärker sind als in anderen Medien. Nichtsdestoweniger ist die psychologische Dimension dieses Werks untypisch. Normalerweise fällt die Konfrontation zwischen diesen beiden Gegnern eher hölzern aus, weil sie ohne die geringste Interaktion auf irgendeiner bildlichen Ebene einander gegenübertreten (Abb. 50). Sie sind bloße Zeichen: das ist Jesus und das ist Satan, und Satan versucht Jesus. Aus dem Teufel einen ernsthaften Versucher zu machen, hätte bedeutet, ihn mit einer Kraft auszustatten, die bis zum fünfzehnten Jahrhundert die Neigung, Fähigkeit oder Vorstellungskraft der meisten Künstler überforderte.

Die großen Themen der Apokalypse und des Jüngsten Gerichts sind es, in denen der Teufel mehr sein muß als ein pelziger Narr. Als Irenäus die Gnostiker (wie Markion) angriff, nannte er ihre religiösen Rituale »einen Plan, den Satan angestiftet hat, um [die Gläubigen] zum Verzicht auf die Taufe der Wiedergeburt zu Gott, ja zur Leugnung des Glaubens überhaupt zu bewegen«.[93] Und Tertullian bemerkte bei seinen Angriffen auf die Häretiker: »Jedoch man fragt, von wem eine solche Auffassung von den Dingen vermittelt werde, daß sie zur Entstehung von Häresien dienen. Vom Teufel, versteht sich, dessen Rolle es ja ist, die Wahrheit zu verdrehen, der sogar die Handlungen der göttlichen Sakramente in seinen Götzenmysterien nachäfft.«[94] Der Teufel war die Quelle der Häresie, und die Apokalypse und das Jüngste Gericht hatten, mindestens teilweise, in der Öffentlichkeit die Aufgabe, auf die Häresien zu antworten.

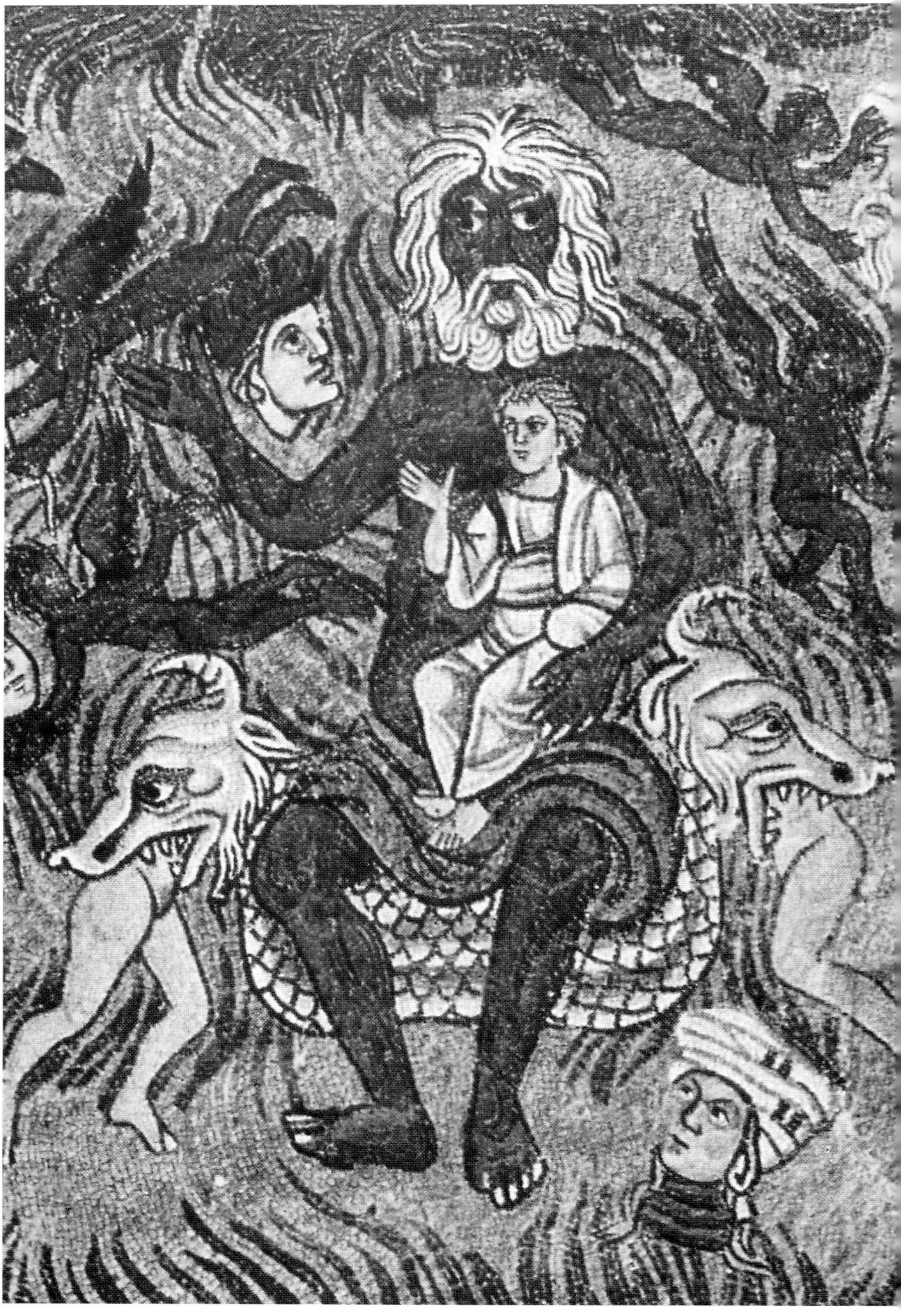

3. Häresie und Hölle

Der Dualismus und das Paradoxon des Teufels

Der Häresie schuldig machen kann man sich nicht nach Belieben. Es gibt keine Häresie ohne eine Autorität, die definiert, was orthodox ist, und deshalb ist es nicht so ironisch, wie es scheint, wenn man feststellt, daß die Kirche die Orthodoxie nicht aus eigenem Antrieb hervorgebracht hatte, sondern vielfach als Antwort auf alternative Interpretationen und in der Absicht, diese Interpretationen dann häretisch nennen zu können. Der italienische Historiker Momigliano vergleicht heidnische und christliche Historiker und faßt bei dieser Gelegenheit eines unserer Themen präzis zusammen:

Die Kirchengeschichte mußte sich von der gewöhnlichen Geschichte zwangsläufig unterscheiden, denn sie war eine Geschichte der Kämpfe gegen den Teufel, der versucht, die Reinheit der christlichen Kirche, wie sie durch die apostolische Nachfolge garantiert ist, zu besudeln.[95]

Selbst wenn das Christentum die Häresie nicht geschaffen hat, so wurde doch durch das Christentum die Häresie so wichtig wie nie zuvor in der Geschichte. Für die Griechen bedeutete Häresie (*hairesein*), zwischen verschiedenen Philosophien zu wählen, und weder bei den Griechen noch den Juden oder Römern hatte das Wort irgendwelche moralische Konnotationen. Im Neuen Testament hat das Wort aber eine sehr pejorative Färbung, und um das sechste Jahrhundert ist Häresie eine gefährliche, vom Teufel inspirierte Abweichung von der christlichen Lehre. Grob gesagt, gab es zwei Typen davon, die innere und die äußere. Historisch war die Kirche bis etwa 1000 vorwiegend mit inneren Häresien beschäftigt und mit äußeren danach.[96] Auf dem Höhepunkt des Kampfs gegen die *äußeren* Häresien (wie die Lehre der Katharer) ist der Teufel in den Darstellungen des Jüngsten Gerichts ein harmonischer Bestandteil des christlichen Universums. Doch es geschah während des Kampfs gegen *innere* Häresien (wie den Adoptionismus), daß Macht, Reichweite und Wesen des Teufels definiert wurden. Dies war der Kontext, in dem der Mönch Beatus die Fundamente für die Ikonogra-

28 Detail aus den Mosaiken des *Jüngsten Gerichts* in Sta. Maria Assunta, Torcello (Abb. 42).

phie der Apokalypse legte, ein Kontext, den ich unten in dem Abschnitt »Beatus und die Verschmutzung« behandle.

Bevor man eine Vorstellung häretisch nennen kann, muß die Orthodoxie klar definiert sein, und die lateinische Kirche brauchte dazu mehr als fünf Jahrhunderte. Als Markion im zweiten Jahrhundert das Alte Testament ausschied und nur noch die zehn Paulusepisteln und eine verkürzte Version des Lukasevangeliums als Kanon gelten lassen wollte, konnte er nur verdammt werden, *nachdem* sich die Kirche 185 im ältesten erhaltenen Kanon, dem *Canon Muratorii*, festgelegt hatte. Die Trinität wurde erst definiert, als Arius, ein ägyptischer Priester, in seinen Predigten den Sohn als dem Vater subordiniert dargestellt hatte. Trotz seiner Verdammung predigte Arius weiter, wurde jedoch 321 exkommuniziert und gezwungen, von Ägypten nach Bithynien zu gehen, wo seine Ideen solche Verbreitung fanden, daß der Streitfall auch Konstantin beschäftigte, der daraufhin das erste ökumenische Konzil einberief. Auf diesem Konzil wurde formuliert, was das nizänische Glaubensbekenntnis werden sollte. Als nächstes folgten die unzähligen Konfigurationen und Interpretationen hinsichtlich der Beziehung des Sohns zum Vater, die im vierten Jahrhundert auftraten: die Anomöaner (die den Sohn nicht für gleich mit dem Vater hielten), die Homöer (die beide für gleich hielten) und die Homöusianer (die das Wesen von Sohn und Vater gleichsetzten). In einem Jahr wurden gewisse Nuancen in Antiochia verdammt, andere in Rom im nächsten. Selten verschwand eine verdammte Sekte, und oft widerrief niemand. Hingerichtet wurde in den Kämpfen gegen innere Häresien gewöhnlich keiner, teilweise weil kein entsprechender Mechanismus existierte. Diesem Mangel wurde 1184 abgeholfen, als Papst Lucius III. und Kaiser Friedrich I. ein Aktionsprogramm aufstellten, und 1231 setzte die päpstliche Inquisition ihre Zwangsmaschinerie in Gang. Die Katharer sind ein Beispiel von äußerer Häresie, die die Behörden mit besonderer Erbitterung bekämpften. Zu Beginn des dreizehnten Jahrhunderts war die Häresie ein Vergehen gegen den Kaiser: Häretiker wurden legal verbrannt, und Papst Innozenz entfesselte den Kreuzzug gegen die Katharer und ihre Kirche. Obwohl innere und äußere Häresie sich theoretisch überschneiden können, spricht der Unterschied in der Mortalitätsrate bei den Häretikern eine unzweideutige Sprache.

Das Christentum war wie ein Strom reinen und frischen Wassers, der durch unterirdische Zuflüsse aus sichtbaren und unsichtbaren Bergen gespeist wurde. Aus einem Brunnen, den die Kirche, die einzig wahre Wächterin der Reinheit, gegraben hatte, wurde allen Wasser geboten. Andere Brunnen aber saugten auf parasitäre Weise die Reinheit weg: die Juden wurden zu Brunnenvergiftern; andere Brunnengräber waren

Räuber, die die Wasser ihren wahren Eigentümern entwendeten. Bei seinem Angriff auf Häretiker wie Markion und Valentinus bedient sich Tertullian der Bildwelt von juristischen Ausdrücken und Eigentumsrechten. Die Häretiker, sagt er, erlangen

> keinerlei Eigentumsrecht an den christlichen Schriften. Wie sie es verdienen, muß man ihnen vorhalten: Wer seid ihr denn eigentlich? Wann und woher seid ihr gekommen? Was macht ihr auf meinem Grund und Boden, da ihr nicht zu den Meinigen gehört? Mit welchem Recht, Marcion, fällst du eigentlich meinen Wald? Wer erlaubt dir, Valentinus, meine Quellen anders zu leiten? Wer gibt dir, Apelles, die Macht, meine Grenze zu verrücken? Das Besitztum gehört mir! ... Ich habe sichere Übertragungstitel von den ersten Eigentümern selbst, denen die Sache gehört hat. Ich bin Erbe der Apostel![97]

Je genauer die Grenzen der Lehre festgelegt wurden, desto gehässiger die Spannungen. Valentinus, der berühmteste christliche Gnostiker Alexandriens, war von einem persönlichen Schüler des Paulus unterrichtet worden. Er glaubte, daß die Erlösung nicht durch Riten, sondern durch die Kenntnis des Evangeliums Christi und durch die Erleuchtung durch Jesus erfolge. Diese »Aneignung« Jesu ist der Grund, warum Tertullian darauf bestand, *er* besitze Titel und Urkunden von den Aposteln. Tertullian kämpfte für die korrekte apostolische Nachfolge, welche allein die Reinheit der Kirche garantieren konnte. Religiöse Führer wie Markion und Valentinus versuchten diese Reinheit zu beschmutzen, und hinter ihnen stand der Teufel.

Unmittelbar haben wir es nur mit einem entscheidenden Charakteristikum des Gnostizismus zu tun: dem Dualismus. Die meisten gnostischen Schulen lehrten, daß das Universum aus Geist und Materie, aus Licht und Dunkelheit zusammengesetzt sei. Gott stand über allem, aber obwohl er das Universum schuf, kontrollierte er es nicht. Über die Welt der Materie und der Finsternis herrschte irgendein anderes, oftmals bösartiges Wesen. »Der Judengott, der Schöpfer eines an seinen Wurzeln von einem unheilbaren Übel bedrohten Kosmos, ist nichts als eine bewußtlose, an den unsichtbaren Fäden höherer Mächte hängende Puppe.«[98] Christus kann dem Menschen dabei helfen, seine wahre Natur zu erkennen, so daß der Mensch in die Welt des Lichts zurückkehren kann. Diese Rückkehr ist die Erlösung. Anders als die Christen, für die die Zeit ein linearer Ablauf war – von der Schöpfung bis zum Tag des Gerichts –, betrachteten die Gnostiker die Zeit als einen Modus jener Welt, der sie entkommen wollten. Materie und Zeit waren Verunreinigungen, aus denen der menschliche Geist sich befreien mußte, um ins zeitlose Reich des Lichts einzugehen. Obwohl der Gnostizismus auf Strömungen in der jüdischen Mystik zurückgriff, die ihrerseits von griechischem ebenso wie chaldäischem Denken beeinflußt waren, stammt sein Dualismus aus dem religiösen Denken Persiens. Für orthodoxe Christen jedoch war der Gnostizismus einfach ein Glaube, wonach die Welt vom Teufel regiert wird. Wenn wir dem Buch des Johannes, einer manichäischen Fassung der Schrift, die Bischof Nazarius, ein abtrünniger bulgarischer Bogomilenpriester, der Inquisition vorgelegt hatte, glauben, dann hatte in der Tat der Teufel die Welt erschaffen.[99]

Seit dem dritten Jahrhundert jedoch lieferte der Kirche eine ernsthaftere Häresie Grund zur Sorge. Mani, ein Perser, der Indien bereist hatte, wurde gestützt von Shapur I., fiel in Ungnade bei dessen Nachfolger, Bahram I., und starb 277 im Kerker. (Sein berühmtester Anhänger war – bis zur Konversion dieses braven Kirchenvaters – Augustinus.) Der Manichäismus hatte seine Wurzeln im Gnostizismus und hatte zugleich Querverbindungen zu Zoroaster, Jesus und Buddha. Wir halten hier fest, daß der Manichäismus den persischen Dualismus im Gnostizismus verschärfte: die Prinzipien von Licht und Finsternis waren gleich stark, waren gleich ewig. Ein fünfhundertjähriger Kampf gegen innere, sich mit Gnostizismus und Manichäismus überschneidende Häresien hatte jedoch seine Spuren im Denken der Kirche hinterlassen. Keine Art von Dualismus konnte geduldet werden: er setzte die kritische kirchliche Lehre aufs Spiel, angefangen bei der Trinität bis hin zur Funktion der Kirche selbst. Aus diesem Grund war es heikel, wenn der Teufel als der Widersacher Gottes definiert wurde. Es führte zum Paradoxon des Teufels. Wenn Gott den Teufel schuf, wird der Dualismus unscharf. Aber ein solcher Dualismus wirft dann die Frage auf, warum Gott denn den Urheber des Bösen schuf. In einem seiner um 350 gehaltenen Vorträge nannte Kyrill von Jerusalem das Problem beim Namen. Der Teufel »sündigte nicht etwa deshalb, weil ihm das Sündigen mit der Natur gegeben werden mußte. In diesem Fall ginge die Ursache der Sünde ja auf den Schöpfer zurück.«[100]

Mehr als ein Jahrtausend später verwies Shelley in einem anderen Ton auf dieselbe Crux:

[Der Teufel] kann keine Neigung oder Anlage haben, die ihm nicht ursprünglich von seinem Schöpfer eingepflanzt worden wäre... Sich darüber zu beklagen, daß der Teufel Böses tut, wäre so ungerecht wie bei einer Uhr, die falschgeht. Die Fehler gehen im ersten Fall ebenso auf Gott zurück, wie im zweiten auf den Uhrmacher.[101]

Wenn die Taten des Teufels nur mit Gottes Erlaubnis möglich sind, dann ist Satan vielleicht gar kein echter Widersacher. Wenn der Teufel nur eine Mikrobe ist, ist die Funktion der Kirche eingeschränkt und Jesu Mission verringert. Aber aus dem Teufel einen echten Gegner mit unabhängiger

Macht, eine *echte* Bedrohung zu machen, ihm einen substanziellen Körper, der Schatten werfen und Ereignisse kontrollieren kann, zu geben – das schränkt das Licht ein, das von Jesus ausgeht. Es ist, als ob man Alpträume zuließe, die, wegen der Dinge, die sie über den Träumer und über das, was ihn träumen läßt, verraten könnten, niemand ganz erklären will. Die Bemühung, das zu vermeiden, war ein komplexer Balanceakt – oder, wenn man will, ein Widerspruch –, von dem her die künstlerischen Konventionen bei den Teufelsmotiven in der Apokalypse und im Jüngsten Gericht zu verstehen sind.

Jüngstes Gericht und Apokalypse: der Unterschied

Die mittelalterliche Vorstellung von der Apokalypse leitet sich aus der Offenbarung Johannis ab; sie ist reich, komplex und wird in verschiedenen Medien behandelt. Unser Interesse gilt nur der einen Episode: der Vertreibung des Teufels aus dem Himmel. Das Prinzip der Apokalypse ist der Konflikt, ein Kampf zwischen zwei repräsentativen Gegnern – St. Michael und dem Drachen. Es ist Krieg, und der Verlierer wird hinausgeworfen. Reinheit wird hergestellt. Alle Gläubigen werden erlöst. Die Wirkung ist besänftigte Furcht. Weil Michael siegen wird, ist Klugheit gleichbedeutend damit, auf seiten der Sieger zu stehen. Eine apokalyptische Szene kann zwei wichtige Fragen aufwerfen: wer ist Michael? Und wer ist der Drachen?

Das Prinzip des Jüngsten Gerichts ist nicht der Konflikt, sondern die Harmonie durch Urteil und Trennung. Alle sind betroffen. Das Jüngste Gericht ist eine gerichtliche Maschinerie: es gibt Regelungen, aber es gibt keinen wirklichen Kampf. Die Schale, in der die Seelen gewogen werden, hebt sich und senkt sich; alle werden sie gesondert. Die Seele geht in den Himmel ein oder in die Hölle. Manchmal intervenieren Maria oder Johannes, aber wenn die Trompete erklingt und die Toten zum Leben erwachen, gilt der letzte Urteilsspruch auf ewig. Die Wirkung ist Furcht. Kein Schuldiger kann entkommen. Kein König und kein Bischof kann Jesus und seine Kirche zum Narren halten. Die Gerechtigkeit ist sicher und absolut. Aber wer urteilt, und wie? Wer wird verurteilt, und wofür? Die Apokalypse ist eine Entfernung von Schmutz; wer schmutzig ist, wird ausgeschieden, damit ein System gereinigt wird. Das Jüngste Gericht ist dagegen ein Ordnen, eine Umverteilung der Menschen innerhalb des Systems.

Die Apokalypse wurde zwischen dem achten und dem zehnten Jahrhundert, als die christliche Lehre kodifiziert und die Häresien identifiziert und extrahiert wurden, besonders volkstümlich. Die Apokalypse richtet sich gegen *innere* Feinde: die Verschmutzung ist auszusondern. Das Jüngste Gericht dagegen richtet sich gegen die *äußeren* Feinde der Kirche, gegen Verschmutzung von außen. Aus diesem Grund ist das Jüngste Gericht bei zahlreichen Portaltympana gotischer Kathedralen das Thema; nicht aber die Apokalypse.

Das auf die inneren Häresien angewandte Bild der Verschmutzung gebrauchten Irenäus, Tertullian und Augustinus gegen jeden, der die Schriften anders interpretierte. Das Ziel solcher Häretiker war, so warnte Tertullian, »nicht, die Heiden zu bekehren, sondern unser Volk zu zerrütten... Sie untergraben unseren Bau, um ihren eigenen aufzuführen. [Die Wirkung der Gnostiker und Markionanhänger wird illustriert] in der Parabel, in der der Herr zuerst gute Weizensaat sät und der Feind, der Teufel, später die Ernte mit schädlichem Unkraut verdirbt.« Von Mani, dem Gründer des Manichäismus, schrieb Eusebius, er »flicke falsche und gottlose Lehren zusammen, die er aus zahllosen, längst erloschenen, gottlosen Häresien zusammengesucht hat; er infiziert unser Reich mit einem tödlichen Gift, das aus dem Land der Perser kommt«.[102] Kaiser Diokletian benutzte dieselbe Bilderwelt, als er seiner Sorge Ausdruck verlieh, die Manichäer würden versuchen, »über die verderbten Sitten und wilden Gesetze Persiens... das bescheidene und friedliche Geschlecht der Römer mit dem Gift einer bösartigen Schlange zu infizieren«.[103] Dieses Gift, diese Verfälschung, diese Verschmutzung mußten aus dem sozialen Körper ausgeschieden werden, und darum wird der Teufel aus dem Himmel geworfen und werden die rebellischen Engel oftmals ausdrücklich als beschmutzte Engel dargestellt (Abb. 29). In dieser Darstellung haben diese bösen Wesen Engelsflügel und Heiligenscheine, aber, abgesehen von dem flammenden Haar und ihrer offensichtlichen Nacktheit, keine Teufelsattribute. Der mittlere der aufsässigen Engel zeigt noch einen gewissen Groll, seine Gefährten dagegen sind traurig und resigniert. Kein anderes Werk gibt in seinem Rhythmus und in seiner Atmosphäre so vollendet den Ausschluß der unsauberen Verschmutzer aus dem Inneren des Systems wieder.

Innere Feinde waren für Augustinus die schlimmsten. Solche Häretiker, sagte Augustinus, »verbreiten in Christi Kirche verdorbene und verkehrte Ideen«. Gegen solche Gruppen *innerhalb* der Kirche kämpfte Michael. Nach Augustinus brachte der Teufel »die Häretiker auf den Plan, die unter dem Deckmantel des christlichen Namens der christlichen Lehre widersprechen«. So schlimm unsere äußeren Feinde auch sein mögen, »auch die Ketzer verursachen dem Herzen der Frommen großen Kummer, denn man muß daran denken, daß auch sie den christlichen Namen, die christlichen Sakramente sowie die gleichen Schriften und das gleiche Bekenntnis zu Christus haben«.[104] Gnostiker waren die

29 Engel vertreiben beschmutzte Geister, aus der *Benevento Benedictio Fontis*, ca. 970-980. Biblioteca Casanatense (Cod. 724, BI13, II), Rom.

ersten, die Kommentare zu den Evangelien schrieben,[105] und das erklärt die Worte Vincents von Lerin, des Mönchs Peregrinus, eines Zeitgenossen des Augustinus, der denselben Kummer hatte wie dieser, aber einen lebhaften Stil schrieb. Häretiker, die die Schrift »durchfliegen« (Christen, die mehr die Bibel selbst studierten als die Erläuterungen dazu), waren zu fürchten, waren dingfest zu machen und schnellstens auszuschließen. Peregrinus schildert sehr hübsch die Gefahren sozialer Verschmutzung:

Hier könnte jemand fragen, ob sich auch die Häretiker der göttlichen Schrift bedienen. Freilich bedienen sie sich ihrer und sogar viel. Denn man kann sie alle Schriften des heiligen Gesetzes durchfliegen sehen, die Bücher des Moses und der Könige, die Psalmen, die Apostel und die Evangelien und die Propheten. Denn sowohl unter sich als auch bei Fremden, privatim und öffentlich, in Reden und in Schriften, bei Gastmählern und auf den Straßen bringen sie fast niemals etwas von dem Ihrigen vor, das sie nicht auch mit Schriftworten zu belegen versuchen... da kannst du eine endlose Masse von Beispielen und kaum eine Seite finden, die nicht mit Sätzen aus dem Neuen oder Alten Testament geschminkt und gefärbt ist. Aber um so mehr muß man sie meiden und fürchten, je geheimer sie sich unter dem Schatten des göttlichen Gesetzes verstecken.[106]

Wenn wir das Auftreten des Teufels beobachten wollen, müssen wir daran denken, daß die Themen für Bilder, Plastiken und Buchmalereien im Mittelalter großenteils nicht aus der Schrift, sondern aus den Kommentaren dazu entnommen wurden. Die *Legenda Aurea,* jene aus dem dreizehnten Jahrhundert stammende Sammlung unterhaltsamer und erbaulicher Märchen, ist für mehr Heiligenbilder die Quelle als die Bibel. Welcher Künstler malte nicht die Geschichte von der Flucht Marias und Josephs nach Ägypten? Die Bibel sagt uns bloß, daß ein Engel Joseph zur Flucht aufforderte und daß Joseph Mutter und Kind nach Ägypten brachte. Das ist alles. Oder man denke an die festgelegte Ikonographie der heiligen drei Weisen: einer ist der älteste, einer der jüngste. In der Bibel steht nicht einmal, wieviele es waren.

Die Ikonographie der Flucht nach Ägypten hatte keine besondere theologische oder ideologische Bedeutung. Bei der Majestas Domini war das ein wenig anders. Die Jungfrau, die den Kaiser krönt, war ein beliebtes Motiv auf Goldmünzen. Und wenn Christus auf einer Seite der Münze erschien und Kaiser Konstantin auf der anderen, dann hatte das symbolischen Wert. Letztlich war der Kaiser Christus auf Erden. Folgendermaßen beschrieb Eusebius, der Begründer der christlichen Geschichtsschreibung, das Auftreten Konstantins auf dem ersten ökumenischen Konzil:

...und nun trat er selber mitten in die Versammlung, wie ein Engel Gottes vom Himmel her, leuchtend in seinem glänzenden Gewande wie von Lichtglanz, strahlend in der feurigen Glut des Purpurs und geschmückt mit dem hellen Schimmer von Gold und kostbarem Edelgestein.

Nur einer entschied über die wahre Lehre der Kirche: der Kaiser. Die Kirchenleute konnten debattieren, aber nur der Kaiser konnte wirklich vollstrecken. 380 proklamierte Kaiser Theodosius I., diejenigen, die sich der anerkannten christlichen Lehre widersetzten, seien

zügellose Narren, die wir mit dem infamen Namen Häretiker brandmarken... Neben der Verdammung durch die göttliche Gerechtigkeit haben sie die schweren Strafen zu erwarten, die unsere Macht, geleitet durch himmlische Weisheit, an ihnen zu vollziehen für angemessen erachtet.[107]

Geleitet von himmlischer Weisheit, bestätigten 452 die Kaiser Valentinian III. und Markian das Konzil von Chalcedon und verkündeten, daß »öffentliche Disputationen und Debatten die Quelle und der Stoff häretischen Wahns sind. Diese Sünde findet, wie wir glauben, im Urteil Gottes ihre Strafe; aber sie wird auch durch die Macht der Gesetze bekämpft werden.«[108] Geleitet von himmlischer Weisheit, kooperierten im zwölften Jahrhundert Kaiser und Papst bei der Hinrichtung Aufsässiger (wie Arnold von Brescia); im nächsten Jahrhundert tritt die Inquisition auf. Wenn der Teufel der Widersacher Gottes ist und wenn Gottes Stellvertreter auf Erden der Kaiser und seine Kirche sind, dann war *jeder* Opponent gegen den Kaiser und seine Kirche der Teufel.

Als die Darstellungen des Triumphs von Reich und Kirche über die falschen Propheten wichtig wurden, entstand die Ikonographie der Apokalypse, und wie bei der Flucht nach Ägypten war die formgebende Quelle für die Apokalypsedarstellung nicht die Schrift, sondern es waren die Kommentare, in diesem Fall der des Beatus.

Beatus und die Verschmutzung

Beatus war ein asturischer Mönch, der um 775 im spanischen Liébana seinen Kommentar zur Offenbarung schrieb. Er hatte zwei unlösbar verbundene Leidenschaften: seine Kommentare und seinen Kampf gegen Elipandus, den Erzbischof von Toledo. Die Episode ist für innerkirchliche Konflikte paradigmatisch und zeigt, daß der Ausschluß häretischer Verschmutzer der implizite Antrieb und der Hintergrund der Apokalypse-Darstellungen war.[109]

Die Muslime hatten seit dem achten Jahrhundert fast ganz Spanien unter Kontrolle, und auch Karl der Große konnte allenfalls östlich von Asturien, wo der Widerstand gegen die Muslime am stärksten war, eine Pufferzone schaffen. Spanier und mozarabische Christen waren mit ihrer Lage vernünftigerweise nicht unzufrieden (und bildeten die kulturelle Grundlage dafür, daß Toledo im frühen zwölften Jahrhundert das Alexandria des Mittelalters wurde). *Convivencia* bedeutete das »Zusammenleben« von Christen, Muslimen und Juden. Aber Migetius, der einer Mission angehörte, die die kirchlichen Bindungen Spaniens an Rom straffen sollte, attackierte die Christen, wenn sie auch nur mit Muslimen zusammen speisten. Dieser Migetius vertrat darüber hinaus mit solcher Schärfe trinitarische Lehren, daß Elipandus beschloß, diese Affäre zu beenden, indem er den Unruhestifter 785 von einer Synode in Sevilla verdammen ließ. Auf dieser Synode sprach Elipandus nicht von ungefähr von Jesus als dem adoptierten Sohn Gottes. Besonders für die Muslime war es problematisch, wenn die menschlichen und die göttlichen Aspekte Jesu zu scharf kontrastierten, und Elipandus ging es mehr darum, Seelen zu gewinnen, als in Rom Punkte zu machen. Normalerweise hätte die ganze Episode mit der Rückkehr von Migetius nach Hause geendet. Zu Elipandus' Unglück aber wurde die Sache politisch. Asturier, die Alfonso II. stützten, machten aus dem »Adoptionismus« des Erzbischofs ein Problem, und zwei lautstarke Parteigänger Alfonsos waren Abt Beatus und sein Anhänger Eleutherius. Sie klagten Elipandus der Leugnung von Christi Göttlichkeit an, worauf jener mit einem Anathema antwortete. Darauf veröffentlichten Beatus und Eleutherius 786 eine Streitschrift gegen Elipandus und veranlaßten den Papst, Elipandus einen Gefolgsmann des Nestorius zu nennen (eines Patriarchen des fünften Jahrhunderts, der angeblich geleugnet hatte, daß Maria die Gottesmutter sei, und der exkommuniziert worden war, nachdem Erzbischof Kyrill die Räte des Kaisers bestochen hatte).

Leider fand dieser nestorianische Vorwand in Spanien nicht viel Glauben, und die meisten Kirchenleute unterstützten Elipandus. Unerschrocken vollzogen Beatus und seine Freunde daraufhin eine Wendung, indem sie Elipandus' Parteigänger, den Bischof Felix von Urgel, angriffen. Das war klug, weil Urgel unter der Herrschaft Karls des Großen stand und auf diese Weise die Franken in den Konflikt hineingezogen wurden, denn die Franken hoben besonders den göttlichen gegenüber dem menschlichen Aspekt Christi hervor. Wenig später wurde Felix gezwungen zu widerrufen, erst in Regensburg und dann noch einmal in Rom. Als er jedoch ins muslimische Spanien zurückkehrte, zog er seinen Widerruf zurück und unterstützte Elipandus erneut. Elipandus hatte jetzt eine Gelegenheit zum Gegenangriff, indem er bei Karl dem Großen gegen die Felix zuteil gewordene Behandlung protestierte. Kaiser und Papst fanden diesen Konflikt so unerfreulich, daß sie ihre Kräfte vereinten und 794 ein wichtiges Konzil in Frankfurt abhielten, um den Adoptionismus des Elipandus offiziell zu verwerfen. Der Drachen wurde ausgestoßen. Beatus und Eleutherius waren die klaren Sieger, und der von ihnen unterstütze Alfonso II. bestieg den Thron. 798 trieb Karl der Große den kompromittierten Papst Leo III., den Adoptionismus als Häresie zu verurteilen. Felix wurde in die Enge getrieben und widerrief erneut; Elipandus wurde in eine Enklave verdrängt, deren Macht ständig abnahm. Beatus stellte mit Karls des Großen Lieblingstheologen Alkuin gutes Einvernehmen her, und das Königreich Asturien brauchte sich nicht mehr um Toledo zu kümmern. Das Erbe dieses unermüdlichen Kämpfers war bei der Formulierung der Ikonographie der Apokalypse von erheblichem Einfluß.

Neuere Forschungen haben gezeigt, daß die Apokalypse-Illustrationen zwischen dem neunten und dem zwölften Jahrhundert in vier Hauptgruppen unterteilt werden können, von denen drei einen gemeinsamen Ursprung in frühen römischen Prototypen des sechsten Jahrhunderts und in Mosaiken in römischen Basiliken des fünften Jahrhunderts haben.[110] Die vierte Gruppe nimmt sowohl in ihrer künstlerischen Technik wie in ihrem Geist eine Sonderstellung ein. Und der Teufel dieser vierten Gruppe sollte, insbesondere als Höllenfürst, den größten Einfluß auf Skulptur und Malerei ausüben. Von dieser vierten Gruppe

HÄRESIE UND HÖLLE

30 *Das Jüngste Gericht*, mit Satan als Höllenkönig auf dem Thron, ca. 1130, in Ste. Foy, Conques, Aveyron.

beruhen, vom neunten bis zum fünfzehnten Jahrhundert, mehr als vierundzwanzig illustrierte Manuskripte auf den Kommentaren des Beatus. Selbst wenn Peter Klein recht hat, wenn er vermutet, daß der Einfluß der Beatus-Apokalypse überschätzt wird, so gilt das nicht für das Bild des Höllenherrschers, das sie hervorbrachte.[111] Das früheste und einflußreichste erhaltene Exemplar, der Morgan-Beatus, stammt von Magius im zehnten Jahrhundert. Die babylonische Hure erscheint nicht wie im Bibeltext auf einem Thron über Strömen; statt dessen sitzt sie auf einem muslimischen Divan und trägt eine muslimische Krone mit dem Halbmond. Belsazar erscheint auf einem Schauplatz, der als die Moschee in Cordoba erkennbar ist. Der Drache, das Tier mit den sieben Köpfen, die Verkörperung des Bösen, ist der Islam. Mohammed war, so behaupteten manche, 666 gestorben, was die Zahl des Antichristen war.[112] Für den spanischen Leser war der Sinn klar. Der Drache befand sich nicht im Himmel, sondern hier in Spanien. Ist aber, wenn der Subtext der Apokalypse der Angriff auf innere Feinde ist, der Kampf gegen den Islam nicht ein Kampf gegen äußere Feinde? Man sollte es meinen, aber aus zwei Gründen war das nicht der Fall. Einmal befanden sich die Muslime in Spanien, das ein Land der Kirche war. Zudem verzerrte, noch wichtiger, gründliche Unkenntnis die Wahrnehmung der Araber. Der Islam galt nicht als andere Religion, sondern als Häresie; ein paar Jahre bevor Beatus mit seinen Kommentaren begann, hatte Johannes von Damaskus ihn so eingeordnet, und er sollte jahrhundertelang in dieser Kategorie verbleiben.[113]

Sarazenen waren dämonische, barbarische, grausame, häßliche und perverse Anhänger des ruchlosen Mohammed, eines Antichristen.[114] Obwohl Philippe Sénac Beweise dafür anführt, bestreitet John Williams die anti-islamische Stoßrichtung beim damaligen Beatus. Nichtsdestoweniger bemerkt auch Williams, daß »die Apokalypse ihrer Natur nach – ebenso wie, durch die historischen Umstände seiner Entstehug, der mehr oder weniger größenwahnsinnige Kommentar – für eine neue Anwendung im Zusammenhang von Häresie und Verfolgung wie geschaffen war«.[115] Ob nun die Apokalypse eine wesentlich anti-häretische Schrift ist oder nicht, sie wurde es mit Sicherheit. Wir brauchen keine ausdrücklichen Belege, obwohl es zumindest ein Beispiel gibt. Eine deutsche Apokalypse von 1310 spiegelt die spezifische Ideologie des Deutschritterordens, indem sie die Ritter beim Taufen von Heiden und Juden zeigt.[116]

Im Morgan-Beatus finden wir Satan – dick, schwarz und formlos (Abb. 38). Er hat weder Flügel, noch Klauen, noch Kleider. Eine nackte, schwarze, gorillaartige Form, jemand, der wie ein Verbrecher im Block gefesselt ist oder horizontal in eine dunkle Leere fällt. Das ist der Satan von Magius und Beatus. Rechts unten vertreiben unbewaffnete Engel nackte Verschmutzer, menschliche Formen, die überhaupt nicht wie rebellische Engel aussehen und die zusammen mit Satan fallen. Satan ist eine enorme, schwarze, undifferenzierte Masse Dreck.

Im Gerona-Beatus ist Satan auch der Höllenkönig. Er ist von Teufeln umgeben, und um seine Beine winden sich Schlangen; die Zacken um seinen Kopf können eine Krone bedeuten, sind aber vermutlich flammendes Haar (Abb. 59). Dieser Satan ist nicht sehr imponierend, aber er ist der basale Höllenherrscher-Typus, der sich im wesentlichen unverändert bis in die Renaissance fortpflanzt. Er sitzt, manchmal mit einem oder zwei Sündern unter seinen Füßen, auf einem Thron, eine Zusammenstellung, die den Christus als Sieger (Abb. 7), der, hier einen heidnischen Titanen niedertretend, als Pantokrator auf dem Thron sitzt, umkehrt. Der thronende Satan ist die Umkehrung des thronenden Christus, mit einigen deutlichen Unterschieden. Da ist einmal die Einverleibung der Sünder durch Satan. Das früheste Beispiel des verschlingenden Satan zeigen die Drachenköpfe an den Seiten des Throns, auf dem Satan im *Jüngsten Gericht* in Torcello sitzt (Abb. 28, 39). Dieses Bild scheint die Quelle für ein berühmtes Beispiel zu sein, das noch einen weiteren Schritt hinzufügt: die Defäkation der Sünder (Baptisterium, Florenz, Mitte dreizehntes Jahrhundert). Ohne viel zu ändern, benutzte Giotto das Mosaik des Baptisteriums für sein eigenes *Jüngstes Gericht.* Die Gleichzeitigkeit von Einverleibung und Defäkation hat ihre psychologischen Wurzeln vielleicht in dem schmutzigen Thron, auf dem Satan hockt. Seiner Konzeption nach unterscheidet sich noch Fra Angelicos Satan (Abb. 1) nicht von diesem primitv ausgeführten frühen Beispiel. Auch Bildhauer benutzten den Satan des Gerona-Beatus als Modell. Im *Jüngsten Gericht* von Conques, für welches die Teufel, die die Verdammten fressen, charakteristisch sind, ist der Satan in der Hölle virtuell derselbe (Abb. 30).

Der auf Beatus fußende Satan hat manchmal Hörner, aber gewöhnlich keine Flügel, keine Klauen, keine gespaltenen Hufe, keine Krallen, keinen Schwanz und keinen Dreizack. Immer ist er nackt und hat zumeist große Ohren sowie einen gewaltigen Mund mit Fangzähnen. Immer ist er dick, schwarz und scheußlich, aber selten bedrohlich. Von den Engeln besiegt, ist der Herrscher der Hölle ein passives Inventarstück zur Aufnahme aller Verschmutzer, die künftig noch ausgestoßen werden. Philippe Ariès sagt mit Recht, daß der Christus von Conques noch der Christus der Apokalypse ist.[117] In der Ikonographie von Conques überschneiden sich Motive aus der Offenbarung und dem Jüngsten Gericht (nach Matthäus). Ein widerlich aussehendes Wesen – das wir isoliert kaum als den Teufel identifizieren würden – diskutiert mit Michael über die Seelenwägung. Für diese Tätigkeit war Beatus' Teufel ungeeignet, und das ist der Grund, warum der Teufel in diesen beiden verschiedenen Funktionen (Herrscher der Hölle und Opponent Michaels oder Seelenwäger-Satan) normalerweise niemals im selben Werk gezeigt wird. Der boshafte, fast possierliche Teufel, der versucht, die Waagschale zu seinen Gunsten anzutippen, steht in gewisser Verbindung mit der wirklichen Welt und ist gewöhnlch eine mindestens teilweise durch den Einfluß der Mysterienspiele geprägte Rolle. Der Höllen-Godzilla des Gerona-Beatus ist dagegen nur ein abstraktes, oft plumpes ikonographisches Zeichen.

Die typischste Form des Teufels vor der Frührenaissance ist, insbesondere wenn Michael gegen ihn kämpft, ein zumeist siebenköpfiger Drachen. Die Beschreibung des großen, roten, siebenköpfigen Drachens in der Offenbarung ist vermutlich die literarische Quelle für die sieben Köpfe in den graphischen Künsten. Warum Johannes jedoch einen siebenköpfigen Drachen beschrieben hatte, ist eine andere Frage. Vielleicht leitet sich der Drache von der Geschichte und den Darstellungen des die Hydra tötenden Herkules her – aber die Hydra ist neunköpfig. Naheliegend sind alte nahöstliche Quellen. Ein Passus auf einem Täfelchen aus dem syrischen Ras Shamra lautet in der Übersetzung von Cyril Gordon:

> When thou shalt smite Lotan, the fleeing serpent,
> [And] shalt put an end to the tortous serpent,
> Shalyat of the seven heads...[118]

> Wenn du Lotan, die fliehende Schlange, packen wirst,
> [Und] ein Ende machen wirst mit der gewundenen Schlange,
> Shalyat mit den sieben Köpfen...

Interessant ist dies, weil die babylonische Sintflutgeschichte die Basis für die Sintflutepisode in der Genesis ist. Und die einzige bekannte Version dieser Geschichte außerhalb Mesopotamiens kommt aus Ras Shamra. Ein in Tell Asmar (bei Bagdad) aufgefundenes akkadisches Rollsiegel zeigt zwei Götter, die einen siebenköpfigen Drachen angreifen.[119] Vielleicht lebte dieses akkadische Motiv weiter und lieferte die Basis sowohl für Johannes' Vorstellung vom Drachen als auch für dessen Gestalt in der Kunst. Dagegen spricht jedoch, daß bisher keine anderen Siegel mit siebenköpfigen Drachen gefunden wurden. Wahrscheinlicher ist, daß Johannes von einer bildlichen Quelle, die einen siebenköpfigen Drachen zeigte, inspiriert wurde und daß dann dieses literarische Bild wiederum die pikturalen Darstellungen des Mittelalters inspirierte.

Der Kampf mit dem Drachen und die Vertreibung der falschen Propheten ist in der Apokalypse nur eine Episode. Im Jüngsten Gericht dagegen ist die Rolle des Teufels zentral. Für diese Rolle war eine Ikonographie, die vorsah, daß der Teufel nach seiner Vertreibung bloß in seiner Ecke in der Hölle sitzt, nicht ausreichend. Augustinus hatte ursprünglich gefordert, die Menschen sollten mehr durch Belehrung als durch Furcht zur Verehrung Gottes bekehrt werden. Später, als die Donatisten, eine Gruppe von afrikanischen Schismatikern, darauf bestanden, daß der Mensch frei sei, zu glauben oder nicht zu glauben, änderte er seine Meinung. Gegen wen, so fragten die Donatisten, braucht denn Christus Gewalt? Darauf erwiderte Augustinus:

> Gehört es nicht, wenn sich Schafe von der Herde entfernt haben, zur Aufgabe des Schäfers... sie, wenn er sie gefunden hat, wieder in die Hürde seines Herrn zurückzubringen – durch die Furcht vor der Peistsche oder, wenn sie störrisch sind, sogar durch den Schmerz von der Peitsche?[120]

Um 1000 ging es der Kirche nicht darum, Leute auszuschließen, sondern jedermann drinnen zu halten. Die Zeiten, da ein Elipandus nach seiner

Vertreibung herumstreunen konnte, waren vorbei. Jetzt peitschte man einen Elipandus zurück in die Hürde, oder man verbrannte ihn.

Die Häresie und die neue Rolle des Teufels: 1184

Am Jüngsten Gericht endet die Welt und die Toten erwachen. Im *Porträt des Künstlers als junger Mann* von Joyce erinnert sich Stephen Dedalus, wie er er einer Schilderung des Gerichtstags, des »Doomsday« – wenn die Zeit ist, wenn sie war, aber nicht mehr sein wird – gelauscht hat:

Alle sind an diesem höchsten Tag versammelt. Und siehe, der höchste Richter erscheint! Nicht länger das demütige Lamm Gottes, nicht länger der sanftmütige Jesus von Nazareth, nicht länger der Schmerzensmann, nicht länger der Gute Hirte, erscheinen sieht man ihn nun auf den Wolken, mit großer Kraft und Herrlichkeit ... Er spricht: und seine Stimme hört man selbst an den fernsten Grenzen des Raumes, selbst in der bodenlosen Tiefe. Höchster Richter, gegen Sein Urteil wird es und kann es keinen Einspruch geben. Er ruft die Gerechten auf Seine Seite und heißt sie in das Reich eintreten, die ewige Glückseligkeit, die für sie bereitet ist. Die Ungerechten stößt Er von Sich und ruft in Seiner beleidigten Majestätischen Herrlichkeit: *Gehet hin von mir, ihr Verfluchten, in das ewige Feuer, das bereitet ward dem Teufel und seinen Engeln!* (dt. v. K. Reichert)

Die bei weitem wichtigste Veränderung im frühen elften Jahrhundert war die Konzentration der Macht in den Händen des Papstes und des Kaisers. Kritische Konsequenzen davon waren einmal eine strengere Reglementierung und Kontrolle, sowie Machtkämpfe zwischen Kaiser und Papst. Beide wollten die Ordnung aufrecht erhalten. Die Frage war – *wessen* Ordnung? Im Jahr 1184 ließen sie ihre Zwistigkeiten beiseite und vereinten sich, um über die Völker Europas zu urteilen und sie in selige und verdammte einzuteilen. In den Tympana des Jüngsten Gerichts, die die Abteikirchen und Kathedralen des zwölften und dreizehnten Jahrhunderts schmücken, hat der Teufel eine neue Rolle. Eine neue Rolle verlangt eine neue Maske. Der Drache konnte diesen Dienst nicht leisten, und auch nicht der wie ein Gorilla auf seinem Höllenthron hockende Satan des Beatus. Der neue Teufel erhielt seine Gestalt durch seine Rolle im Jüngsten Gericht, und der emotionale Gehalt und die psychologische Funktion dieses Themas wurde geprägt von der Dynamik der sozialen Matrix im zwölften Jahrhundert.

Jede Häresie hat politische Konsequenzen, denn der Kaiser war Gottes Stellvertreter auf Erden. Die Briefe Leos des Großen zum Beispiel zeigen, daß es der Kaiser war, der entschied, wann und wo das vierte ökumenische Konzil abgehalten werden sollte. Es war der Kaiser, der bei jeder Lehrentscheidung, die wirklich von Belang war, letztlich das Sagen hatte. Ein charakteristisches Merkmal der karolingischen illuminierten Bibeln sind die königlichen Dedikationsminiaturen. Diejenige in der Vivians-Bibel aus dem neunten Jahrhundert zum Beispiel zeigt, wie der Klerus die Bibel nicht etwa dem Papst, sondern dem König darbietet. Der Heilige Römische Kaiser war gesalbt, war Kanoniker in einer Kathedrale und war vom Papst bestätigt. Letzterer war bis zur Mitte des elften Jahrhunderts bloß der wichtigste Bischof des Kaisers.[121] Weil Bischöfe und Äbte erhebliche weltliche Macht hatten, wollte der Kaiser ihre Ernennung kontrollieren. Die Häresie verstärkte die Zwistigkeiten zwischen Kaiser und Papst darüber, wer die Bischöfe ernennen sollte – den Investiturstreit der Jahre um 1070. Von Zeit zu Zeit traten in ganz Europa häretische Gruppen auf, aber vor 1070 waren es nur isolierte Nester von Intellektuellen oder bloß örtliche Gruppen im Volk. Sie folgten weder Mani, noch Zoroaster; ihre Häresie bestand einfach darin, daß sie ein persönlich frommes Leben höher bewerteten als Riten und Reliquien. König Robert der Fromme verbrannte 1022 in Orléans als erster Häretiker; andere wurden gehängt oder gefoltert, aber sie alle waren für die Behörden nicht von besonderer Bedeutung. 1077 baten überraschenderweise Häretiker den Papst um Schutz vor dem Bischof von Cambrai, der sie verbrennen wollte. Dieser Appell an den Papst ist ein Detail, das eine neue Gruppierung der sozialen Kräfte spiegelt. Häretische Massenbewegungen wurden im Kampf zwischen Kaiser und Papst zum Faktor.[122]

Als 1071 der Erzbischof von Mailand starb, gab es kein himmlisches Zeichen, das auf einen Nachfolger deutete. Kaiser Heinrich IV. versuchte, seinen Kandidaten durchzusetzen, aber er war zu sehr damit beschäftigt, eine Rebellion in Sachsen niederzuschlagen, um die Bestätigung Attos, eines Reformers, durch den Papst verhindern zu können. Atto war nicht der Favorit des Papstes gewesen, sondern war von einer volkstümlichen Reformpartei, den nach einem Armenviertel in Mailand so genannten Patarenern, bestimmt worden. Schlau stützte Gregor VII. den patarenischen Erzbischof als einen Keil, der gegen die kaiserliche Macht gerichtet war. Von diesem Keil ging ein Riß aus, der Europa für Jahrhunderte spaltete. Im Kampf zwischen Kaiser und Papst war die Kontrolle des Erzbistums Mailand entscheidend, und es war das Gewicht der Patarener in der päpstlichen Waagschale, das den Ausschlag gab. Dies waren dieselben Patarener, mit denen Gregor wegen der Unterstützung der Päpste Nikolaus II. und Alexander II. Kontakt aufgenommen hatte, dieselben Patarener, für die Gregor jedoch keinerlei wirkliche Sympathien hatte. Nach ein paar Jahrzehnten war Patarener ein Synonym für Häretiker. Papst Innozenz III. dekretierte, daß jeder Häretiker, »besonders wenn er ein Patarener ist, unverzüglich zu bestrafen und seine Habe zu konfiszieren seien«. Kaiser Friedrich II. verlangte, daß die Patarener »vor den Augen des Volks lebendig verbrannt würden«.[123] Diese wechselseitigen Gefühle von Papst und Kaiser reflektierten das Gleichgewicht, das sich schließlich nach zähen Konflikten eingestellt hatte, eine Arbeitsteilung hinsichtlich des Reichs der Hölle, die ein paar Jahre zuvor, genauer im Jahre 1184, begonnen hatte. Auf den 4. November dieses Jahres beriefen Papst Lucius III. und Friedrich I., der Heilige Römische Kaiser, die Synode von Verona ein. Lucius war ein ehrlicher Mann ohne viel Rückgrat, der in seiner Laufbahn bereits die Unterstützung des heiligen Bernhard und Hadrians IV., von zwei Verfolgern Arnold von Brescias also, genossen hatte. Der rotbärtige Friedrich war es, der den Titel des Römischen Kaisers um das Wort »Heilig« ergänzt hatte. An diesem Tag erließ Papst Lucius die Dekretale »Ad abolendam«, die erste schwarze Liste von Gruppen, die von Papst und Kaiser für häretisch erklärt wurden. Die Liste nannte Katharer, Patarener, Humiliaten, die Armen von Lyon und die Anhäger Arnold von Brescias. Tiefgehende prozedurale und juristische Eingriffe beseitigten bei der Verfolgung von Häretikern jede Notwendigkeit der Anklage. Die Bischöfe wurden angewiesen, sie auszuschnüffeln. Die Kirche hielt die Verfahren ab, deren Urteil dann von der weltlichen Gewalt exekutiert wurde. Ein kaiserliches Edikt stellte die Maschinerie her, mit der die von Papst Lucius ermutigten Inquisitionen praktisch umgesetzt wurden. Der Papst benannte den Häretiker; der Kaiser exekutierte ihn. Der Papst überantwortete ihn den Höllenflammen; der Kaiser entzündete den Scheiterhaufen.

Das Jahr 1184 eignet sich sowohl für einen Rückblick in die Vergangenheit wie für einen Ausblick in die Zukunft. Blicken wir fünfzig Jahre zurück, so sehen wir die ersten vollentwickelten romanischen Darstellungen des Jüngsten Gerichts: in Torcello (Mosaik), Autun und Conques (Skulptur) und im Winchester-Psalter (Buchmalerei). Vorwärtsblickend sehen wir die Schöpfung der großen gotischen Jüngsten Gerichte in Chartres, Paris und Bourges. Die Ikonographie, die Wirkung und die Stoßkraft hinter diesen Jüngsten Gerichten fiel in die Zeit des erbittertsten Kampfs der Kirche gegen die äußere Häresie, der während dieser hundert Jahre stattfand. Diese Attacken waren die Antwort auf das Wachstum von häretischen Gruppen, die ein in der Nähe von Köln ansässiger Chronist aus dem mittleren zwölften Jahrhundert, Prior Eberwin, beschreibt. Der Proir unterscheidet zwischen apostolischen Idealisten, die die Kirche für korrupt hielten, und den »neuen Häretikern«, die eine organisierte religiöse Alternative anboten.[124] Diese neuen

Häretiker waren die Bogomilen vom Balkan, aus denen in Italien und Frankreich (wo man sie auch Albigenser nannte) die Katharer wurden. Die Unterscheidung des Priors war richtig: die Häresien waren Massenbewegungen von zwei Haupttypen[125], den Reformbewegungen, die ausgeschlossen wurden, und den Bewegungen, die von Anfang an außerhalb standen (und nicht interessiert waren, das, was sie verworfen hatten, zu reformieren). Der frühere Abt Arnold von Brescia, der zu apostolischer Armut aufrief, war ein typischer Reformer. »Er besaß eine scharfe Intelligenz, war unerschütterlich im Studium der Schriften, war gewandt in der Rede und ein kraftvoller Prediger der Weltverachtung«, bemerkte Johann von Salesbury, ein Zeitgenosse: »Was er lehrte, befand sich in engster Übereinstimmung mit dem Gesetz der Christen, aber es war denkbar weit entfernt von ihrem Leben«. »Arnold ist wie der Teufel«, sagte der heilige Bernhard, »den es nach dem Blut der Seelen hungert und dürstet«. Außerdem war es Bernhard, der Abälard angriff, und Arnold, der ihn verteidigte. Arnold war auch ein wirkungsvoller revolutionärer Organisator, der von Päpsten und Königen von einem Land ins andere vertrieben und schließlich vom Heiligen Römischen Kaiser, mit Einwilligung des Papstes, gehängt wurde, was zugleich eine neue Ebene der Kooperation in der herrschenden Klasse bezeichnet.[126]

Eine orthodoxere Reformbewegung waren die »Arme von Lyon« genannten Waldenser. Die Waldenser übersetzten die Bibel in die Volkssprache, so daß die einfachen Leute die Schriften selber lesen konnten, womit die Waldenser einem so dringenden Bedürfnis entsprachen, daß das dritte Laterankonzil (1179) ihnen nur eine Rüge erteilte (während es die Katharar verdammte). Papst Alexander III. hoffte noch, diese Seelen für die Herde zurückzugewinnen. Walter Map, der Archidiakon, der eine Waldenserdelegation an den Papst in Rom anhörte, gab seine Eindrücke folgendermaßen wieder:

Diese Leute haben keinen festen Wohnsitz und wandern zu zweit umher, barfüßig und ohne leinene Unterkleidung; sie sind besitzlos und haben wie einst die Apostel alles gemeinsam; nackt folgen sie den Spuren des nackten Christus.

Fünf Jahre später wurden die Waldenser exkommuniziert.

Die »Armen«-Bewegungen drängten auf kirchliche Reformen und wurden verdammt, weil ihre Bestrebungen außerhalb kirchlicher Kontrolle lagen. Oft beschuldigte man die Waldenser und andere Häretiker einer Vorliebe für sexuelle Orgien und Kindsmord, Anklagen, die im ersten und zweiten Jahrhundert auch gegen die Christen erhoben worden waren. Alle frühchristlichen Apologeten – Justin, Tatian und Tertullian – weisen die Verleumdungen zurück, die Athenagoras, ein ande-

HÄRESIE UND HÖLLE 113

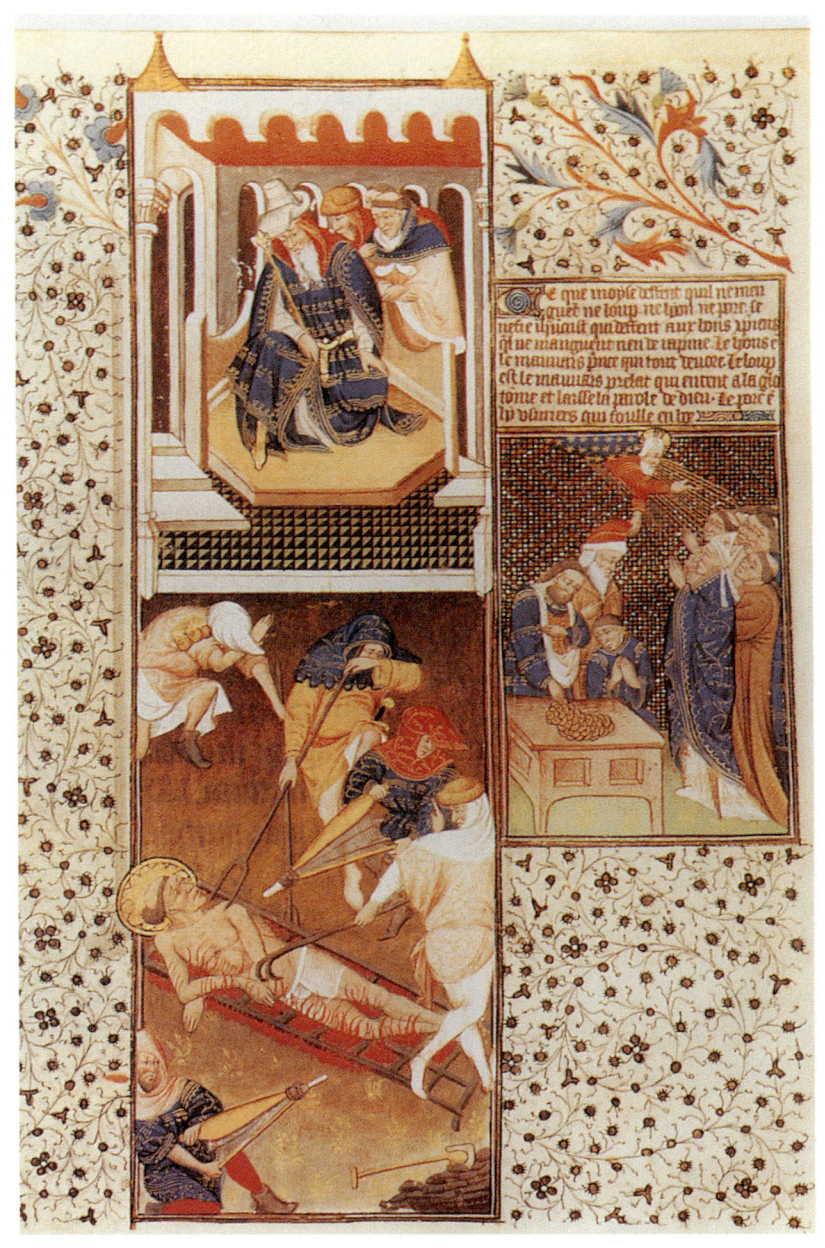

31 Das Martyrium des heiligen Laurentius, *Rohan-Stundenbuch,* ca. 1425, Bibliothèque Nationale (MS Latin 9471, fol. 219), Paris. Der gegabelte Haken und besonders die gekrümmte und gegabelte Dregge (benutzt bei der Folterung von Verbrechern und Häretikern) sind das verbreitetste Werkzeug des Teufels beim Quälen der Sünder.

HÄRESIE UND HÖLLE

32 Fra Angelico, *Das Jüngste Gericht*, ca. 1431-5, Tempera auf Holz, Museo di San Marco, Florenz.

33 Initiale (mit einem mit Höhlenmenschen-Schurz bekleideter Teufel mit Dregge) aus dem Buch Hiob in der *Bible de Souvigny*, spätes XII. Jahrhundert, Bibliothèque Municipale (MS fol. 204), Moulins.

34 Die Seelenwägung, mit dem mit einem altägyptischen *shenti* bekleideten Teufel, aus dem Soriguerola-Altar, XIII. Jahrhundert, Tempera. Museu Nacional d'Art de Catalunya, Barcelona.

HÄRESIE UND HÖLLE 117

35 Christus als Apollon-Helios, vor 350, aus einem Mosaik im Mausoleum der Julier in der (im XVII. Jahrhundert ausgegrabenen) Katakombe unter St. Peter in Rom.

36 Belbello da Pavia, Die Tötung der Erstgeburt: ein Engel zeigt dem Teufel die Häuser, wo die Erstgeburt serben soll. Aus dem *Visconti-Stundenbuch*, 1412. Biblioteca Nazionale Centrale (MS LF 95), Florenz.

118　　　　　HÄRESIE UND HÖLLE

37 Totenoffizium, *Rohan-Stundenbuch,* ca. 1425. Bibliothèque Nationale (MS Latin 9471, fol. 159r), Paris. Das besondere Gericht, der Moment vor dem Tod, in dem die Seele Gottes Gnade annimmt oder ablehnt, bestimmt die Zukunft der Seele. Der Rohan-Meister zeigt, wie Michael die Seele vor dem Teufel rettet.

HÄRESIE UND HÖLLE 119

38 Apokalypse, mit Satan und rebellischen Engeln, die in die Flammengrube geworfen werden, aus dem *Morgan Beatus,* ca. 940. Pierpont Morgan Library (MS M.644 fol. 153), New York.

39 Detail aus den Mosaiken des *Jüngsten Gerichts* in Sta. Maria Assunta in Torcello (Abb. 42). Hier quälen Engel die Verdammten, eine Funktion, die später nur noch vom Teufel ausgeübt wird.

120　　　　　HÄRESIE UND HÖLLE

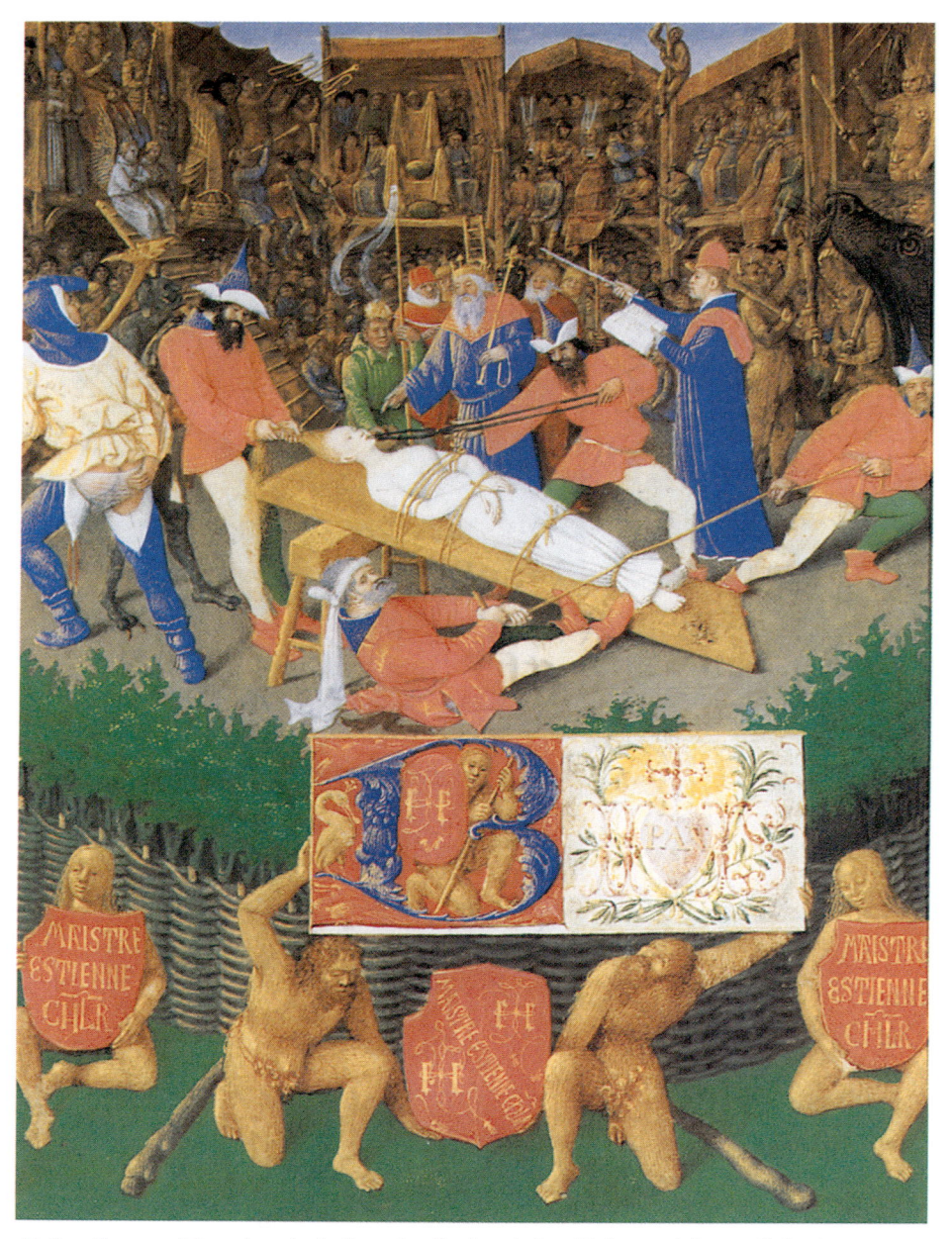

40 Jean Fouquet, Martyrium der heiligen Apollonia, mit dem Höllenmaul dargestellt in einem Mysterienspiel, aus dem *Stundenbuch des Etienne Chevalier*, 1445. Musée Condé (MS 45), Chantilly.

rer Apologet, erwähnt: »Drei Beschuldigungen werden gegen uns erhoben: Atheismus, thyestische Mähler und ödipaler Verkehr.«[127] Tertullian mokiert sich über die Gerüchte, die man über die Christen verbreitete.[128] Die Christen, so behauptete man, trafen sich nachts in kerzenerleuchteten Räumen; am Fuß der Kerzen lege man Fleischstücke nieder, um Hunde anzulocken, die dann die Kerzen umwarfen und das Licht auslöschten. Es folgten blasphemische, inzestuöse sexuelle Orgien und kindsmörderische Festmähler. Im vierten Jahrhundert beschreiben kirchliche Autoren die Versammlungen der Gnostiker und Häretiker auf *identische* Weise. Bischof Epiphanius von Zypern, der bei den Angriffen auf Origenes und seine Anhänger führend war, hatte die Frechheit, seine Phantasien aus zweiter Hand als persönliche Erfahrung auszugeben.[129] Originelle Varianten berichten von häretischen Ritualen, bei denen man Gott Sperma als den Leib Christi opfert, und von dem Pulver aus im Mörser zerstoßenen Kindern, das mit Gewürzen und Honig schmackhaft gemacht wird. Im elften und zwölften Jahrhundert waren solche antihäretischen Lügen, einschließlich solch kurioser Details wie den Hunden, die die Kerzen umstoßen, allgemein verbreitet. Von den Waldensern bis zu den Katharern waren die Häretiker scheußlich entartete Agenten des Teufels, und ihre Hinrichtung war berechtigt. Nach vielen Disputen mit den franziskanischen Spititualen stellte Papst Johannes XXII. zwei Punkte offiziell richtig. Er ordnete an, daß das Recht auf Eigentum schon vor der Vertreibung Adams und Evas aus Eden existiert habe, und weiterhin, daß jeder, der das bezweifle, exkommuniziert würde.

Für die Bogomilen und Katharer wiederum, die den persischen Dualismus, von dem Gnostizismus und Manichäismus erfüllt waren, übernahmen und adaptierten, war die Kirche der Teufel selbst. Die Kirche war Satan, ein Teil der sichtbaren Welt, die von einem bösen Gott geschaffen oder kontrolliert wurde. Die Ablehnung der lateinischen Kirche durch die »neuen Häretiker«, die Reinheit ihres Lebenswandels und ihre Verwurzelung im einfachen Volk brachte ihnen großen Zulauf. 1204 hielt es der Papst für geboten, einen Vertreter zu einem Disput mit Bernard Simorre, dem Katharerbischof, zu entsenden. Anscheinend war der Mann des Papstes kein guter Disputant, denn die Katharer gewannen weiter an Stärke. Des Redens müde, verkündete Papst Innozenz III. vier Jahre später einen Kreuzzug, um sie auszulöschen. Hatten schließlich die Katharer nicht 1208 einen Inquisitor, Pierre de Castelnau, ermordet? Und etwa fünfzig Jahre später wurde auch Pietro da Verona, ein anderer Inquisitor, der später heiliggesprochen wurde, ermordet. Im sechzehnten Jahrhundert wurde dieser Heilige Gegenstand der Malerei; Pordenone, Palma Vecchio und Tizian wetteiferten miteinander um den

Auftrag für ein solches Werk. Tizian siegte, aber sein Gemälde, ein Altarbild für SS. Giovanni e Paolo in Venedig, wurde vor mehr als hundert Jahren bei einem Brand zerstört. Es sind jedoch gute Kopien und Stiche vorhanden, und man fragt sich, was sich Vasari dabei dachte, als er sagte, daß das Original, der *Tod des heiligen Petrus Martyr,* das »vollendetste, berühmteste und größte« Werk sei.

Um die Wende zum dreizehnten Jahrhundert erklärte der Papst Häresie zum Hochverrat, zum Verbrechen gegen den Kaiser. Der Katharerkreuzzug begann und das vierte Laterankonzil (1215) bestätigte, gegen die Verwerfung dieser Rituale durch die Katharer, die Sakramente. Erstmalig wurde der Ausdruck »Transsubstantiation« offiziell gebraucht. Nicht nur werden alle Häretiker verdammt, selbst diejenigen,

die lediglich der Häresie verdächtig sind, sollen vom Schwert des Anathema geschlagen und von jedermann gemieden werden ... Die weltlichen Gewalten, gleich welchen Amtes, sollen von der kirchlichen Aufsicht angewiesen, überzeugt und, falls notwendig, dazu verpflichtet werden, guten Glaubens für die Vertilgung aller Häretiker zu kämpfen ... Wenn irgendein weltlicher Herr, nachdem die Kirche ihn dazu aufgefordert und ihn verständigt hat, es versäumt, sein Land von dieser häretischen Fäulnis zu reinigen, soll er von den Banden der Exkommunikation gefesselt werden ...[130]

Das Konzil verlangte, daß Juden und Muslime ein Erkennungszeichen trügen. Etwa ein Jahrzehnt später wurde die Verbrennung von Häretikern im ganzen Reich legal. Obwohl Papst Gregor IX. Friedrich II. exkommuniziert hatte, hatte er keine Bedenken, ein Gesetz Friedrichs von 1224 anzuwenden, um 1231 die päpstliche Inquisiton einzurichten, eine Institution, die er mit hauptamtlichen Fachleuten (Dominikanern und Franziskanern) versah, die nur dem Papst selbst rechenschaftspflichtig waren. Die Synode von Verona hatte die ideologische Basis für die Inquisitionsmaschinerie geliefert, das vierte Laterankonzil hatte diese Basis gestärkt und verbreitet, und jetzt machten Gregors Dekretalen die Inquisition in ganz Europa zu einer praktischen, funktionierenden Wirklichkeit. Der Grund für die Inquisition war, laut dem Papst, der Teufel. Vom Papst angewiesen, müssen wir die Herätiker aufspüren. Wir müssen gegen sie aufstehen, sie vernichten und gegen sie und alle, die es versäumen, Satans Gefolgsleute anzuzeigen, jede Bestimmung anwenden. Den Amtsträgern, die uns helfen, »verleihen wir die freie Ermächtigung, gegen die Feinde des Glaubens das Schwert zu führen«. Die Begründung für die Schärfe dieser Dekretale lieferte der Teufel:

Durch seine bösartigen Täuschungen führte der unverbesserliche Feind des menschlichen Geschlechts, der Urheber aller Übel, die Menschheit zum Sündenfall und zu den Mühen des Elends. Geschickt versucht er, die Menschheit in seinen verderblichen Netzen zu fangen. In diesen jüngstvergangenen Zeiten hat er tödliches Gift verbreitet... Häretiker beabsichtigen jetzt, öffentlich gegen die Kirche aufzustehen. Wir wollen diesen giftigen Tieren den Kampf ansagen.[131]

1232 erging sich Gregor IX. in seinem Dekretalenbrief »Vox in Rama« über Hexen, Teufel und Häretiker. In diesem an den deutschen König Heinrich VII. gerichteten Schreiben berichtet Gregor, die Novizen der häretischen Gruppen würden bei ihrer Initiation das Maul und das Hinterteil einer Kröte küssen und dann die Zunge und den Speichel der Kröte saugen. Nach Beendigung der Zeremonien, so phantasiert er weiter über das häretische Ritual, würden die Lichter gelöscht und die sexuellen Orgien begönnen. »Diese höchst unseligen Leute«, sagt der Papst, »glauben an Lucifer und behaupten, er habe die Himmelskörper geschaffen und werde schließlich, wenn der Herr seine Macht verloren hat, seinen Ruhm wiedererlangen«.[132] Krötenzungen saugende Häretiker waren nicht Gregors einziges Problem. Kirche und Staat fühlten sich beide nicht nur von den sozialen Konsequenzen der »Armen«-Bewegungen bedroht, sondern auch von den freidenkenden Gelehrten und neuen Gedanken, die von Paris, dem intellektuellen Zentrum Europas seit dem Ende des zwölften Jahrhunderts, ausgingen.

Worüber man sich in Paris erregte, waren Übersetzungen aus Toledo, wo Erzbischof Raimundo Juden, Christen, Mozaraber und Muslime versammelt hatte, um die erste interdisziplinäre Übersetzungsschule zu organisieren (1130-1300). »Es ist ein Allgemeinplatz, auf die Werke der Übersetzerschule von Toledo besonders der Zeit Alfonsos X. als Übermittlungskanal der westlichen Kultur hinzuweisen«, hat Jaime Vincens Vives bemerkt. »Aber seit ein paar Jahren ist es kein Allgemeinplatz mehr, sondern es ist eine bewegende und dringende Frage geworden, welchen Einfluß jüdische und muslimische Mentalität noch auf die innersten Winkel der christlichen Mentalität ausüben.«[133] Vives' Urteil wird in einer neueren Studie über das maurische Spanien bestätigt, die nachweist, daß nicht nur Medizin, Mathematik und Astronomie, sondern auch technisches Wissen durch maurische Vermittlung von klassischen, durch eigene Beiträge erweiterten Texte nach Europa gelangten.[134] In der ersten Hälfte des zwölften Jahrhunderts war der wichtigste Gelehrte Europas vermutlich der jüdische Übersetzer, Kompilator und Autor Johannes Avendehut von Toledo. Aber die faszinierendste Gestalt, die mit dieser Schule (und mit dem Teufel) zusammenhing, war wohl Michael Scotus (oder Scott oder Escotus), dessen Leben mit den politischen, philosophischen und persönlichen Konflikten, die das frühe dreizehnte Jahrhundert erfüllten, eng verwoben ist.

Kurz vor dem Ende des dreizehnten Jahrhunderts begann der künftige Papst Honorius III. mit seiner Erziehung des künftigen Heiligen Römischen Kaisers Friedrich II. (später war es Friedrich, der Honorius' Lehrmeister wurde; er gab ihm ein paar politische Lektionen, die der Papst schlucken mußte, auch wenn er sie ungenießbar fand). Um diesen seltsamen Knoten noch zu verwirren, erhielt (nach einem anonymen Dante-Kommentator) Friedrich auch Unterrricht von Michael Scotus. Noch bemerkenswerter, wurde Michael Scotus, den Konflikten zwischen Friedrich II. und Honorius sowie den noch gehässigeren Kämpfen zwischen Friedrich und Honorius' Nachfolger Gregor IX. zum Trotz, sowohl vom Kaiser wie vom Papst protegiert. Vielleicht hatte Scotus tatsächlich jene magischen Kräfte, die ihn so berühmt machten, daß Boccaccio in seinem *Dekameron* (VIII, ix) ihn als den großen Meister der Nekromantie erwähnt, der bei seinem Besuch in Florenz vom Adel der Stadt bewirtet wurde. Fast fünfhundert Jahre nach Boccaccio sollte Sir Walter Scott *The Lay of the Last Minstrel* schreiben, wo (II, xiii) ein alter Harfner von einem Mönch singt, der in der Abtei von Melrose im Mondschein seinen Zuhörern von seinen Reisen nach Spanien und noch weiter erzählt:

> *In these far climes it was my lot*
> *To meet the wondrous Michael Scott;*
> *A wizard of such dreaded fame,*
> *That when, in Salamanca's cave,*
> *Him listed his magigc wand to wave,*
> *The bells would ring in Notre Dame!*
>
> Zusammen unter fernem Himmelsstrich,
> Traf Michael Scott der Wundermann, und ich.
> Gefürchtet war des Zaubrers bloßer Name;
> Tat dann und wann die Lust ihn plagen,
> In Salamancas Gruft die Zauberrut' zu schwingen,
> Fing es zu läuten an in Notre Dame. (dt. von F. Lennig)

In seinen ausführlichen »Anmerkungen«, die das Gedicht begleiten, teilt uns Sir Walter Scotust auch mit, daß man in Schottland jedes »hochgelehrte und altertümliche Werk« Michael Scotus zuzuschreiben pflegte – oder dem Nationalhelden Sir William Wallace oder dem Teufel. Tatsächlich war es Scotus, dem Leonardo Pisano seine revidierte, erweiterte Ausgabe seines *Liber Abbaci* von 1288 widmete, das Buch, in dem dieser große Mathematiker die hindu-arabischen Zahlen im Westen einführte. Scotus' Ruf litt jedoch unter seinen ungewöhnlichen Interessen. Der »Doctor universalis« Albertus Magnus meinte, Scotus verstehe die Natur und Aristoteles nicht besonders gut, eine seltsame Einschätzung, wenn man bedenkt, daß Albertus (der zu seiner Zeit berühmter war als sein Schüler Thomas von Aquin) Scotus' Übersetzungen für seine eigenen Werke benutzte und ihn dabei Wort für Wort kopierte.[135] Zuletzt als ein Verspotter Christi geltend (in seinem Bericht von Michael Scotus' Tod ist Benvenuto der Meinung, daß Scotus wenig Glauben in unseren Herrgott setze) und von Dante in den vierten Höllenkreis versetzt, war Scotus ein Mann von außerordentlicher intellektueller Neugier, dessen Einfluß heute wohl unterschätzt wird, wenn man bedenkt, daß er einer der wenigen Gelehrten war, die nach Toledo geholt wurden, um das Arabische zu bemeistern und Aristoteles, Averroës und Avicenna zu übersetzen. Roger Bacon berichtet (in seinem *Opus maius*), daß Scotus 1230 persönlich die Schriften von Aristoteles nach Oxford und Paris brachte.

Als die Werke des Aristoteles in genauen Übersetzungen zu erscheinen begannen, wurden sie verdammt. Um 1250 jedoch wurden diese selben Werke legitim, weil Thomas von Aquin sie durch seine Kommentare entschärft hatte. Bevor der Aquinate sein sein filterndes Rahmenwerk gezimmert hatte, hatten an der wichtigen Schule von Chartres Clarembald und Amalrich von Bena Aristoteles durch Averroës, den arabischen Philosophen des zwölften Jahrhunderts, studiert.[136] Mit ihrer Lehre, daß alles, auch Gott, gewußt werden könne, unterminierten sie die orthodoxen Begriffe von Sünde und Erlösung. In diesen Ideen lokalisiert der Historiker Friedrich Heer die Ursprünge des »militanten, nicht-christlichen Denkens seit jeher, bis hin zu Gide, Sartre und Camus«.[137] Die Behörden des dreizehnten Jahrhunderts teilten Friedrich Heers Perspektive nicht. Das vierte Laterankonzil von 1215 verdammte die Prinzipien Joachims, Amalrichs von Bena und Davids von Dinant und ordneten die Verbrennung ihrer Bücher an. Weil Amalrich Averroës gelesen hatte, wurde sein Leichnam aus dem Grab gezerrt. Leute wie Amalrich verliehen Ideen, die in den schwer verständlichen und originalen Visionen des einflußreichen Mystikers Joachim enthalten waren, luziden Ausdruck, jenes von Dante ins Paradies versetzten Joachim, »der mit prophetischem Geiste war begabt«. Auch Roger Bacon, ein Zeitgenosse Michael Scotus' (und wie dieser ein Alchimist), fühlte sich von Joachim angezogen, was vermutlich einer der Gründe für die Einkerkerung Bruder Bacons in den späten 1270er Jahren war. Joachim selbst entging für seine Visionen eines neuen Zeitalters ohne sakramentales System und ohne römische Hierarchie dem Kerker nur knapp; seine Vision verband die Vorstellungen häretischer Gelehrter und volkstümlicher häretischer Gruppen. Der Geist der Armut und des Friedens und die Ideale der Bergpredigt sollten die institutionalisierte Kirche ersetzen. Joachim und die Fratizellen beeinflußten die Apostoliker, die von Segarelli, der eingekerkert und 1300 in Parma verbrannt wurde, geführt wurden. Sein Nachfolger, der Tausende von Anhängern gewann, wurde Fra Dolcino von Novara. Von der Inquisition verfolgt, flohen die Apostoliker in die Berge und warteten auf den Engels-Papst, ein Traum, der sich aus den apokalyptischen Erwartungen des späten dreizehnten Jahrhunderts herleitete. Leider war Clemens V., der gegenüber dem mit Lügenmärchen über blasphemische Riten gerechtfertigten Griff Philipps IV. nach den Schätzen des Templerordens keinerlei Rückgrat gezeigt hatte, ein irdischer Papst. Den Mut zur Vernichtung der Apostoliker, jener »schmutzigen Teufel«, brachte Clemens immerhin auf. In der »Hölle« (XXVIII) spricht Mohammed zu Dante:

> Berede Fra Dolcin, sich zu versehen –
> Du, den die Sonne bald wohl wieder sengt –,
> Will er den gleichen Weg wie ich nicht gehen,
>
> Mit Proviant, daß er, vom Schnee bedrängt,
> Vom Novaresen nicht bezwungen werde,
> Da dieser anders ihn so leicht nicht fängt!

»Da dieser anders ihn so leicht nicht fängt!« Dante erkannte, wie stark die Unterstützung für die Armen Christi nach wie vor war. Und gerne reservierte er für Dolcinos Verfolger, Clemens V., einen Platz in seiner Hölle. Dolcinos Gemeinschaft hielt den Kräften des Papstes stand, bis Schnee und Hunger sie besiegte. 1307 wurde Dolcino mit rotglühenden Zangen (wie in den Höllenqualen) in Stücke gerissen, und hundertvierzig seiner Anhänger wurden verbrannt.

Als der Kampf der Kirche gegen die Häresie am intensivsten war, wurde das Jüngste Gericht an den Portalen der Abteikirchen und Kathedralen ein beliebtes Thema. Eine neuere Darstellung der romanischen Plastik nimmt an, daß die Monumentalskulptur zuerst als Medium für die politische und soziale Botschaft der Kirche an die Mönchskapitel und das Publikum auftrat.[138] Dies ist der Kontext, in dem das Jüngste Gericht in den Tympana erscheint; das schönste Exemplar ist vielleicht das in Autun, wo wir das Antlitz des Teufels finden.

Die erste Andeutung des Jüngsten Gerichts ist das Mosaik aus dem sechsten Jahrhundert in San Apollinare Nuovo in Ravenna, das (nach Matthäus 25, 32-33) die Trennung der Schafe von den Böcken zeigt (Abb. 41). Christus befindet sich zwischen einem roten und einem blauen Engel, und mehrere Gelehrte sind der Meinung, daß der »blaue Engel« das erste Bild des Teufels ist (entsprechend wird das Mosaik auch in vielen populären Darstellungen betitelt).[139] Diese Benennung ist vermutlich unzutreffend. Christus sitzt zwischen zwei stehenden Engeln, einer rot und einer blau; drei Schafe zu seiner Rechten und drei Böcke zu seiner Linken. Wenn man San Apollinare Nuovo besichtigt, wird man allerdings nicht viel davon sehen, denn das Mosaik ist nur eines in einer ganzen streifenartigen Serie mit Christi Wundern direkt unter der Decke. Die Wunderszenen an diesem unspektakulären Ort sind alle thematisch und in ihrer Ausführung konventionell. Wäre dieser blaue Engel wirklich der Teufel, dann wäre er nicht nur der erste, sondern auch der *einzige* Teufel am Jüngsten Gericht zur Linken Jesu, und eine solche Neuerung scheint innerhalb der Orthodoxie dieser Serie nicht plausibel. Trotzdem gibt es Leute, die an das Blaue-Engel-Motiv glauben; andere glauben an die Zahnfee. Blau ist tatsächlich oft die Farbe der Jungfrau Maria. In einem großen Mosaik unter den Wunderszenen wird die Madonna von vier Engeln mit blauen Heiligenscheinen flankiert. Wenn irgendetwas, dann würde das Höllen-Rot zum Teufel passen. Es gibt allerdings viel später ein paar Beispiele von blauen Engeln, die verschieden interpretierbar sind, aber alle blauen Engel sind eindeutig heilig. Ein klares Beispiel ist das Mosaik des mittleren fünfzehnten Jahrhunderts an einer Wand des Baptisteriums von San Marco in Venedig, wo Jesus getauft und dabei von drei Engeln bewacht wird, von denen zwei blau sind. Früher noch ist der Auferstehungsengel im Perikopenbuch Heinrichs II. (erstes Jahrzehnt des elften Jahrhunderts) blau. Ohne Kontext bedeutet nichts sehr viel. Man betrachte das Mosaik in Ravenna: deutet in ihm irgendetwas *Wesentliches* auf den Teufel? Alles deutet in anderer Richtung. Man beachte zum Beispiel, daß der blaue Engel mit dem roten übereinstimmt bis auf seine Augen, die – wie die Christi – zu den Schafen hinsehen. Insbesondere beachte man, daß das Stehen des blauen Engels mit dem des roten übereinstimmt. Das ist wichtig, denn die Künstler des Mittelalters pflegten Betrüger und Teufel typischerweise durch instabile Positionen der Füße zu bezeichnen.[140] Läßt sich irgendetwas zeigen, das den Teufel auch nur vermuten läßt, abgesehen davon, daß die Böcke sich vor dem blauen Engel befinden? Wo hätten man die Böcke denn sonst hintun können? Vielleicht hätte der Künstler den Raum zur Linken Christi leer lassen sollen.

Seit dem elften Jahrhundert entwickelt sich das Jüngste Gericht in drei Hauptteile: die Parusie (das zweite Kommen Christi beim Gericht), die Trennung der Seligen und der Verdammten und die Auferstehung der Toten. Auf Torcello, einer Insel in der Lagune von Venedig, steht die große, 639 gegründete Basilika. Das heutige Mosaik in dieser Kathedrale (Abb. 42) ist, so hoffen wir, die genaue Rekonstruktion eines Werks aus dem elften Jahrhundert. Das Werk ist von riesiger Größe, aber es

41 Trennung der Schafe von den Böcken – vielleicht des erste Jüngste Gericht, aber nicht der erste Teufel, ca. 500, Mosaik. S. Apollinare Nuovo, Ravenna.

ermangelt der künstlerischen Einheit. Der heutige Besucher weiß nicht, wo er zuerst hinsehen soll, oder in welcher Reihenfolge. Dies ist ein Jüngstes Gericht, das anscheinend nicht als Gesamtheit kopiert worden ist, und die Herkunft seiner Ikonographie ist unbekannt. Es besteht zum Großteil aus fixen Komplexen, die, wie die Anastasis, die Parusie, die Deesis, die Hetoimasia und die Seelenwägung, erst Jahrhunderte später entwickelt werden sollten. Insbesondere weil es Elemente enthält, die für eine weit wirkungsvollere Ikonographie des Jüngsten Gerichts verwertet werden sollten, ist Torcello beachtenswert.

Die oberste Ebene ist die der Anastasis: die Auferstehung mit der Höllenfahrt. Christus hat die Tore der Hölle zerschmettert, hat einen Haufen Schlüssel zerstreut und befreit die Gerechten. Flankiert wird er von zwei riesigen, reich gekleideten Engeln, die den Reichsapfel für die Kirche halten. Die zweite Ebene ist die der Parusie (das zweite Kommen). »Parusie« war der offizielle Ausdruck für königliche Visiten und wurde deshalb von den Autoren des Neuen Testaments gemieden; Christus kam nicht in königlicher Glorie, sondern in Demut. Später hatte die Kirche keine Bedenken mehr gegen das Wort. In dieser Parusie befindet sich Christus. jetzt nur noch ein Drittel so groß, in einer

Mandorla. Eine Mandorla oder Mandel ist ein Oval, ein heiliger Rahmen, eine Art schützender Schoß, der sich aus einer »heiligen« Wolke in den Mosaiken des fünften Jahrhunderts in Santa Maria Maggiore in Rom entwickelt hat und der in der berühmten Himmelfahrt Christi in den einflußreichen (vielleicht einem älteren Mosaik nachgebildeten) Rabbula-Evangelien wieder auftritt. In der romanischen Kunst ist die Mandorla fast omnipräsent und auch in der gotischen weitverbreitet, aber in der Renaissance wurde sie als zu starr ausgeschieden. (Nanni di Banco, der eine Mandorla-Manie gehabt haben mag, brachte in seiner *Himmelfahrt Mariens* von 1414-21 im Giebel der Porta della Mandorla am Dom von Florenz das Motiv letztmalig zur Geltung). In dem Mosaik von Torcello agieren Maria und Johannes beidseitig von Jesus als Fürsprecher; dies ist die Deesis. Die dritte Ebene ist die Hetoimasia (Psalm 9,8), die den leeren Thron mit den göttlichen Symbolen zeigt. (Der leere Thron war in der buddhistischen Ikonographie seit dem zweiten Jahrhundert ein Standardmotiv.) Im Zentrum der vierten Ebene steht die Jungfrau. Rechter Hand von ihr die Seligen; linker Hand die Verdammten. Gleich über der Jungfrau auf der vierten Ebene befindet sich vielleicht die erste bekannte Darstellung der Seelenwägung, eine von Michael und dem Teufel bestrittene Szene. Ein Grund für die weite Verbreitung dieser Szene war, daß sie potentiell als eine Spiegelung der Trennung von Seligen und Verdammten, von Orthodoxen und Häretikern benutzt werden konnte.

Die abschließende Zone enthält einen Abschnitt mit Heiligen und sechs kleine Höllen-Abschnitte. Es gibt hier einige Seltsamkeiten, aber am seltsamsten sind die Höllenszenen, die mit Jesus in der Mandorla durch einer nabelschnurartige, in das Höllenfeuer reichende rote Flamme verbunden sind. Hier (Abb. 39) stechen zwei große Engel die Verdammten mit langen Stäben (künftig werden Teufel mit Dreggen diese Aufgabe übernehmen). In den Flammen sieht man – wie Kugeln in kochendem Wasser – die Köpfe der Verdammten. Kleine blauflüglige Engel ziehen an den Bärten, dem Haar und den Turbanen der Häretiker. Die Engel, die die Verdammten quälen, sind ein Motiv der frühen apokryphen Apokalypsen, die sehr populär waren und Himmels- und Höllenvisionen enthielten. Im »Inferno« (II, 28-30) wird der Pilger Dante mit dem heiligen Paulus als dem »erwählten Gefäß« verglichen, der bereits durch die himmlischen Sphären und die Unterwelt gereist ist. Die Kommentatoren sehen hier meist nur eine Anspielung auf den Himmel, aber vermutlich ist auch die Hölle gemeint, denn Dante stand unter dem Einfluß der populären – und populistischen – Höllendarstellung in der Paulusapokalypse aus dem vierten Jahrhundert. Diese wiederum hing weitgehend von der Petrusapokalypse des zweiten Jahrhunderts ab, die weit verbreitet und im zweiten und dritten Jahrhundert sehr bekannt war. Der Literatur näherstehend als der Theologie, enthalten diese anschaulichen Höllenbeschreibungen Engel, die die Verdammten bestrafen. Paulus sieht »Engel ohne Gnade und Mitleid, mit Gesichtern voller Zorn« (XI). Er bezieht sich auf die dreizinkige Dregge (XXXIV), wenn er erzählt, daß er sah, wie »ein Mann von Engeln, den Wächtern des Tartarus, gewürgt wurde, die ein eisernes, dreizinkiges Instrument in Händen hatten, mit dem sie diesem Alten in die Eingeweide stießen«. Engel, nicht Teufel, führten die Verdammten an ihren Bestrafungsort. »Ich sah«, sagt Paulus (XXXIX), »schwarzgekleidete Mädchen und vier schreckliche Engel mit glänzenden Ketten in der Hand. Und sie legten [die Ketten] um ihre Hälse und führten sie in die Finsternis.« Die Verdammten von den Erwählten zu trennen, die Verdammten an den Ort ihrer Strafe zu führen und sie dann zu bestrafen, war eine Aufgabe der Engel, die dann vom Teufel und seiner Mannschaft übernommen wurde. Das Mosaik in Torcello ist das einzige größere Jüngste Gericht, das diese frühen volkstümlichen Apokalypsen reflektiert. Ein Grund dafür, daß die grimmigen Engel und die Höllenvorstellungen dieser Werke nur von wenigen Künstlern aufgegriffen wurden, war vielleicht, daß die Würdenträger die Apokryphen nicht sehr schätzten. Papst Leo zum Beispiel ließ wissen, daß »die apokryphen Schriften, die unter dem Namen der Apostel eine Brutstätte mannigfaltiger Verderbtheit enthalten, nicht nur verboten, sondern gänzlich aus dem Verkehr gezogen und verbrannt werden sollten.« Bevor wir Leos Worte schmähen, sollten wir bedenken, daß auch M. R. James, der Gelehrte also, der die ersten zuverlässigen englischen Übersetzungen dieser apokryphen Evangelien und Apokalypsen geliefert hat, es nur bedauern konnte, daß solche Werke »einen Einfluß ausgeübt haben, der in keinem Verhältnis zu ihrem wirklichen Verdienst steht«. Seine Übersetzungen waren bis 1963 gültiger Standard; dennoch teilt James seinen Lesern mit, daß er, wenn er auch den Verlust so vieler apokrypher Werke bedaure, »mit dem Verdikt, das sie erst dem Dunkel und dann der Vernichtung überantwortete, nicht hadern« könne.[141]

Nach dem monumentalen Mosaik in Torcello pflegte man keine Engel mehr gegen das Böse zu hetzen und für die Bestrafung der Sünder zu verwenden. Statt dessen ist es seit dem Ende des elften Jahrhunderts der Teufel, der mit seiner Mannschaft fröhlich die Verdammten quält. Rechts neben den beiden großen Engeln sitzt ein großer blauer Oger auf einem Thron (der dem berühmten Stierkapitell aus dem Artxerxes-Palast des fünften vorchristlichen Jahrhunderts im persischen Susa nachgebildet ist). Dessen Armlehnen bestehen aus den gehörnten Köpfen von Ungeheuern, die zwei nackte Körper verschlingen. Auf dem

42 *Das Jüngste Gericht,* Mosaiken des XII. Jahrhunderts, restauriert, in Santa Maria Assunta auf der Insel von Torcello bei Venedig.

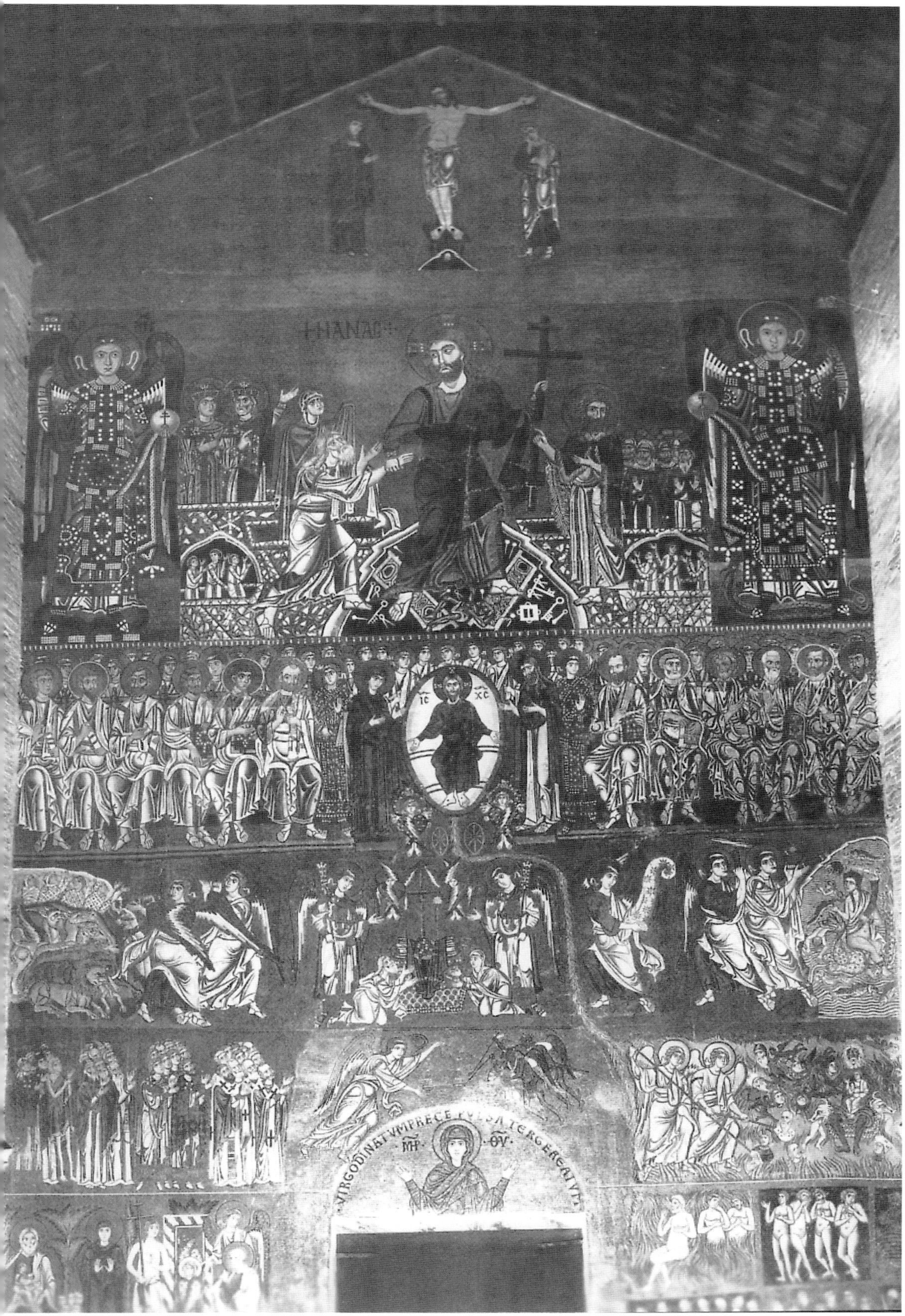

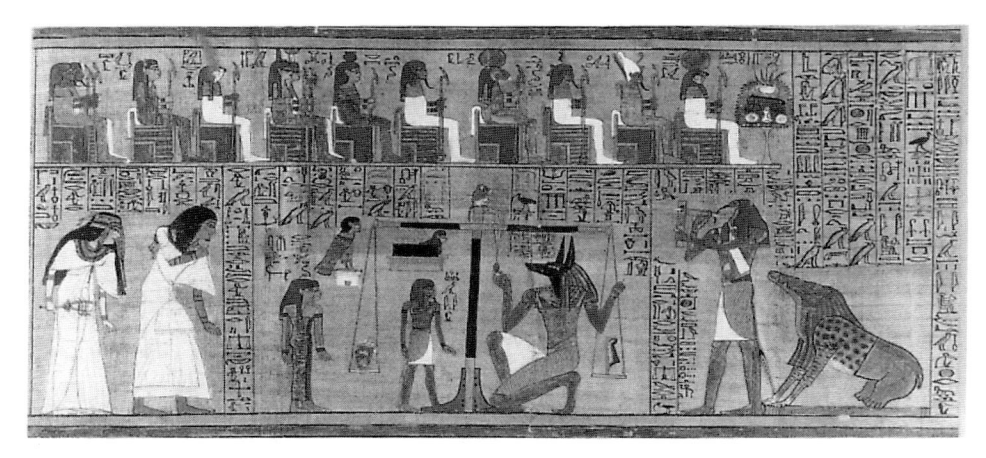

43 Der Papyrus von Ani, ca. 1300-1400 v. Chr.; Ammit, das Krokodil-Löwen-Nilpferd-Ungeheuer, beobachtet, wie der ibisköpfige Toth die Ergebnisse der Abwägung zwischen dem Herz eines Toten und einer Feder von Maat, der Göttin der Wahrheit, notiert. British Museum, London.

44 Der schakalköpfige Anubis richtet die Waagschalen für die Seelenwägung, aus dem Papyrus von Ani (Abb. 43).

Schoß des Ogers sitzt bequem eine kleine Gestalt, die wie die Engel gekleidet ist, nur daß sie weder Flügel noch Sandalen hat. Wer ist der Oger? Und ist die kleine Figur der Antichrist? Jeffrey Burton Russell vermutet in ihm Judas. Vermutlich ist dieser Oger die Personifikation der Hölle, der der Teufel im Motiv von Christi Höllenfahrt dienstbar ist. Bisweilen wurde der Teufel *magisterulus* genannt, der kleine Meister, und das scheint zu passen.[142] Derselbe Oger findet sich in mindestens zwei Mosaiken mit Christus, der, wenn er kommt, die Gefangenen aus ihr zu befreien, die Hölle niedertritt (In San Marco in Venedig und in einem Werk des frühen zwölften Jahrhunderts in der Koimesis-Kirche in Daphni). Jedenfalls ist die Kombination der Elemente in dieser Hölle amüsant und verwirrend, und das ganze Werk ist ein echtes Konglomerat: ein Gemisch, das physisch zusammengehalten wird vom Kleister theologischer Symbole und Formeln für Farbe, Größe und Abfolge. Vielleicht drückt sich in den verschiedenen Ebenen die rigidere Einteilung der Gesellschaft auf Erden aus, die deutliche Trennung zwischen jenen, die den Lehren der Kirche folgen, und jenen, die sich anmaßen, eigene Lehren zu verbreiten.

Die Seelenwägung

In den Schriften findet man über die Seelenwägung nichts. In keinem Manuskript und in keiner Kirche findet man sie vor 1100 dargestellt. Man findet sie dagegen in zahllosen ägyptischen Gräbern des Neuen Reichs sowie in Manuskripten des Totenbuchs (Abb. 43). Die Ägypter waren möglicherweise die ersten, die einen Menschen nach seinem Tode einem moralischen Urteil unterzogen.[143] Bevor ein Verstorbener sein künftiges Leben beginnt, führt ihn Horus in die Gerichtshalle des Osiris. Sein Herz wird in den Waagschalen der göttlichen Gerechtigkeit gewogen. Wenn es schwerer ist als eine Feder von Maat, der Göttin der Wahrheit, wird der Verstorbene dem Ungeheuer Ammit vorgeworfen, welches ihn mit seinen Krokodilkiefern verschlingt. Ammit hat einen Krokodilskopf; sein Körper ist halb Löwe, halb Nilpferd. Anubis, der schakalköpfige Totengott, stellt die Zunge an der Waage ein (Abb. 44). Der ibisköpfige Toth, der Götterschreiber, zeichnet, von Ammit bewacht, das Urteil auf. Zwölf Gottheiten bezeugen und bestätigen das Urteil. Bewegen sich die Waagschalen nicht, so ist der Verstorbene gerechtfertigt und »Ammit soll keine Macht über ihn haben. Es wird Zugang gewährt zur Nähe des Osiris.« Daraufhin führt Horus den Verstorbenen vor den Thron des Osiris.

Die klassischen Darstellungen sind von ungefähr 1300 v. Chr., aber das Thema setzt sich noch jahrhundertelang fort. In den Papyri zwischen ca. 500 und 300 v. Chr. hat sich viel geändert, nicht zuletzt die Atmosphäre. Es ist, als ob ein Teil der Bedeutung verlorengegangen sei oder mißverstanden würde, denn Ammit bewacht Toth nicht mehr, und Horus und Anubis fingern an den Waagschalen. Wenn bei der Ikonographie eines Themas die ursprüngliche Bedeutung verlorengegangen ist, dann zumeist, weil der ursprüngliche Glaube verwässert worden ist; er ist nur noch ein überlieferter, kein erfahrener Glaube mehr. Eine identische Entwicklung geschieht im siebzehnten Jahrhundert in den okzidentalen Behandlungen der Seelenwägung.

Wie hat dieses ägyptische Thema der Seelenwägung oder Psychostase die Kathedralen Europas erreicht? Entweder übernahmen ägyptische Christen das Thema und irische Mönche vermittelten es, oder, und das ist wahrscheinlicher, irische Mönche ersetzten Osiris durch Christus und das Team von Anubis und Thot durch die Antagonisten Michael und Satan. Die ägyptische Verbindung ist gesichert. Vom heiligen Patrick selbst heißt es, er habe Lérins besucht, ein berühmtes »ägyptisches« Kloster auf einer kleinen Mittelmeerinsel. Irische Mönche unterhielten direkte Kontakte mit Ägypten und Syrien. Die Flechtbandmuster in den Lindisfarne-Evangelien des späten siebten Jahrhunderts gleichen denen der koptischen Kunst. Und auf einem großen irischen Steinkreuz des frühen elften Jahrhunderts, nämlich Muiredach in Monasterboice, Louth, finden wir die älteste erhaltene Seelenwägung. Vielleicht haben Reisende das Thema vermittelt; die gelehrten und kunstliebenden irischen Mönche, die im siebten Jahrhundert in ganz Frankreich und Italien Klöster gründeten, dürften es jedoch gewesen sein, die die Seelenwägung an das Jüngste Gericht adaptierten.

Noch niemand scheint bemerkt zu haben, daß der Teufel, der sich auf dem Soriguerola-Altar mit Michael streitet, ein Kleidungsstück trägt, daß 1500 Jahre zuvor in Ägypten üblich war (Abb. 34). Eine neuere Studie vertritt die Ansicht, daß aus Ägypten frühbiblische Bilderrollen kamen, die auf Papyrus aufgezeichnet wurden und auf die christliche Kunst starken Einfluß ausübten.[144] Der Soriguerola-Meister muß irgendeine Darstellung von ägyptischen religiösen Ritualen vor Augen gehabt habe. Obwohl der Künstler das ägyptische *shenti* phantasielos übernahm, nahm er ein paar notwendige, traditionsbedingte Veränderungen vor. In der christlichen Fassung werden die guten Taten des Menschen mit seinen schlechten aufgewogen. Weil die Christen für Maat keine Verwendung hatten, ersetzten sie ihre Feder durch ein Teufelchen. In der einen Waagschale ein Teufelchen; die Seele, über die geurteilt werden sollte, in der anderen. Wenn sich die Seele senkt (das Gewicht ihrer guten Taten macht sie schwerer als das Teufelchen), ist sie gerettet und geht ein zu den Seligen. Wenn sich die Schale mit dem Teufelchen senkt und die Seele nach oben schwebt, ist die Seele verdammt. Die Physik mag verschroben sein, aber so stellte man sich die Sache vor. Und wir sehen auch, wie ein Teufel mogelt, indem er versucht, die Schale seines Mit-Teufelchens abwärts zu ziehen. Im dreizehnten Jahrhundert sind diese Szenen in der Malerei und in den Mysterienspielen oft von einer gewissen Komik (Abb. 13).

Obwohl das Motiv der Seelenwägung seit mehr als einem Jahrtausend zugänglich war, wird es erst seit dem zwölften Jahrhundert benutzt. Warum nicht vorher? Eine vernünftige Frage, wie es scheint, aber drängender ist die, warum es überhaupt benutzt wurde. Diese Frage ist interessanter, denn die Seelenwägung hätte *nie* benutzt werden dürfen: sie widerspricht einem wichtigen kirchlichen Dogma, dem besonderen

Gericht. Wie wird die Schicksalsfrage, ob eine Seele in den Himmel oder in die Hölle kommt, entschieden? Die guten oder schlechten Taten sind nicht entscheidend. Selbst der schlechteste Mensch *wird* errettet, wenn er Christus annimmt und in seiner letzten Stunde an seine Gnade glaubt. Die Gesänge, die Dantes »Purgatorio« einleiten, handeln von denen, die *in articulo mortis*, in ihrer letzten Stunde, wenn die Seele den Körper verläßt, bereut haben.

Bis zum letzten Augenblick *hätte* Marlowes Faust gerettet werden können. Natürlich kommt ein guter Mensch bald in den Himmel; ein böser Mensch muß vorher leiden und Buße tun (das ist die Funktion des Fegefeuers), aber er kann *sicher* sein, daß er hineinkommt. Das besondere Gericht bedeutet, daß sich das menschliche Schicksal – Himmel oder Hölle – in seiner letzten Stunde entscheidet, und in diesem Augenblick wird vielleicht der Teufel versuchen, seine Seele zu packen. Diese orthodoxe Lehre und imaginierte Situation hat der Rohan-Meister mit expressionistischer Kraft dargestellt (Abb. 37).

Das besondere Gericht bindet das menschliche Schicksal an das Totenbett; in der Seelenwägung entscheidet sich das menschliche Schicksal später, am Tag des Gerichts. Das eine macht das andere überflüssig, ja lächerlich. Dann ist da noch die verwirrende Komplexität der Auferstehung der Toten. Die Ikonographie dieses Ereignisses am Gerichtstag verlangte, daß man die Seligen und die Verdammten zeigte. Ihr Schicksal steht schon fest. Wir sehen das an ihren Gesichtern und ihren Gesten. Aber wozu werden sie noch gewogen, wenn über ihr Schicksal schon entschieden ist? Der einzige Autor, der diese Widersprüchlichkeit bemerkt zu haben scheint, ist Philippe Ariès in seiner Analyse des *Jüngsten Gerichts* in Autun:

Der richterliche Eingriff in das Schicksal der Toten vollzieht sich dort erst nach der Auferstehung. Die einen fahren direkt zum Paradies auf, die anderen zur Hölle hinab. Man fragt sich also nach der Daseinsberechtigung von Gerichtsverhandlungen, die sich offenbar ganz nebenbei abspielen. Man hat den Eindruck, daß zwei ganz verschiedene Konzeptionen hier einfach nebeneinandergestellt sind.[145]

Die Widersprüchlichkeit des Gerichts über die bereits Gerichteten (Psychostase der Auferstandenen) schwächt sich ab, wenn man sie mit den zeitlichen und theologischen Widersprüchen von besonderem Gericht und Psychostase vergleicht. Vielleicht beruhigten sich die meisten Scholastiker damit, daß das Jüngste Gericht mit seinen Zweideutigkeiten nicht exakt dogmatisch fixiert war. Wenn man an die esoterischen Fragen denkt, von denen viele mittelalterliche Denker besessen waren, dann ist es erstaunlich, daß diese offenkundige Lücke unausgefüllt blieb.

Der Aquinate vertuscht das Problem durch die einfache Feststellung, es gebe ein zweifaches Gericht. Das erste findet statt, wenn die Seele den Körper verläßt, das zweite, allgemeine Gericht bei der Wiedervereinigung von Körper und Seele. Damit ist nichts erklärt. Wir erinnern uns jedoch, mit welcher Zähigkeit sich die Lehre vom Sühneopfer, die Christus als einen Köder am Angelhaken definierte, in den Köpfen hielt, und einer der Gründe dafür war ihr Appell an die Phantasie. Wenn eine Idee visuell zu kompliziert ist, versteht sie der Betrachter nicht, oder er langweilt sich. Vielleicht trat die Seelenwägung aufgrund ihrer dramatischen Qualität zusammen mit dem Jüngsten Gericht auf. Die Bilder waren sämtlich für die Vorstellungskraft faßbar, ungeachtet ihrer theologischen Implikationen. Andererseits scheint die eigentümliche imaginative Appellqualität eine unzureichende Basis zu sein, um zu erklären, warum Bischöfe, Kardinäle und Päpste eine Ikonographie guthießen, die zur kirchlichen Lehre im Widerspruch stand. Eine andere Erklärung wäre, daß die Probleme, die diese zwei Gerichte mit sich brachten, in der langen Zeit, die noch ohne Fegefeuer war, verdrängt wurden.

Die Lehre vom Fegefeuer wurde erst 1274 offiziell. Der französische Historiker Le Goff hat festgestellt, daß, obwohl man manche Stellen bei den frühen Kirchenvätern später auf das Fegefeuer bezog, dieses Wort (*purgatorius*) erstmalig in der zweiten Hälfte des zwölften Jahrhunderts gebraucht wird.[146] Real wurde für die meisten der Wechsel von einem binären Schema (Hölle und Paradies) zu einem trinären (Hölle, Fegefeuer, Paradies) zwischen 1150 und 1250. Um diese Zeit waren die wichtigen romanischen und gotischen Tympana des Jüngsten Gerichts alle schon geschaffen.

In einem der ersten Jüngsten Gerichte, dem in Torcello, sehen wir, wie die Engel die Verdammten quälen (Abb. 39). Das war sinnvoll, denn im Leben war es die Kirche (und die weltlichen Gewalten unter ihrer Leitung), die die Häretiker aufspürte, befragte, folterte und hinrichtete. In der Ikonographie des Jüngsten Gerichts jedoch wird die Rolle der Engel vom Teufel übernommen. Dieser Wechsel scheint eine wichtige Frage zu beantworten, nämlich wie es kommt, daß der Teufel mit Gott am Jüngsten Gericht teilnimmt. Der Streit zwischen Michael und Satan um eine Seele ist eine bildliche Fassung einer traditionellen Idee. Bei der »objektiven Wägung« ist das Recht des Teufels, böse Seelen an sich zu nehmen, implizit anerkannt. Aber der Teufel hat noch zwei weitere Funktionen: er hilft Michael, die Seligen von den Verdammten zu trennen und führt diese in Ketten in die Hölle. Und er bestraft die Verdammten. Im Jüngsten Gericht jedoch erfüllt der Teufel gewöhnlich drei Funktionen: er nimmt sowohl am Gericht wie an der stattfindenden Trennung teil, und er vollzieht die Strafe.

Was entsprach in der wirklichen Welt des Mittelalters dem Teufel? Wer richtete, trennte und bestrafte verlorene Seelen auf Erden? Die Inquisition, lautet die Antwort, die kaiserlichen und päpstlichen Behörden. Obwohl Ariès die »Verwandlung der Eschatologie in einen Apparat der Jurisdiktion« bei den Jüngsten Gerichten scharfsichtig wahrnimmt, sieht er die treibende Kraft dabei mehr in einem gesteigerten legalistischen Bewußtsein in der gesamten mittelalterlichen Welt als in der Maschinerie der Häretikerjagd und der Tätigkeit der Inquisition.[147] Häretiker galten als Werkzeuge des Teufels, und möglicherweise hatten die gefallenen Engel und Teufel in einigen frühen Darstellungen das Gesicht von Häretikern. Für den Teufel des Jüngsten Gerichts konnte das jedoch *nicht* gelten, denn er ist ein Werkzeug Gottes. Weder Katharer noch Juden straften die Verdammten. An Giottos *Jüngstem Gericht* können wir feststellen, daß die Instrumente, die der Teufel bei der Folter benutzt, *dieselben* sind wie die wirklich bei der Bestrafung der Häretiker gebrauchten.

Ob das Jüngste Gericht nun die mentale Verfassung, die zur Häretikerverfolgung führte, reflektiert oder nicht, sicher ist, daß die Psychostase, die Seelenwägung, seit sie *ca.* 1130 erstmalig von dem Bildhauer Gislebertus im burgundischen Autun in dieses große Thema künstlerisch integriert wurde, als ein fester Bestandteil der Trennungsikonographie des Jüngsten Gerichts fungiert.

45 Gislebertus, das Jüngste Gericht; Satan ist miteinbezogen, ca. 1130, im Tympanon von St. Lazare, Autun.

4. Gislebertus, Giotto und die Erotik der Hölle

Das erste Jüngste Gericht

Ich allein richte. Ich allein entscheide, wer in die Hölle und wer ins Paradies eingeht«, lautet die Inschrift, die den Christus im Tympanon der Kathedrale von St. Lazare in Autun umgibt. Dieses Tympanon mit dem *Jüngsten Gericht* war die Schöpfung von Etienne de Bage, dem Bischof der Stadt, und dem Bildhauer Gislebertus.[148] Vermutlich bestimmte der Bischof die Ikonographie, und der Bildhauer realisierte sie gemäß seiner eigenen Vision. Christus ist bei weitem die größte Figur und hält mit seiner Kraft den ganzen Halbkreis des Tympanons und dessen Bestandteile in seinem Bann (Abb. 45).

Von den *Jüngsten Gerichten,* die vor Michelangelos Sixtinischer Kapelle liegen, ist das des Gislebertus wegen der erregten und expressiven, selbst noch bei den ins Paradies eingehenden Seligen spürbaren Spannung und der Gebärdensprache am denkwürdigsten. Nicht jedermann hatte freilich von Gislebertus' Werk eine hohe Meinung. Kenneth Clark teilte seinem Fernseh-Publikum mit, er finde es abgeschmackt, und mindestens ein Historiker der mittelalterlichen Kunst hält es insgesamt nur für einen »Vorwand«, der einen Anlaß für die Vorführung von »blutrünstigen Einzelheiten« liefern sollte.[149] Das Tympanon in Autun ist merkwürdig, weil der Bildhauer sich byzantinischer Konventionen bedient hat, um etwas zu schaffen, was ich einen byzantinischen Expressionismus nennen würde. Die Eingänge zu Paradies und Hölle sind absurd klein. Die untere Körperhälfte Christi ist ein Rhombus, der durch den Nabel, die Knie und die Füße begrenzt wird. Diese Körperhaltung und Fußstellung leitet sich her aus Darstellungen sassanidischer Monarchen, auch wenn Gislebertus wohl keine direkte Kenntnis von dieser Bildwelt hatte. Hier ist es eine unmögliche physische Position, die der zeitgenössische Betrachter aber so verstanden hätte, daß Christus in einer Mandorla auf dem Thron sitzt. Die Hauptfiguren sind Jünger und Teufel, die, als wären sie von Greco oder Modigliani, unnatürlich gelängt sind, um das finale Drama zu steigern: das Weltende.

Engel trennen die Erwählten von den Verdammten. Die gerundeten Formen bei den Seligen kontrastieren mit den scharfen Winkeln bei den Gliedern der Verdammten und ihrer extremen Qual. Die zweite verdammte Seele von ganz rechts hält ein Messer: es ist ein zum Ritualmord bereiter Jude mit einer Hostie, die er schändet. Nachdem die Rechtgläubigen selber die Hostie bei der Bienenzucht, zum Schutz der Kohlpflanzungen und selbst zur Verführung (ein Priester schob einer Frau, die er küßte, die Hostie in den Mund, »um sie seinen Wünschen durch die Kraft des Sakraments gefügig zu machen«[150]) benutzen konnten, war es kein Wunder, daß sie von den Juden noch schlimmere Missetat erwarteten. So glaubten sie, der muslimische König von Granada habe einen Anschlag gegen die Christen geplant, indem er die Juden bestach, mit Satans Hilfe Gift aus zerstoßenen Hostien zuzubereiten, welches dann unter ihrer Anleitung von Leprösen in die Brunnen geworfen wurde.[151] Als Folge dieser Phantasie wurden in Frankreich Tausende von Juden ermordet. Nicht immer jedoch wurden die Juden zur Hölle geschickt. Das Tympanon des Jüngsten Gerichts (1130) an der Abteikirche von Beaulieu-sur-Dordogne enthält verwirrte, gestikulierende Leute, die Henry Kraus als Juden, die am Gerichtstag am Leben sind und vielleicht gerettet werden können, identifiziert hat.[152] Allerdings ist diese Deutung zugunsten einer Erklärung dieser Menschen als Häretiker auch bestritten worden.[153] Die Analyse von Kraus, der annimmt, die Menschen, die auf ihre Genitalien zeigen, würden sich damit als Kinder Abrahams zu erkennen geben, scheint jedoch überzeugend. Dieses Detail ist nicht ohne Interesse, denn praktisch gibt es sonst keine Beispiele von Juden oder Häretikern in den Tympana des Jüngsten Gerichts.

Oberhalb von den nackten, gequälten Verdammten in Autun befindet sich ein makabrer Satan mit ausgezehrtem, gestreiftem Körper. Er hat Hände, klauenartige Füße, struppiges Haar und einen höhlenartigen Mund mit großen Zähnen. Dies ist Satan, denn er steht dem Erzengel Michael gegenüber. Dazwischen hält Gottes Hand die Waagschalen für die Seelenwägung (Abb. 46). Zwei andere Teufel sind größer und grimmiger, und ein vierter, viel kleiner und mit menschlichem Körper, hängt aus dem Höllenmaul, um mit Gabel und Kette die Sünder zu bedrängen. Diese Unholde sind furchtbar und abstoßend, aber nichts kommt dem Schrecken auf dem erstarrten Gesicht einer Seele gleich, die von zwei riesigen, langen, aus dem Nichts kommenden Klauenhänden am Nakken wie von einer stählernen Falle umfaßt wird (Abb. 47). Dies ist ein zuvor nicht gekanntes und auch später nicht wiederkehrendes Bild des Schreckens. Der Schrecken besteht weniger darin, wozu der Teufel imstande ist, als in dem, was, wenn eine Seele verdammt ist, Christi Richtspruch bedeutet. Oft ist es nicht der Teufel, der in den Szenen des

46 Detail aus Abb. 45: Satan und St. Michael nehmen an der Seelenwägung teil.

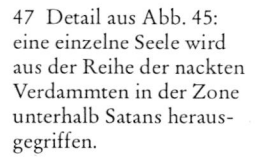

47 Detail aus Abb. 45: eine einzelne Seele wird aus der Reihe der nackten Verdammten in der Zone unterhalb Satans herausgegriffen.

Jüngsten Gerichts den Betrachter erschauern läßt, sondern die Angst der von Gott verstoßenen Verdammten. (Das gilt für das *Jüngste Gericht* von Michelangelo ebenso wie für das von Gislebertus und läßt zugleich ahnen, warum die meisten Teufelsdarstellungen so farblos sind).

Der Körper von Gislebertus' Teufel leitet sich von einer der ältesten plastischen Darstellungen des Bösen ab. Medizinische Illustrationen, die das menschliche Gesicht mit entfernter Haut zeigen, um das Muskelgewebe darunter sichtbar zu machen, sind ungefähr wie dieser ausgemergelte, gestreifte Teufel. Ein spezifisches Beispiel ist das Kapitell aus dem mittleren elften Jahrhundert in St. Benoît-sur-Loire, das Michael und den Teufel zeigt, wie sie dieselbe Seele packen (Abb. 11). Auch der Teufel als Höllenherrscher in Conques hat einen ausgemergelten Körper (Abb. 30), und ein Kapitell in der aus dem frühen zwölften Jahrhundert stammenden Basilika St. Andoche in Saulieu zeigt, wie Judas von einem Teufel mit demselben Körper gehängt wird. In den graphischen Künsten findet sich kein gestreifter Teufel. Nachdem es unwahrscheinlich ist, daß diese Bildhauer die Muskulatur des Teufels zeigen wollten, stellt sich die Frage, wo diese Konvention herkommt.

Gislebertus' Teufel an St. Lazare hat kein Flammenhaar, keine Dregge, keine Flügel, keine Klauenfüße, keinen Schwanz und keine Hörner. Etwas wie diesen Teufel gibt es weder in der klassischen Skulptur, noch in illustrierten Psaltern, noch in Apokalypse-Zyklen. Ein mögliches, wenn auch unwahrscheinliches Vorbild ist jedoch eine Figur, die als der

48 Der Dämon Humbaba, der einem gestreiften Teufel ähnlich sieht, VII. Jahrhundert v. Chr., Terrakotta. British Museum, London.

GISLEBERTUS, GIOTTO UND DIE EROTIK DER HÖLLE 143

49 Sogenanntes Leichentuch des heiligen Viktor, traditionelles mesopotamisches Muster mit einem Helden, der zwei Löwen erwürgt; galt später als Darstellung von Daniel in der Löwengrube, VIII. Jahrhundert v. Chr., Buhyid-Seide (persisch), Sens, Kathedrale.

von Gilgamesch besiegte Dämon Humbaba identifiziert worden ist. Ein Terrakottakopf des Humbaba aus dem siebten vorchristlichen Jahrhundert zeigt denselben offenen Mund, die entblößten Zähne und das geritzte Gesicht wie dieser Teufel (Abb. 48). Das klarste Beispiel für einen gestreiften Körper, eine Darstellung des gefürchteten Dämons Pazuzu, stammt ebenfalls aus Mesopotamien. Wie es kommt, daß eine mesopotamische Dämonenskulptur in Facetten noch nach mehr als tausend Jahren zugänglich war, ist schwer erklärlich. Vielleicht spielten die Phönizier, die den Bes-Kult nach Zypern brachten, eine Rolle. In dem aus dem sechsten Jahrhundert stammenden Grab im zyprischen Amathus fand man einen Dämonenkopf zusammen mit einem Kopf des Bes. Dieser (heute im British Museum aufbewahrte) Terrakottakopf ist von erheblichem Interesse, weil er Züge von Pazuzu und Humbaba miteinander verbindet. Kein Zweifel besteht jedoch, daß der Maler des

Soriguerola-Altars aus dem dreizehnten Jahrhundert (Abb. 34) Zugang zu Kopien altägyptischer Malereien hatte, denn sein Teufel trägt einen ägyptischen *shenti*. Dies dürfte auch für den Schöpfer der wunderbaren Seelenwägung in Bourges gelten (Abb. 55): der seltsame, großohrige Wicht in der einen Schale und der seltsame Gegenstand in der anderen geben den Kommentatoren nach wie vor Rätsel auf, aber sie leiten sich vermutlich beide von einer ägyptischen Darstellung her. Gewöhnlich wird eine Feder der Wahrheitsgöttin Maat dargestellt, aber manchmal wird statt dessen in einer Schale eine Mini-Maat und in der anderen ein kanopischer Krug (mit dem Herzen) gezeigt. Diese Fassung ist es, die der Bildhauer von Bourges, indem er den kanopischen Krug durch einen Kelch mit dem Blut Christi und die kleine Maat durch den häßlichen Kopf der Seele, die eben gerichtet wird, ersetzt hat, adaptiert zu haben scheint. Mesopotamische Motive waren im Mittelalter zugänglich; so wurden vor dem zehnten Jahrhundert sassanidische Seiden importiert, die in Kirchen Verwendung fanden. Diese Seiden zeigten Motive (Abb. 49), die Jahrhunderte vor Christus zurückreichten. Dennoch ist ein Humbaba-Kopf auf einer solchen Seide schwer vorstellbar, und noch schwerer vorstellbar ist vielleicht, wo der Bildhauer von St. Benoît-sur-Loire (Abb. 11) einen solchen Kopf gesehen haben könnte. Immerhin ist die Ähnlichkeit zwischen mesopotamischen Dämonenplastiken und den romanischen gestreiften Teufeln zu groß, um als zufällig gelten zu können. Vermutlich hat Gislebertus seinen Teufel von einem plastischen Vorbild übernommen, das mehr als ein halbes Jahrhundert vor der Ausführung seiner eigenen Entwürfe geschaffen worden war.

Man nimmt an, daß die Plastik von Cluny Gislebertus, der dort vielleicht selbst gearbeitet hat, beeinflußt hat. Aber von Cluny ist nicht viel erhalten. Vielleicht hat Gislebertus die Kapitelle, in denen man heute seinen Einfluß erkennen will, selbst geschaffen. Wie dem im einzelnen auch sei, Autun ist wichtig auf Grund seiner künstlerischen Originalität und weil – anders als an anderen Kathedralen – die gesamte Bildhauerarbeit praktisch von einer Person ausgeführt wurde. Damit wird klar, daß der Teufel einer fixen Ikonographie ermangelt, denn die Teufel im Tympanon sind ganz anders als die beim Tod des Judas beteiligten. Sogar die zwei Teufel am Judas-Kapitell selbst sind verschieden: der eine hat einen flammenden Haarschopf, der andere pfefferkornartiges Haar (typisch für Buddhaköpfe); der eine hat spitze, der andere runde Ohren; und beide gehören sie nicht dem ausgemergelten Typus an, der sich im Tympanon findet.

Eine gängige Erklärung für die vielfältigen Erscheinungsweisen des Teufels ist seine Natur: er nimmt viele Formen an. Shakespeares Hamlet wußte das. Zunächst glaubt Hamlet dem Geist seines toten Vaters, der

50 Erste und zweite Versuchung Christi (oben); dritte Versuchung Christi (unten), *Winchester-Psalter*, 1150. British Library (Cotton Nero MS C iv, fol. 18r), London.

ihm erscheint und beschreibt, wie er ermordet wurde; aber dann (II, ii) sucht Hamlet monologisierend nach rationalen Erklärungen:

> ... *The spirit that I have seen*
> *May be a devil, and the devil hath power*
> *T'assume a pleasing shape...*

> ... Der Geist,
> Den ich gesehen, kann ein Teufel sein;
> Der Teufel hat Gewalt, sich zu verkleiden
> In lockende Gestalt!

Dennoch ist damit kaum der Unterschied in den Frisuren erklärt. Außerdem *verkleidet* sich der Teufel im mittelalterlichen Drama gewöhnlich nur, indem er ein anderes Kostüm anlegt (Abb. 50), auch wenn

51 Gislebertus, Dritte Versuchung Christi, ca. 1130, auf einem Kapitell
in St. Lazare, Autun.

er in den literarischen Quellen bisweilen seine reale Form wechselt.[154] In Malerei und Plastik tritt der Teufel selten verkleidet auf, und bestimmt in keinem der vielen Beispiele, die Gislebertus geschaffen hat. Die Autuner Kapitelle mit den Versuchungen Christi zeigen einen grimmigen Teufel mit Flammenhaar, der die Züge und die Kraft Satans hat. Die Verfasserin der gründlichsten modernen Arbeit zur christlichen Ikonographie, die deutsche Gelehrte Gertrud Schiller, vermutet, daß das monströsere Aussehen bei Satan als Versucher darauf schließen läßt, daß aus der Versucherrolle die des Widersachers wird.[155] Trotz Gertrud Schillers außerordentlicher Kenntnis solcher Darstellungen scheint diese Verschiebung zweifelhaft. Mit wenigen Ausnahmen verbleiben die meisten mittelalterlichen Darstellungen der Versuchung auf der Stufe des Winchester-Psalters, was natürlich nach Gislebertus entstandene Werke miteinschließt. Der Autuner Satan ist keine Weiterentwicklung aus irgend etwas anderem: er ist das Produkt von Gislebertus' eigener Phantasie. Abweichend von der Konvention ist an einem Kapitell von Gislebertus der auf einem Turm stehende Satan größer als Jesus (Abb.

GISLEBERTUS, GIOTTO UND DIE EROTIK DER HÖLLE 147

51). Wir wissen, daß wir es mit dem Teufel zu tun haben, wenn wir die Kraft des Bösen spüren. Gerade weil Gislebertus, anders als seine Zeitgenossen, einen Bösen schuf, der sich *nicht* unter der Kontrolle von Christus, der sich unter niemandes Kontrolle befindet, spüren wir, daß wir Satan gegenüberstehen.

Ungefähr ein Jahrzehnt nach Abschluß der Arbeiten in Autun wurde der Winchester-Psalter vollendet.[156] Obwohl der Psalter ein englisches Werk und die Kathedrale ein französisches ist und obwohl die bemalten Blätter eines Psalters und der Stein eines Tympanons ganz verschiedene Medien sind, ist ein Vergleich instruktiv, denn was in beiden Werken fehlt, ist eine einheitliche Teufelsikonographie. Die drei Versuchungen im Winchester-Psalter, *ca.* 1150, befinden sich auf einem Blatt; die erste und die zweite oben, die dritte unten (Abb. 50). In der ersten Versuchung

52 Qualen der Verdammten, *Winchester-Psalter,* 1150. British Library (Cotton Nero MS C iv, fol. 38r), London.

53 Geißelung Christi, *Winchester-Psalter*, 1150. British Library (Cotton Nero MS C iv, fol. 21r), London.

streckt der Teufel seine Zunge heraus; seine Hände und Füße haben Klauen, und er trägt ein geflecktes Tierkostüm. Über diesem Kostüm struppige Shorts. Er hat große, aber nicht eigentlich geißbockartige Ohren und Hörner. Er steht neben Jesus, blickt aber weder zu ihm hin, noch auf die Steine am Boden, auf die seine linke Hand zu weisen scheint. Außer der Nachbarschaft besteht zu Jesus keinerlei emotionale oder bildliche Beziehung, so daß der Teufel ein wenig bizarr, aber kaum schreckenerregend aussieht. Ein ornamentaler Baum trennt die erste von der zweiten Versuchung, bei der Jesus in ungeschickter und unmöglicher Weise auf dem Tempel steht. Jesus ist kleiner als der Teufel, ein vergeblicher Versuch des Künstlers, Hinter- und Vordergrund anzudeuten. Dieser zweite Teufel gleicht dem ersten, ist jedoch bis auf seine struppigen Shorts nackt; seine Ohren sind normal. Eine Klauenhand ist drohend in Jesu Richtung erhoben. Auch diese Szene ist hölzern. Der Teufel, der die dritte Versuchungsszene bestreitet, ist phantastisch ausstaffiert. Schnabelnasig und mit Klauen, Schwanz, Hörnern und Flügeln, bietet er Jesus durch seltsame, in der Luft herumfliegende Symbole – darunter eine Krone, Gefäße, Hörner und ein paar armbandartige Objekte, die an die erinnern, die man mit dem Ahura Mazda des Zoroastrismus assoziiert – die Welt an. Ärmel und Schleppe des Teufelskostüms sind so lang, daß sie nach der aristokratischen Mode der Zeit geknotet sind. Die Kleidung ist seitlich geteilt, um zu zeigen, daß der Körper des Teufels derselbe ist wie in der ersten Szene. Das Spruchband des Teufels lautet: »Bete mich an und alles ist dein«; Jesus hat sein eigenes Spruchband, auf dem als Antwort steht: »Du sollst Gott nicht versuchen«. Schnabelnase, Haifischzähne und Flügel unterscheiden ebenso wie die Kleidung diesen bösartig ausssehenden Teufel von den anderen beiden.

Im *Jüngsten Gericht* desselben Psalters sind die Teufel noch verschiedenartiger (Abb. 52). Ihrer drei sind im oberen Stockwerk damit beschäftigt, die Verdammten zu quälen. Zwei haben Hörner, zwei haben Flügel; zwei haben den struppigen Schurz, und alle drei tragen Wolfsmasken; einer hat Hufe und die anderen beiden Klauen. Alle drei haben die gefleckte Pelzbekleidung des Teufels in der ersten Versuchung, aber keiner hat die Niedertracht der wilden Menge bei der Gefangennahme oder der Büttel bei der Geißelung. Man vergleiche einen der Teufel, die Christus versuchen (Abb. 50), mit einem Bild desselben Künstlers oder seines Teams, das die Geißelung Christi zeigt (Abb. 53). Welche Figur

54 Detail aus Abb. 72: der lästige Teufel, aus der Tapisserie der Apokalypse von Angers.

sieht dumm und hölzern aus? Welche Figur verkörpert Grausamkeit, Haß und Bosheit? Die Nebeneinanderstellung ist aufschlußreich: in den Künsten verkörpert der Teufel *nicht* das Böse; vielmehr wird das Böse am stärksten durch menschliche Gesichter dargestellt. Das gilt nicht nur für den Winchester-Psalter; bei Giottos Teufel, dem klarsten Beispiel für den vielleicht seltsamsten Aspekt des Teufels in der Kunst, stellen wir dasselbe fest. Der Teufel ist eine Randfigur – überall vorhanden, aber marginal. Er ist nicht in einem abstrakten oder symbolischen Stil gemeißelt oder gemalt, sondern immer einzeln, in einer bestimmten Situation oder Aktion gegeben. Aber diese Aktion ist typisch marginal, etwa wenn er auf Pilatus einredet. Ich habe oben (in den ersten Absätzen von Kapitel II) erwähnt, daß in der mittelalterlichen Kunst Figuren durch ihre Ikonographie typischerweise als *figura* behandelt werden: eine bestimmte Person wird aufgefaßt als in einer Reihe von ineinandergreifenden Beziehungen stehend, so daß zum Beispiel ein Prophet des Alten Testaments einen Apostel des Neuen bedeutet und präfiguriert.[157] Figuraler Realismus ist ein definitorisches Charakteristikum der frühen christlichen Kunst: der Fall des Teufels präfiguriert, bedeutet und enthält den Fall Adams.

Das Merkwürdige ist jedoch, daß sich die meisten Teufelsdarstellungen gerade *nicht* für eine figurale Interpretation anbieten. Ein Grund dafür ist, daß, obwohl auch das Leben des Teufels in verschiedene Abschnitte zerfällt, diese nur selten gezeigt werden. Simson vollbringt große Taten, trifft mit Delilah zusammen, wird geschoren, gefangengenommen und rächt sich schließlich an seinen Peinigern. Er hat eine Geschichte, die in seinen Darstellungen enthalten ist, weil sie eine Anzahl von Stationen in seinem Leben zeigen. Die gängigsten Teufelsdarstellungen jedoch beschränken sich strikt auf den Teufel als Mikrobe oder als die Eva verführende Schlange, auf sein Sitzen in der Hölle oder seinen Kampf mit Michael bei der Psychostase. Petrus zählt (in den aus dem zweiten Jahrhundert stammenden Petrusakten, VIII) die marginalen bösen Taten des Teufels auf, die gemalt werden sollten: »Du hat Judas Böses tun und unseren Herrn Jesus Christus verraten lassen... Du hast Herodes' Herz verhärtet und Pharao gereizt, gegen Moses zu kämpfen; du gabst Kaiphas die Frechheit, unseren Herrn Jesus Christus der grausamen Menge zu übergeben...« Nirgends ist in den Petrusakten von Lucifer die Rede oder davon, daß der Teufel der Widersacher von Gott und Jesus ist. Entscheidende Szenen – wie die Erschaffung des Teufels, sein Sitzen neben Gott, sein Konflikt (nicht der Konflikt eines Drachens) mit Gott und den Engeln, seine Versuchung Jesu – werden selten gezeigt. Mit dem Ergebnis, daß selbst in den ungeschicktesten und gekünsteltsten byzantinischen Bildern der Teufel von allen Figuren am

GISLEBERTUS, GIOTTO UND DIE EROTIK DER HÖLLE   151

55 Die Seelenwägung, Detail aus dem *Jüngsten Gericht,* 1250 (im XIX. Jahrhundert restauriert), Tympanon des Westportals der Kathedrale St. Etienne, Bourges.

wenigsten überzeugt. Weder erschreckend, noch furchteinflößend, scheint er weniger ein echter Widersacher Gottes als einfach lästig zu sein (Abb. 33, 54).

Charakteristisch ist, selbst auf demselben Blatt im Winchester-Psalter und sogar auf den Kapitellen von St. Lazare, das seltsame Fehlen einer einheitlichen Ikonographie des Teufels. Die wirre Teufelsikonographie ist eher ein Mischmasch als eine Verbindung, mehr ein Aufschub als eine Lösung, und zwar weil sich anscheinend niemand sicher war, wer der Teufel sei, ob er von Anbeginn gesündigt habe oder nicht, ob Dämonen Satane seien oder nicht, oder ob Satane gefallene Engel seien oder bloß Faune, die mit großem Phallus über manichäische Mädchen herfallen. Oder auch, ob der Teufel die Ursache dafür war, daß Hunderttausende beim Kampf gegen die gewaltsame Durchsetzung der willkürlich definierten Orthodoxie durch den römischen Kaiser, von der der byzantinische Historiker Prokop im sechsten Jahrhundert schreibt, getötet wurden.

Die drei wichtigsten Jüngsten Gerichte der Gotik sind die an Notre-Dame in Paris und an den Kathedralen von Chartres und Bourges. Alle drei wurden vor 1250 vollendet, und in keinem wird Christus in einem

56 Detail aus Abb. 61: Giotto, Jüngstes Gericht, 1304-13, Fresko, Arena-Kapelle, Padua.

Mandorla-Schoß, jenem Überbleibsel der Apokalypse, dargestellt. Alle sind sie weitgehend ähnlich: mit der Parusie, der Deesis (der Trennung und der Psychostase) und der Auferstehung – in getrennten Streifen und in dieser Reihenfolge. Beim *Jüngsten Gericht* von Notre-Dame ist der ungewöhnlichste Zug, daß die Toten ihre Wiederauferstehung in voller Bekleidung erleben, eine Idee von Maurice de Sully, dem Erzbischof von Paris. Himmel und Hölle werden außerhalb des Tympanons in den Archivolten gegeben. Rechts von den Sündern, die in die Hölle abgeführt werden, befinden sich groteske Teufelsungeheuer. Zwei stehen neben dem Kochtopf, in dem Sünder gequält werden; eines hat einen Schnabel, das andere eine Schnauze ähnlich wie das in Dürers *Höllenfahrt Christi,* einem Holzschnitt von 1510. Das *Jüngste Gericht* an Notre-Dame ist von den dreien das am wenigsten interessante: die Verlegung der Himmelsfreuden und Höllenqualen in die Archivolten schwächt das Drama. Es ist schwer, die ursprüngliche Qualität zu beurteilen, denn was wir heute sehen, ist das Ergebnis einer Restaurie-

GISLEBERTUS, GIOTTO UND DIE EROTIK DER HÖLLE   153

57 Detail aus Abb. 61: Giotto, *Jüngstes Gericht*.

rung. Bruchstücke des Originals lassen auf ganz verschiedene Stile schließen. Künstlerisch am gelungensten ist der Abschnitt mit der Auferstehung der Toten, aber während die Engel und Figuren links wunderbar ausdrucksvoll und lebendig sind, sind die rechts steifer und »technisch« rund hundert Jahre älter.

In Chartres sind die Jungfrau und Johannes so groß wie Christus; gefühlsmäßig und strukturell betont dieses Jüngste Gericht die Deesis, die mitfühlende Fürbitte von Christi Mutter und Johannes. In einem Streifen von wellenartigen Wolken schweben Engel über den Verdammten, die anders als in Bourges als Könige, Königinnen und Bischöfe gekleidet sind und wie in Trance dem Höllenmaul zustreben. Die Teufel haben keine Hörner, keine Flügel und keine Schwänze. Große groteske Münder drohen mit großen Zähnen. Manche haben pelzige Körper, manche sind einfach nackt. Die Verdammten fürchten sich, und einer sieht verwirrt nach den Engeln, die über ihm schweben. Aber es geht kein Gefühl des Schreckens oder der Todespein von dieser Darstellung aus, nicht einmal bei der nackten Kurtisane auf dem Rücken eines Teufels, der sie packt und jetzt in den Höllenrachen befördern wird.

Das restaurierte *Jüngste Gericht* in Bourges (Abb. 55) enthält schöne Aktdarstellungen, und die Teufel haben mit denen in Conques oder Autun keine Ähnlichkeit. Satan und seine Helfer sind gleichfalls nackt; die meisten haben einen menschlichen Körper: keine Flügel, keine Klauen, keinen Pelz, nur an der Stelle des Penis haben sie phallische Schlangen. Erkennbar sind sie an den Tierköpfen, den großen offenen Mündern und den Spießen, mit denen sie die Verdammten in einen Kessel treiben, der von den Flammen des Höllenrachens erhitzt wird. Satan, der zusieht, wie ein zuversichtlicher Michael die Seelen wiegt, ist bärtig und hält einen gegabelten Spieß. So wohlwollend und menschlich Michael ist und so bestialisch der Teufel, so arbeiten sie hier doch beide zusammen: die Maschinerie des Jüngsten Gerichts funktioniert reibungslos.

Warum Giotto den Teufel nicht malen konnte

In dem siebenten Höllenkreis von Dantes »Inferno« sieht der Dichter, wie Wucherer versuchen, sich gegen fallende Flammen und brennenden Sand zu schützen, und er fühlt sich an einen Hund erinnert, der im Sommer versucht, peinigende Flöhe loszuwerden. Dante kann kein einziges Gesicht erkennen, wohl aber die Wappen auf den Geldbörsen:

> Ich sah, als ich dann spähend dort gewallt,
> Ein Blau auf einem gelben Sacke schwanken,
> Von eines Löwen Aussehn und Gestalt.
>
> Dann als ich weiter ließ die Blicke ranken,
> Kam rot wie Blut ein zweiter mir zur Schau,
> Mit einer Gans, die weißer war als Anken.
>
> Und einer, dem 'ne blaue, dicke Sau
> Auf einem weißen Beutel war gegeben,
> Sprach dann: »Was tust denn du in diesem Bau?«

Die Frage stellte Rinaldo Scrovegni, einer der reichsten Wucherer von Padua. Und das wichtigste Jüngste Gericht des vierzehnten Jahrhunderts gäbe es nicht ohne Enrico Scrovegni, den Sohn des Mannes, der in der Hölle an Dante die Frage stellte. Von keinem in Padua an Reichtum übertroffen, beauftragte Enrico Scrovegni persönlich Giotto mit der Ausschmückung der luxuriösen Arena-Kapelle, die er zu Ehren der

Jungfrau hatte bauen lassen (Abb. 61). Vielleicht tritt hier erstmalig in Italien ein Privatmann als Auftraggeber eines großen Künstlers auf. Mit Sicherheit aber ist es das erste Jüngste Gericht, bei dem die Jungfrau Maria die reichen Gaben eines bekannten Wucherers gnädig annimmt: in Giottos *Jüngstem Gericht* präsentiert Scrovegni an prominenter Stelle der Jungfrau ein Modell seiner Kapelle (Abb. 56). Einen Großteil des Werks malten Giottos Gehilfen, Scrovegnis Gesicht aber schuf der Meister selbst. Bestimmt würde jener sich nicht unter den Verdammten in der Hölle wiederfinden. Auch Giotto selbst war finanziell erfolgreich: er unterhielt Wohnungen in Florenz und Rom, kaufte Landgüter und vermietete mit Gewinn Webstühle. Er malte den heiligen Franziskus; er folgte ihm nicht.

In dieser völlig isolierten Hölle ist der Satan ein unwirkliches, groteskes Wesen, das die Verdammten so verzehrt, wie man es von ihm annimmt (Abb. 57). Ohne Originalität sowohl im ganzen wie in den Einzelheiten, ist dieser Höllenherrscher vermutlich eine schwache Kopie des berühmten Mosaiks (aus dem frühen vierzehnten Jahrhundert) im Florentiner Baptisterium (Teile davon waren möglicherweise von Giottos Lehrer Cimabue). Der Teufel, der sich seine Opfer einverleibt, trat erstmalig im *Jüngsten Gericht* von Torcello auf und hielt sich noch Jahrhunderte über Giotto hinaus. Vielleicht war es die sitzende Position des Teufels, des Monarchen von Leos Dreck- und Senkgrube, die zur Defäkation der Sünder führte, ein Thema, das gegen Ende des zwölften Jahrhunderts auftaucht und auf Bosch einen starken Eindruck machen sollte. Giottos Teufel sind bepelzte, klauenbewehrte, geschwänzte und bärtige alte Männer, die wohl aus Kostümen für Mysterienspiele abgeleitet sind und die eifrig die nackten Verdammten quälen. Aufgeschlitzte Menschen hängen an einem Baum; eine Frau hängt an ihrem Haar, ein Mann an seinem Penis.

Hinter den Höllenqualen steht – vom Winchester-Psalter bis zu Giotto – nicht so sehr die Theologie oder eine perverse Phantasie, sondern das Instrumentarium der gerichtlichen Folter, so wie es *wirklich* entworfen und benutzt wurde. Der Schraubstock im Psalter ist eine genaue Wiedergabe eines echten Schraubstocks (Abb. 52). Die abgehackte Hand auf dem Boden ist eine andere Einzelheit einer wirklichen Praxis. Bei Giotto finden wir die Wasserprobe und viele andere Arten der Tortur (Abb. 56, 57). Die Dregge, die die Teufel ständig durch die Jahrhunderte hindurch benutzen, ist dasselbe Instrument, das in der Folter benutzt wurde, und das Prügeln von nackten Verbrechern durch die Straßen war ein Ereignis, das die Künstler wohl aus eigener Erfahrung kannten oder von dem sie gehört hatten. Diese seltsame Verbindung des Wirklichen mit dem Unwirklichen, von wirklichen Foltermethoden mit einer imaginären Szenerie ist ein entscheidendes Kennzeichen vieler Höllendarstellungen. Man macht sich selten klar, daß die Höllenqualen zumeist genaue Wiedergaben der zeitgenössischen Praxis sind. Das erklärt, warum die Strafen und Leiden realistisch aussehen, auch wenn die Teufel das nicht tun.

Giottos *Jüngstes Gericht* (1304-1313) in der Arena-Kapelle war anders, und sein Einluß beruhte vor allem auf seiner Einfachheit. Eine Szene auf ihre wesentlichen, monumentalen Züge zu reduzieren, ist ein Charakteristikum von Giottos Größe; und normalerweise ist seine Reduktion eine Bereicherung, wenn auch vielleicht nicht in seinem *Jüngsten Gericht*, einem Thema, das ihm kaum Gelegenheit gab, seine Stärken zu zeigen. Die wichtigste strukturelle Veränderung bei Giotto ist die Aufweichung der Hierarchien und die gleichzeitige Vereinfachung der menschlichen Beziehung zum Göttlichen. Die Ikonographie ist traditionell; neu aber ist die Tonart. Die harte Mandorla ist zu einer weichen, gerundeten Röhre geworden, und der Christus darin ist kein entschlossener Richter, sondern ein ernster, freundlicher und geduldiger Mensch. In voller Bekleidung fest und bequem sitzend, zeigt Christus die Stigmata auf seinen Handflächen, aber er bedroht niemanden. Keine Seelenwägung, kein Streit. Da Maria gerade Scrovegnis Geschenke entgegennimmt, kann sie nicht zugleich Fürsprecherin sein (und bei dem Christus, den Giotto geschaffen hatte, sind ihre Bitten wohl auch nicht nötig). Beiderseits von Jesus seine Apostel; darunter, zu seiner Rechten, die Heiligen, und unter ihnen die Erwählten (wobei die Größe jeweils abnimmt – ein alter Symbolismus, den Giotto in den Bildern, die seine wirkliche Kraft zeigen, vermieden hatte).

Die auferstandenen Toten kriechen aus Erdspalten heraus: es gelingt ihnen gerade noch, sich ins Fresko hineinzuquetschen, so als ob Giotto diesen Gegenstand lieber ausgelassen, sich aber verpflichtet gefühlt hätte, ihn unterzubringen. Keine Trennung von Seligen und Verdammten. Die Verdammten streben nicht der Hölle zu: sie sind schon darin. Die Seligen bewegen sich auch nicht, denn der kritische Akt der Trennung wird nicht gezeigt. Die Ausscheidung des Unwesentlichen, die Darstellung der Beziehungen zwischen Menschen statt der zwischen Ebenen und die Ausscheidung der Bewegung *zwischen* Ebenen durch Eliminierung des Trennungsakts – dies waren die Neuerungen Giottos, die die zwei wichtigsten Jüngsten Gerichte vor Michelangelo beeinflußten, nämlich das von Fra Angelico und spezieller noch das Hubert van Eyck zugeschriebene im Metropolitan Museum of Art, beide um 1430 entstanden. »Das Studium der Natur, nicht das Kopieren anderer Maler ist es, was einen echten Maler ausmacht. Giotto übertrifft nicht nur alle Maler seiner Zeit, sondern auch die aller Jahrhunderte zuvor.« Dies ist das Urteil Leonardo da Vincis, eines Künstlers, der wenig geneigt war, andere zu loben.

Giotto schuf Raum für und durch die festen Volumina seiner Körper. Die Draperie drückt die Bewegung ihrer Glieder in einer wirklichen Welt aus, die *keine* Übersetzung benötigt (wie großenteils bei romanischer und manchmal auch bei gotischer Kunst). Das ist der Grund, warum, wie der Giotto-Spezialist C. Gnudi richtig bemerkt, das Außerirdische für Giotto ohne besonderes Interesse war, denn was (wie die Teufel) unwirklich schien, empfand er auch als unwahr.[158] Giottos Naturillusionismus – Tiefe und Raum dargestellt durch optische Prinzipien – steht der pompejanischen Malerei näher als der früheren mittelalterlichen Kunst. Das ist es, was Giottos Behandlung des Teufels besonders interessant macht, denn er behandelte ihn *ganz normal*.

Judas' Verrat ist eine Szene aus dem Zyklus vom Leben Christi in derselben Arenakapelle, die auch das *Jüngste Gericht* enthält, aber anders als das große Werk hat Giotto das Judas-Fresko allein ausgeführt. Judas hält den Beutel mit Silberlingen, den er eben erhalten hat; hinter ihm steht, die klauenartige Hand auf seiner Schulter, der Teufel. Man betrachte das Fresko (Abb. 60), vergesse die Ikonographie, lasse die Theologie beiseite und denke nicht an die Geschichte. Der auffallendste Unterschied ist einer der Technik. Einschließlich Judas' sind alle vier Männer in Giottos typischem naturalistischen Stil gemalt: ihre Kleider, ihre raumfüllenden Körper, ihre Gesten, ihre Gesichter, ihre psychologische und physische Interaktion. Den Teufel jedoch könnte ein byzantinischer Künstler gemalt haben: piktural und psychologisch ist er zweidimensional. Er hat keine wirkliche Existenz. Er ist im Bild, aber gehört nicht zu ihm. Würde man den Teufel entfernen, so wäre das nicht nur kein Verlust, sondern das Bild würde gewinnen, und zwar aus zwei Gründen. Erstens steht dieser flache, optisch unwirkliche Teufel auf einer anderen, entschieden tieferen illusionären Wirklichkeitsebene, die die räumliche Einheit des Werks beeinträchtigt. Zweitens findet Giottos Technik ihre ausdrucksmäßige Entsprechung darin, daß Judas' Betrug, sein Zögern und seine Bosheit in seinem psychologischen Porträt voll zum Ausdruck kommen. Der Teufel ist so überflüssig, wie es eine Bildunterschrift wäre wie: »Judas wurde vom Teufel verführt und ist jetzt sein eigen«. Mehr als diesen ehrwürdigen byzantinischen Bösen, einen alten, schwarzen und haarigen Mann, hatte Giotto nicht zu bieten, und das war nicht viel.

Wenn Giotto den Teufel nicht malen konnte, wer dann? Giotto konnte den Teufel nicht malen, weil für ihn wohl das Böse, nicht aber der Teufel physisch, psychologisch und spirituell eine tief empfundene Wirklichkeit war. Aus den Engeln, die das Licht zurückwiesen, sagt

Augustinus im *Gottesstaat* (xi, 9), wurden unreine und schmutzige Geister. »Das Böse hat kein eigenes Wesen; was wir böse nennen, ist nur das Fehlen von etwas Gutem.« Diese theologische Grundvorstellung, daß das Böse nur die *Absenz* von etwas ist, war für die Künstler ein unlösbares Problem, und für Giotto, dessen feste Figuren einen wirklichen Raum einnehmen, ganz besonders. Wenn das Böse und der Teufel lediglich die Absenz von etwas sind, wie sollte man ein solches *Fehlen* malen?

Der einzige bedeutende Renaissance-Maler des Teufels war Giotto; der einzige bedeutende Renaissance-Bildhauer des Teufels war Donatello. Zu den letzten Werken Donatellos gehören die Bronzereliefs für die Doppelkanzel (eine Evangelien- und eine Epistelkanzel) in San Lorenzo in Florenz. Verglichen mit der Evangelienkanzel ist die 1465 vollendete Epistelkanzel in ihrer Komposition und räumlichen Freiheit von außerordentlicher Originalität. *Vor* der Kanzel wird Raum geschaffen, so daß die Szenen über sie hinaus zu reichen scheinen, und eine davon ist der altehrwürdige Abstieg in die Vorhölle. Man muß suchen, wenn man den Teufel finden will, eine unbedeutende, winzige Figur mit kleinen Fledermausflügeln, Harpyenfüßen und einer völlig funktionslosen Schlange, die sich um sein Bein windet. Donatellos Teufel wird hier so wenig gebraucht wie der in Giottos Fresko; er wurde nur der traditionellen Ikonographie zuliebe hier untergebracht. Anscheinend hatte der Renaissance-Bildhauer mit der größten Spannweite und der stärksten Intensität am Teufel kein Interesse.

»Traue nie dem Künstler. Traue der Fabel«, verlangte Lawrence. Giotto konnte das Böse in einem handelnden Menschen lokalisieren, aber nicht außerhalb. In seiner Malerei wird das Böse durch die menschliche Gestalt verkörpert, und das gilt nicht nur für Giotto. Dies ist der tiefere Grund, warum es vor dem neunzehnten Jahrhundert in der westlichen Kunst so wenig Bilder des Teufels gibt, die sich einprägen. »Das Studium der Natur, nicht das Kopieren anderer Maler ist es, was einen echten Maler ausmacht«, meinte Leonardo. Aber man kann den Teufel nicht malen, indem man die Natur studiert.

Die leere Straße

Von Giotto formal und geistig unberührt ist ein *Jüngstes Gericht,* das der Kleriker Rafael Destorrents 1403 in Barcelona für das St.-Eulalia-Missale schuf (Abb. 58). In diesem überfüllten, aber wundervoll gegliederten *Jüngsten Gericht* finden wir Michael mit der Waage (durch den Text in die unübliche Position rechts gedrängt), die Deesis, eine sehr aktive Auferstehung mit Engeln, die die Seligen von den Teufeln befreien, sowie die Qualen der Verdammten. Manche Teufel haben Krallen, Fledermausflügel und Hörner, aber manche sind groteske Eidechsen oder phantastisch geschnäbelte Vögel, Dämonen eines Typs, der sich auch bei den van Eycks findet und der seinen stärksten Ausdruck in den persönlichen Visionen von Bosch findet. Woher kamen Destorrents' Dämonen mit Tierköpfen und Vogelschnäbeln? Schwer zu sagen. Manche Konventionen und Motive sind jahrhundertealt: die Falten von Christi Gewand an seinem linken Knie beispielsweise. Sie folgen der alten Konvention von abstrakten Draperiemustern, die mit der Form oder der Bewegung der Glieder, die sie bedecken, nichts zu tun haben.

Der Teufel, der nach links blickend in der Mitte unten in Destorrtents' *Jüngstem Gericht* steht, verdient unsere Aufmerksamkeit. Immer wenn ich ihn untersuchte, hatte ich das Gefühl, dieses Gesicht schon gesehen zu haben. Nach über einem Jahr erinnerte ich mich schließlich: es ist das Gesicht des »göttlichen Dieners« auf einem Libationsbecher aus Lagasch (einer großen Stadt in Sumer) aus der Zeit vor 2000 v. Chr. Diese Figur steht einer großen Schlange gegenüber. Das Gesicht ist im Profil nach links gegeben, hat dieselbe Physiognomie und, besonders verblüffend, sogar denselben Ausdruck wie der Teufel von Destorrents. Die Ähnlichkeit ist viel zu stark, um zufällig sein zu können, aber die Vermittlung ist rätselhaft. Es stimmt zwar, daß ein mit Elfenbein- und Ebenholzintarsien verzierter Reliquienbehälter, der durch die Kreuzzüge nach Sizilien gelangte, ein akkadisches Rollsiegel aus der Zeit vor 2000 v. Chr. enthielt, aber ob dies mehr als die extreme Ausnahme war, ist schwer zu sagen. Aber wenn ein Kreuzfahrer ein jahrtausendealtes Siegel nach Palermo bringen konnte, dann läßt das eine Übermittlung immerhin als möglich erscheinen, und unsere eigenen Augen sprechen gleichfalls dafür. Selbst wenn wir die Verbindung jedoch bestätigen könnten, wären die kritischeren Probleme immer noch die der Zugänglichkeit und der Akzeptanz solcher Vorbilder.

Höchstwahrscheinlich kannte Destorrents die berühmte *Himmelfahrt* in den Rabbula-Evangelien von 585 (Biblioteca Laurenziana, Florenz, MS Plut. I, 56, fol. 13b), die noch im dreizehnten Jahrhundert in Florenz kopiert wurde. Diesen Codex des Neuen Testaments hatte der Mönch Rabbula im Johanneskloster von Zagba in Mesopotamien geschrieben. Christus befindet sich in einer von Engeln getragenen Mandorla, eine Formel, die von hellenisierten jüdischen Interpretationen des heidnischen Viktorienmotivs abgeleitet ist. Direkt unter ihm ist ein Tetramorph mit Flügelformen, die typisch sind für Seraphim und Cherubim und an die geflügelten Sonnenscheiben auf assyrischen Siegeln des zweiten Jahrtausends v. Chr. erinnern. Die meisten romanischen

Seraphim leiten sich von dieser assyrischen Form und ihren späteren Varianten her, so den geflügelten Genien. Der Maler der Rabbula-*Himmelfahrt* hatte keine illustrierte Kunstgeschichte zur Hand, in der er ein Bild zum Kopieren hätte finden können; *wie* diese Genien weitergegeben worden sind, mag dunkel bleiben, aber sie wurden es, wie die Figur aus Lagasch. Selbst die Fischmenschen von Bosch finden wir auf assyrischen Siegeln, Glocken und Schmuckplatten: sie standen im Zusammenhang mit dem Erxorzismus von krankheitsverbreitenden Dämonen.

Bekannt und zugänglich waren die assyrischen Zoomorphen (und Sonnenscheiben) durch die Ziegel der wuchtigen achämenidischen Palastreliefs in Susa und Persepolis (insbesondere die *lamassu,* geflügelte Stiere mit Menschenköpfen; Figuren aus Persepolis finden sich auch im *Jüngsten Gericht* von Torcello). Die wichtigsten Vermittler der in der Romanik so verbreiteten persischen Kunstformen waren die Sassaniden, die Erben mesopotamischer Traditionen, die bis auf Babylon zurückgingen. Besonders sassanidische Seiden waren in ganz Europa verbreitet und gaben die persischen Ungeheuer und Zoomorphen an die Malerei weiter. Manche Motive auf sassanidischen Seiden (Abb. 49), die seit dem achten Jahrhundert an französischen Kathedralen auftreten, gehen auf sumerische Motive des dritten Jahrtausends zurück. Auch mit ägyptischen Gottheiten war man vertraut: der Kult der Isis zum Beispiel war in Rom volkstümlich. Die vier Zoomorphen der Evangelisten stammen vermutlich – mindestens teilweise – aus Ägypten. Aus Horus wurde der Adler des Johannes; aus Sechmet der Löwe des Markus; aus Ka (der Seele) wurde der Engel oder Mensch des Matthäus; und Louis Réau, ein Spezialist für christliche Ikonographie, hat vermutet, daß aus Anubis der Stier des Lukas wurde (obwohl unklar bleibt, wie aus einem Schakal ein Stier wird). Auch persische Zoomorphen übten Einfluß.

Wenn ein Künstler dem Horus mit seinem Falkenkopf ein sinistres Aussehen gibt, erschafft er einen geschnäbelten Teufel. Es gibt in der Tat eine ganze Menge ägyptischer Götter mit Tierköpfen, besonders Toth, der normalerweise ibisköpfig ist, aber als Mondgott auch manchmal hundsköpfig oder als hundsköpfiger Affe auftritt. Der schakalköpfige Anubis wurde mit Hermes, der die Toten in die andere Welt geleitet, assoziiert und war manchmal dunkelhäutig; ein paar Veränderungen machen aus ihm einen Teufel mit einer Schnauze. Kom el Shukufa in Alexandria hat einen Anubis aus dem zweiten vorchristlichen Jahrhundert mit einem Schlangen-Unterleib. Eine weitere in Betracht kommende Quelle sind die hellenisierten jüdischen Amulette mit Jahwe-Schlangenformen (darunter Figuren mit einem Hahnenkopf und schlangenförmigen Beinen), die hinter den Darstellungen des Anubis mit Schlan-

GISLEBERTUS, GIOTTO UND DIE EROTIK DER HÖLLE 161

58 Rafael Destorrents, Jüngstes Gericht, aus dem *St.-Eulalia-Missale*, 1403. Kathedralarchiv (MS S.XV fol. 9r), Barcelona.

59 Emerterius und Ende, Detail aus der Höllenfahrt, *Gerona-Beatus,* 975, Kathedrale von Gerona (MS 7, fol. 16v), Catalunya.

60 Giotto, *Judas erhält den Lohn für den Verrat Christi,* 1304-13, Fresko an der Ostwand der Arena-Kapelle, Padua.

61 Giotto, *Das Jüngste Gericht*, 1304-13, Fresko an der Westwand
der Arena Kapelle, Padua.

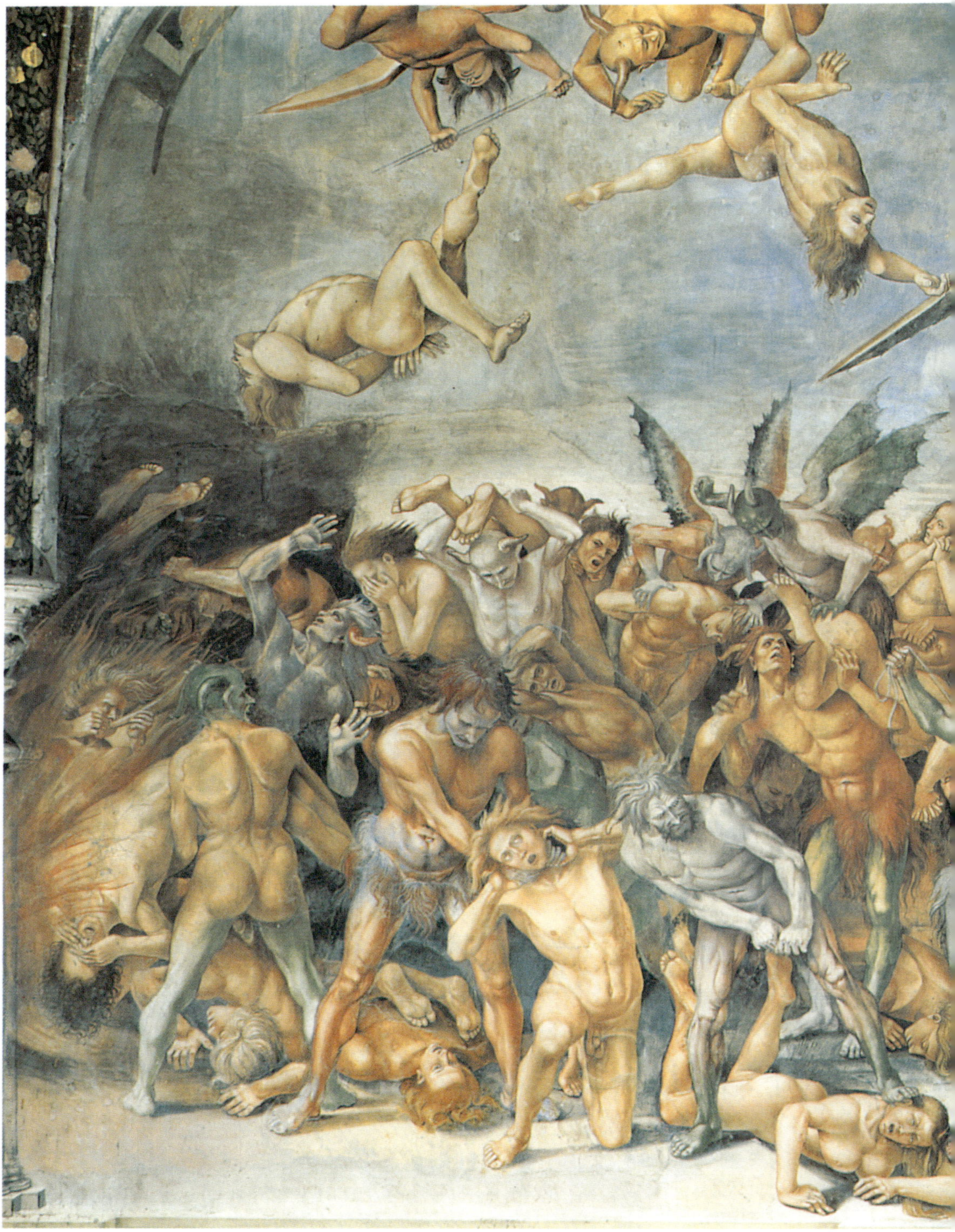

62 Luca Signorelli, Die Verdammten, aus einem Freskenzyklus des *Jüngsten Gerichts*, ca.1503. Cappella della Madonna di S. Brizio, Orvieto, Kathedrale.

63 Paul, Jean und Herman Limbourg, Hölle, aus *Les très riches Heures du Duc de Berry,* 1415. Musée Condé (MS 65/1284, fol. 108r), Chantilly.

64 Paul, Jean und Herman Limbourg, Der Sturz Lucifers und der rebellischen Engel, mit dem wohl ersten schönen Lucifer, aus *Les très riches Heures du Duc de Berry,* 1415. Musée Condé (MS 65/1284, fol. 64v), Chantilly.

65 Lorenzo Lotto, *Michael und Lucifer,* 1550, Öl auf Leinen, Museum des Palazzo Apostolico, Santa Casa, Loreto.

66 Hans Baldung, *Zwei Hexen,* 1523, Öl auf Holz. Städelsches Kunstinstitut, Frankfurt.

genkörper stehen. Seth, der böse Bruder, der Osiris erschlug, hat einen steifen, gegabelten Schwanz und einen krumme Schnauze. (Wenn er in einen Teufel verwandelt wurde, so wäre das eine hübsche Ironie, denn ursprünglich war er keineswegs Osiris' Bruder, sondern wurde, als die osirischen Mythen kodifiziert und zum offiziellen Dogma wurden, wie Lucifer als der Böse ausgestoßen.)

Im zweiten nachchristlichen Jahrhundert war das Bodenniveau in den Höfen der nubischen Tempel durch die ungeheure Menge an Schutt aus den von den Christen zerstörten Götterbildern erheblich gestiegen. Tempel wurden in Kirchen umgewandelt. Nicht nur in Nubien, sondern im ganzen Reich zerstörten ägyptische Christen die osirischen Kultzentren und machten Jagd auf die Eigentümer von Papyrusrollen mit Darstellungen osirischer Götter, weil diese Götter »Teufel« waren. Die Christen, die die ägyptischen Götter kannten, waren an vergleichender Religionswissenschaft nicht interessiert. Tertullian war mit den Heidengöttern vertrauter als die meisten Christen, und doch schrieb er von Anubis – vermutlich weil er ihn so verstand oder mit einer anderen Gottheit verwechselte –, er habe einen Hunds- oder einen Löwenkopf. Ob die Künstler ihre Kenntnis von diesen Göttern aus erster oder aus zweiter Hand, aus Ägypten oder aus Rom hatten, spielt also kaum eine Rolle, denn nicht anders als die klassischen waren diese Götter Dämonen. »Die Bösartigkeit [dieser ägyptischen Götter]«, schrieb Augustinus, »war vielfältig und ungeheuer«, und hinter ihnen standen böse Dämonen. Tierköpfige ägyptische Götter sind, neben einigen mesopotamischen Dämonen, nach wie vor die wahrscheinlichsten Quellen für geschnäbelte oder mit Schnauzen versehene Teufel. Dennoch ist eine Ähnlichkeit (eines Seth mit Schnauze und eines Teufels mit Schnauze) noch kein Beweis dafür, daß zum Beispiel die geschnäbelten Teufel im Eulalia-Missale aus einer in Alexandria präsenten Bildtradition kommen. Tatsache ist jedoch, daß der Künstler des Soriguerola-Altars den Teufel mit einem ägyptischen *shenti* bekleidet darstellte (Abb. 34). Er konnte das nur tun, wenn er eine ägyptische Schriftrolle (oder eine Kopie davon) vor Augen hatte, was zwingend bedeutet, daß Bilder von ägyptischen Gottheiten bis ins dreizehnte Jahrhundert zugänglich blieben.

Die Künstler der Renaissance verloren nach und nach das Interesse am Jüngsten Gericht. In den Werken Hubert van Eycks und Fra Angelicos zeigt sich, wie das Drama statisch wurde. In van Eycks *Jüngstem Gericht* im Metropolitan Museum of Art steht ein jugendlich-schöner, prächtig gerüsteter und mit Pfauenfedern versehener Michael rittlings über dem Tod. Der Tod hat einen ungeheuren Mantel, der die lange, schmale Tafel zweiteilt. In der unteren Hälfte stürzen die Verdammten in die Hölle, wo wütende Bestien die verlorenen Seelen zerstückeln, sie durchbohren, sie beißen und reißen. Aber Michael kämpft nicht gegen Satan, weil kein Satan da ist. Statt Teufeln haben wir hier wütende Monster in der Art eines Tyrannosaurus Rex. Zwischen dieser Hölle und dem mandorlalosen, fern und hoch im Himmel von Heiligen, Aposteln und Seligen umgebenen Christus scheint es weder eine psychologische, noch eine bildliche Verbindung zu geben. Van Eyck verbindet die beiden Teile Himmel und Hölle jedoch durch einen subtilen Kunstgriff. Der Betrachter sieht in die Hölle *hinab,* als ob er mit Michael (wenn auch in gewissem Abstand von ihm) auf einer Höhe stünde, und er sieht, ebenfalls von Michaels Standunkt aus, *hinauf* in den Himmel. Michaels Taille, sein Schwerpunkt, befindet sich genau in der Mitte der Tafel. Wie in Giottos *Jüngstem Gericht* ist die Hölle ganz separat; es gibt keine Trennungsbewegung. Aus einem Drama ist das Jüngste Gericht zu einer statischen Unterteilung von Zuständen geworden. Das gilt auch für das vielleicht einzige Jüngste Gericht, das schön ist: für den Altar Fra Angelicos (Abb. 32). Es gibt hier nur zwei Ebenen (statt der üblichen vier), aber es handelt sich um ein breites und niedriges Jüngstes Gericht großen Maßstabs. In dem sichelartigen Streifen oben thront ein freundlicher, von einer Mandorla von Licht und Engeln umgebener Christus; rechts und links von ihm Maria und Johannes mit Aposteln und Heiligen. Die untere Ebene ist zwischen einem Paradiesgarten und einer Vielzahl von Teufeln aufgeteilt, welche die Verdammten in die den je verschiedenen Strafen vorbehaltenen Höllenverliese treiben. Ganz unten der Satan der Apokalypse, ein sünderverschlingender Godzilla. Je länger man dieses schwarze Monster ansieht, um so mehr sieht es wie das ausgestopfte Spielzeug eines Kindes aus. Die exzentrische Äußerung von Lawrence, ein Künstler sei »gewöhnlich ein verdammter Lügner« ist in diesem Fall vermutlich der Wahrheit näher als so manche Deutung, die Auszüge von theologischen Texten aneinanderklebt, um zu erklären, was Fra Angelico »gemeint haben müsse«.

Was ist mit der Auferstehung passiert? Was die Seligen von den Verdammten trennt, ist eine breite Straße, auf der rechteckige Tafeln, die auf den Gräbern der Toten als Grabplatten gedient haben, verstreut sind. Aber auf dieser leeren Straße ist niemand, denn *die Trennung hat schon stattgefunden.* Die aus ihren Gräbern aufstehenden Toten, die Kämpfe zwischen dem Teufel und den Engeln – all das hatte einfach keinen Reiz für Giotto, van Eyck oder Fra Angelico. Christus beobachtet. Er handelt nicht, er richtet nicht. Für das Thema des Jüngsten Gerichts hatte die Renaissance so wenig Verwendung wie für die mittelalterliche Konvention der Mandorla. Aber bevor das Jüngste Gericht verschwand, wurden die zwei Beispiele gemalt, die, wenn auch auf sehr verschiedene Weise, wohl die merkwürdigsten sind. Signorelli malte, was Vasari ein »bizarres« Jüngstes Gericht nannte, und Christus erscheint erneut als der Sonnengott im *Jüngsten Gericht* von Michelangelo, welches der Opportunist Aretino als passend für ein Bordell bezeichnete.

Sex und Jüngstes Gericht

Signorelli schuf eines der wenigen wichtigen Jüngsten Gerichte des sechzehnten Jahrhunderts. Sein Denken beeinflußte Michelangelo nicht, wohl aber seine Behandlung des Themas. Die sexuelle Komponente und der sexuelle Kontext sind bei seinem Werk bemerkenswert und bezeichnend.

Während die Literatur und die Phantasien über die sexuellen Kräfte des Teufels verbreitet sind, sind graphische und plastische Darstellungen des Themas selten. Vor dem letzten Viertel des fünfzehnten Jahrhunderts gibt es kaum erotische Kunst (mit Ausnahme der Wasserspeier, der Phantasiewesen, Einzelheiten an Säulenkapitellen und am Rande von Illustrationen). Kein bedeutender Künstler vor der Renaissance hat ein derartiges Werk hinterlassen, auch wenn Edward Lucie-Smith die an ihren Geschlechtsorganen aufgehängten nackten Sünder in Giottos *Jüngstem Gericht* als »erotische Darstellungen« betrachtet.[159] Es kommt dabei, glaube ich, darauf an, was man unter erotisch versteht. Nur weil jemand unbekleidet ist, also ohne daß eine gewisse *Anziehung* und ein gewisses sexuelles Bewußtsein hinzukommt, würde ich eine Person kaum als »erotisch« bezeichnen. Und ob der Mann, der kopfüber an seinem Penis hängt, viel Vergnügen dabei hat, ist nicht ausgemacht. Und es gibt auch nichts in Giottos Oeuvre, das auf ein Bewußtsein von sexueller Anziehung schließen läßt. Georges Bataille scheint angenommen zu haben, es habe im Mittelalter viele erotische Bilder gegeben:

Das Mittelalter wies der Erotik einen Platz an: es verwies sie in die Hölle! Die Maler der damaligen Zeit arbeiteten für die Kirche. Und für die Kirche war Erotik Sünde. Der einzige Aspekt, unter dem die Malerei sie einführen konnte, war die Verdammung. Nur in Höllendarstellungen – allenfalls in abstoßenden Bildern der Sünde – war sie zulässig.[160]

Mit den drei Gemälden, die er anführt, zeigt Bataille selbst, wie schwach begründet sein Urteil ist: zwei aus dem späten fünfzehnten und das dritte aus dem sechzehnten Jahrhundert von dem flämischen Manieristen Bartholomäus Spranger, der genug erotische Werke schuf, um einen Satyr zu befriedigen. Im frühen Mittelalter waren die nackten Männer und Frauen in der Hölle sexuell ohne Interesse, weil die frühmittelalterlichen Techniken nicht geeignet waren, einen festen, fleischlichen Menschenkörper zu evozieren (und das auch gar nicht sollten). Es gab ein paar alttestamentliche Themen, die seit dem dreizehnten Jahrhundert mit einer gewissen sexuellen Bewußtheit behandelt wurden, insbesondere das des David, der als Voyeur Bathseba beim Baden beobachtet.[161] Am Ende des vierzehnten Jahrhunderts waren die Gemälde und Tympana zwar naturalistischer, aber noch kontrollierte der religiöse Kontext die Szenerie, in welcher mithin für Sexualität kein Platz war. Im fünfzehnten Jahrhundert gibt es ein paar Bilder mit erotischem Empfinden, so Fouquets erstaunliche *Madonna* (vermutlich ein Porträt der königlichen Geliebten Agnes Sorel) auf dem in Antwerpen befindlichen Flügel seines auseinandergerissenen Meluner Diptychons. In Boschs *Garten der Lüste* (ca. 1510) gibt es schwer deutbare Einzelheiten: einige der nackten Gestalten sind durchaus attraktiv, bleiben aber im Rahmen einer abstrakten Kategorie – der mittelalterlichen Wollust –, wobei die Lust jedoch in diese Kategorie nicht hineinpaßt und eine private, idiosynkratische Welt auszudrücken scheint.

Plötzlich, zwischen 1490 und 1530, entstehen Bilder, die sexuell erregender sind als alles, was seit tausend Jahren produziert worden war. Klassische Figuren und Szenen liefern Malern und Stechern den Vorwand. In diesen Jahrzehnten schufen Marcantonio Raimondi, Mabuse, Sebald Beham, Hans Baldung und Correggio erotische Kunst. Nachdem im frühen sechzehnten Jahrhundert eine klassische Statue der Lucretia in Rom aufgefunden worden war, kamen die Vergewaltigung der unschuldigen Lucretia durch Tarquinius und ihr einsamer Selbstmord als Themen in Mode.[162] Augustinus hatte Lucretia entschieden verdammt und behauptet, sie sei »von ihrer eigenen Wollust verlockt« worden[163]. Hätte Lukas Cranach der Ältere seinen Augustinus gekannt, so hätte er dem vermutlich zugestimmt, denn zusammen mit seiner Werkstatt malte er über dreißig nackte, leicht masochistische Lucretien, die sich erdolchen. Marcantonio Raimondi, der unter Raffael gearbeitet hatte, wurde 1526 wegen seiner (nach Zeichnungen von Giulio Romano geschaffenen) Stiche, die Aretino zu seinen berühmten schlüpfrigen Sonetten anregten, eingesperrt. (An einem Stich Marcantonios sollte sich Manet für sein revolutionäres *Déjeuner sur l'herbe* inspirieren.) Wenn statt Giulio Marcantonio eingesperrt wurde, dann vermutlich weil Kupferstiche wie Holzschnitte für den Massenkonsum gedruckt werden konnten. Viele Gemälde der Renaissance sind heute nur noch durch Marcantonios Stiche bekannt.

Spranger war in Paris, Wien und Prag tätig. Sein Gemälde *Herkules und Omphale* (ca. 1575, Kunsthistorisches Museum, Wien), scheint von Ovid beeinflußt zu sein, der beschreibt (*Fasti,* II, 305), wie das Paar in einer abgelegenen Grotte die Kleider tauscht, wobei das Motiv des Tauschs die Macht der Frau ist. Auf dem Bild zu sehen ist jedoch eine mit Herkules' Löwenhaut bekleidete Omphale, die schüchtern seine Keule hält und dabei ihren Körper verdreht, um ein Paar sinnliche Hinterbacken zur Schau zu stellen und ero-sadistische Munterkeit zu suggerieren. Ein affektierter Putto (fast ein Sprangersches Markenzeichen) hebt einen Vorhang, um die Szene zu zeigen. Mabuses 1517 geschaffenes Gemälde *Herkules und Deianeira* (Barber Institute of Fine Arts, Birmingham) zeigt das Paar in einer klassischen Rotunde mit ineinander verschränkten Beinen sitzend; Herkules mit einer mächtigen, genagelten, phallischen Keule, wodurch die paar Blätter, die seine Genitalien bedecken, fast komisch wirken. Provokative Sexualität ist kein notwendiger Bestandteil der manieristischen Kunst, aber praktisch erzielten die ersten erotischen Gemälde in der Renaissance ihre Wirkung durch verdrehte Torsi und eine virtuose Vermischung der Körper. Noch vor dem Ende des fünfzehnten Jahrhunderts wurde es bei manchen nackten Statuen unmöglich, zu entscheiden, ob sie Eva oder Venus darstellten.[164]

In seiner Untersuchung der Einstellungen gegenüber dem Tod zitiert Philippe Ariès einen Roman aus dem neunzehnten Jahrhundert über die Qualen, die in der barocken Kunst dargestellt werden:

Paulina liebte als junges Mädchen in den Kirchen vor allem die Qualen der Heiligen. Sie ging zur Kirche, um sie leiden zu sehen ... Paulina ... vergötterte ein Bild, das sie besaß: die Ekstase der heiligen Katharina von Siena ... Die kniende heilige Katharina bricht zusammen. Ihre Hand ist vom Stigma verletzt. Ihre Hand hängt herab, sie ruht keusch in der Schenkelmulde. Wie sehr sie Frau ist, das reine Bild, die Nonne, diese breiten Hüften, diese sanfte Brust unter dem Schleier und diese Schultern ... Die Schenkelmulde bedeutet Liebe ... Das ist ein Gedanke von Satan.[165]

Das Skelett und das schöne Mädchen, die Knochenhand auf der zarten Schulter – sie kommen wieder und wieder vor. Diese makabre Erotik ist unbekannt im alten Mesopotamien, ist unbekannt in den klassischen Kulturen und scheint – als ein Grundthema – singulär christlich zu sein. Eine mögliche Ausnahme ist eine japanische Kunstgattung des späten zwölften Jahrhunderts, die, unter dem Etikett eines chinesischen poetischen Genres, graphisch detailliert die Verwesung einer schönen Frau in neun Stadien zeigt. Das hervorragendste Beispiel ist die Kusoshi-Rolle (Nationalmuseum, Tokio): im sechsten Stadium reißt ein schwarzer Rabe Fleisch aus den Wangen der toten Frau; ein schwarzer Hund zerrt ihre Eingeweide zwischen ihren gespreizten Beinen hervor. Der Künstler scheint scheint vom Kontrast zwischen erotischer Schönheit und Verfall fasziniert gewesen zu sein.

Hans Baldung war ein Künstler, der bei seinen erotischen Werken oft auf den klassischen Vorwand verzichtete. Er hatte bei Dürer gelernt, war zu Recht berühmt wegen einiger schöner und bewegender Marien, war ein Anhänger Luthers und machte Holzschnitte, die mystische und erotische Interessen verraten. Zu seinen obsessionellen Themen gehörte der alte Mann – oder der Tod –, der eine junge Frau liebkost. Nicht nur Baldung, auch andere deutsche protestantische Graphiker wie Dürer, Altdorfer und Cranach der Ältere stellten Hexen- und Sabbatszenen dar. Niemand kann diese Werke oder ihre Motive erklären. Der Schweizer Kunsthistoriker Heinrich Wölfflin meinte, Dürers Hauptinteresse bei den *Vier Hexen* (1497) sei gewesen, schöne nackte Frauen zu zeigen.[166] Selbst Panofsky, der gelehrte Autor von bleibenden Werken über Dürer, konnte nur vermuten, »daß eine erstaunliche Darbietung weiblicher Nacktheit ... in eine Warnung vor der Sünde umgewandelt wurde«, wobei er einräumt: »Was hier eingentlich vorgeht, bleibt jedoch dunkel.«[167] Das gilt auch für Baldung, der mehr Hexenszenen als andere schuf. Bei ihm besteht eine eine gewisse Verbindung zu einem volkstümlichen dämonologischen Werk.[168]

Das im fünfzehnten Jahrhundert am weitesten verbreitete Handbuch über Teufel und Hexen war der 1486 von Heinrich Kramer, dem Dekan der Kölner Universität, und Jakob Sprenger, dem dominikanischen Generalinquisitor für Deutschland, verfaßte *Malleus maleficarum*. Hexen kochen Kinder und sammeln bis zu zwanzig Penisse, um sie in ein Vogelnest zu legen; der Teufel kann diese Glieder jedoch ihren Eigentümern zurückerstatten. Wenn eine Frau als Hexe verdächtigt wird und ein Geständnis verweigert, soll sie gefoltert werden, bis sie ihre Verbrechen gesteht. Noch in unserer Zeit, im Jahre 1941, bezeichnete Charles Williams dieses fatale Buch merkwürdigerweise als »eine intellektuelle Leistung ersten Ranges«. Daß die Protestanten die Inquisition bekämpften, war naheliegend, denn sie waren oft deren Opfer, aber leider akzeptierten auch sie diesen irrationalen Traktat. Johann Geiler von Kaisersberg, der in Baldungs Heimat Straßburg an der Kathedrale predigte, popularisierte die Dämonologie vom Typ des *Malleus* und betonte, daß der Teufel alles, was er tut, mit Gottes Erlaubnis tue. Warum, so fragte Geiler seine Hörer, haben der Teufel und Hexen Macht über den Menschen? Es gibt viele Erklärungen, aber der wahre Grund ist verborgen. Die Predigten Geilers dürften mit ihrem gewaltigen Echo in der Öffentlichkeit die Aufmerksamkeit der Künstler, die vielleicht auch einer Nachfrage entsprachen, erregt haben. Relevant ist jedoch, daß Geilers Predigten bei ihrem Erscheinen 1516 einen Abzug eines Baldungschen Hexen-Holzschnitts enthielten (*Vorbereitungen zum Sabbat*). Was Baldung über Hexen dachte, ist schwer zu sagen. Vielleicht schuf er deshalb so viele derartige Werke, weil ihm dieses Thema, wie später Goya seine Hexen und Sabbatszenen, einen nichtchristlichen Rahmen lieferte, der es ihm erlaubte, seinen tieferen Neigungen nachzugeben.

Typisch für Baldung ist die Jugend und die Schönheit seiner Hexen. Daß das Böse verführerisch sein kann, wäre eine unzulässige Vereinfachung seiner Botschaft – falls es eine solche gibt. Die Zeichnung der *Jungen Hexe mit feuerspeiendem Drachen* (1515; Staatliche Kunsthalle, Karlsruhe), das letzte Werk einer in Freiburg entstandenen Folge, ist unerhört erotisch. Eine wollüstige junge Hexe hält stehend eine flammenartige Rute; hinter ihr der Drachen, aus dessen schrecklichem Rachen ein steifer, langer Zungen-Strahl zwischen ihre Hinterbacken gleitet; zwei Putti-Voyeure sehen zu. In den *Zwei Hexen* (Abb. 66) wendet sich eine schöne junge Hexe zum Betrachter, während die zweite auf einem Geißbock sitzt; im Hintergrund unwirkliche Wolken, wie von einem Zauberspruch der Hexen hervorgerufen. Gibt es irgendetwas, das diesem Werk ähnlich sieht? Kennt man irgendeine literarische oder bildliche Quelle? Singulärer noch als Bosch, säkularisiert Baldung gewisse religiöse Motive und erzeugt Geheimnisse in vertrauter Umgebung, so daß seine Bilder mit ihrer tiefen Ahnung unsichtbarer Kräfte bisweilen jene packenden irrationalen Träume, die Goya malen sollte, vorwegnehmen.

Leider hat Baldung, obwohl er als einziger Künstler seiner Zeit dem Thema gewachsen gewesen wäre, niemals den Teufel gemalt.[170] Oder vielleicht doch: in Gestalt des Adam in dem Madrider Bild *Adam und Eva* (Abb. 67). Ein früherer Holzschnitt (von 1519) desselben Themas zeigt Adam nahe bei Eva, die sich abgestoßen von ihm abwendet. In einem Werk von 1525 hat sich Evas Reaktion geändert: lächelnd bedeckt sie ihre Genitalien mit dem Apfel, während Adam zur Schlange hinabblickt. In dem Madrider Bild wird das Thema schließlich erneut anders interpretiert. Nicht ohne Grund nahm Georges Bataille (nach seinen Verehrern eine Autorität in Sachen Erotik) dieses Gemälde in sein letztes Buch, *Die Tränen des Eros* (1961), auf. Eva hält den Apfel; Adam bedeckt mit der einen Hand ihre Brust und streichelt mit der anderen ihren Schenkel. In einer bestürzenden Umkehrung macht Baldung Adam statt Eva zum Verführer. Adams zerzaustes Haar erinnert an die Hörner des Teufels. (Die kleine Schlange oben links ist kaum zu erkennen.) Sünde, Scham und Schuld sind Gefühle, die in diesem Bild zweier Menschen, die bewußt und offensichtlich in der Freude geschlechtlicher Liebe miteinander verbunden sind, keinen Platz haben. Wenn Baldungs

Adam der Teufel ist, dann erinnert er an den von Blake, der sexuellen Genuß verkörpert.

Luca Signorelli kommt Baldung weder in seiner Phantasie, noch in seiner technischen Meisterschaft gleich. Fasziniert von Gesäßbacken und Melodram, war Signorelli mehr am Theatralischen als am Theologischen interessiert; seine Sensibilität erzeugte Bilder von sexuellem Sadomasochismus und Hörigkeit. Er gehörte zu den ersten, die in der Geißelung Christi nackte Knechte malten, und einen der Büttel übernahm er aus seiner Predella in Cortona von 1502 für seine ein Jahr später in Orvieto gemalte nackte *Judith*. Die Heldin hat ihr Schwert ergriffen und hält das Haupt des Holofernes. Signorelli greift dieses archetypische Bild der Kastration auf und schafft – ohne irgendeine Basis im Text – die erste nackte Judith in der Kunstgeschichte.[171] Die Verwandlung eines fast nackten Büttels in einen schwertschwingenden weiblichen Akt läßt erkennen, in welche Richtung Signorellis Phantasie ging.

Signorelli bediente sich eines Amalgams von Stilen, welches wiederum zu einem typischen Kennzeichen seiner Kunst wurde. Vasari hebt seinen »bizarren Erfindungsreichtum« hervor, aber wenn auch Signorellis Konzeptionen bisweilen originell und oftmals sonderbar waren, so blieb doch die Ausführung hinter seinen Vorstellungen zurück. Insbesondere seine Fresken des Jüngsten Gerichts in Orvieto bestehen vor allem aus dichten, undifferenzierten Massen von allzu detaillierten nackten Körpern (Siehe Abb. 62). Einzelne Figuren und Gruppen im Bild haben Kraft, eine unkonventionelle Ikonographie und ironische Züge (so wenn ein Akt mit einem Gerippe spricht). In seiner Lehrzeit unter Piero della Francesca ahmte Signorelli dessen Stil so gut nach, daß manchmal das Werk des Lehrers von dem des Schülers ununterscheidbar war. 1481 half Signorelli bei der Dekoration der Südwand der Sixtinischen Kapelle, indem er das von Perugino begonnene *Testament des Moses* vollendete. Dort malte er auch den *Streit über den Leichnam des Moses,* wo der Teufel und die Engel über dem toten Moses beim Streit um seine Seele zu sehen waren; leider sollte 1522 am Vortag von Weihnachten die stützende Mauer über der Tür einstürzen und das Fresko zerstören, so daß wir nicht wissen, wie der *Streit* aussah.

Danach ging Signorelli nach Florenz, wo er für Lorenzo den Prächtigen die *Erziehung des Pan* schuf (nach Berenson nimmt dieses Werk Poussin und Gauguin vorweg). Es wurde 1945 in einem Berliner Museum durch Bomben zerstört. In den 1490er Jahren verließ Signorelli Florenz und begab sich nach Umbrien, nach Urbino und Siena. Vielleicht verließ er Florenz, weil er beim Sturz der Medici 1494 Gönner und Auftraggeber verlor. Nachdem er 1498 einen Freskenzyklus, die *Szenen aus dem Leben des heiligen Benedikt,* der einige außerordentli-

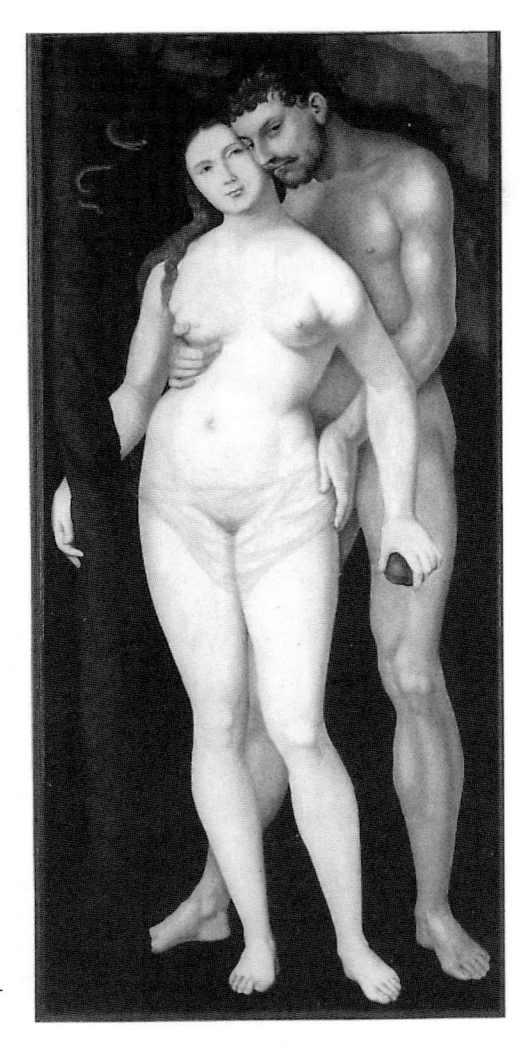

67 Hans Baldung, *Adam und Eva*, 1531, Öl auf Holz. Fundación Collección Thyssen-Bornemisza, Madrid.

che Partien enthält, beendet hatte, wurde er verpflichtet, die Cappella della Madonna di San Brizio an der Kathedrale von Orvieto auszuschmücken, vielleicht weil er billiger, schneller und effizienter arbeitete als die anderen Kandidaten. Er schuf sieben große Szenen: *Predigt und Taten des Antichristen, Weltuntergang, Auferstehung des Fleisches, Die Verdammten, Die Erwählten, Paradies* und *Hölle*.

Der Mann, der nicht nur für Signorellis Abreise aus Florenz, sondern für einen Wendepunkt in der Florentiner Geschichte verantwortlich war, war Girolamo Savonarola, der mit seinen feurigen Predigten gegen politische und persönliche Korruption derart die Massen in Bann schlug, daß sich regelmäßig Tausende von Menschen versammelten, um ihm zuzuhören. Unter den Zuhörern, die von seinen Prophezeiungen beeindruckt wurden, befanden sich auch Botticelli und Michelangelo. (Nach dem Zeugnis Condivis konnte Michelangelo noch Jahrzehnte später die Stimme des Frate im Geiste hören.) Im Gefolge der französischen Invasion von Florenz 1494 wurde Savonarola zum virtuellen Diktator der Stadt. Papst Alexander VI. befahl Savonarola, vor ihm zu erscheinen, was dieser ignorierte, und 1497 exkommunizierte der Papst ihn. Savonarola erklärte daraufhin die Wahl des Papstes für ungültig, eine Beschuldigung, die, auch wenn sie falsch gewesen wäre, jeden Papst erzürnt hätte, die aber, weil sie berechtigt war, Alexander rasend machte. Nicht nur war Alexander durch Bestechung Papst geworden, er setzte auch neue päpstliche Maßstäbe im Kindermachen, im Goldraffen und in der Förderung des Nepotismus. Mit Hilfe der Florentiner Franziskaner, die er als eine Art fünfte Kolonne benutzte, und indem er seinen Schachzug zeitlich mit einer (durch den wütenden Fanatismus des Frate verursachten) Abnahme von Savonarolas Popularität abstimmte, gelang es Alexander schließlich, ihn festzunehmen, vor Gericht zu stellen, ihn wegen Häresie zu verurteilen und dann auf dem Scheiterhaufen hinrichten zu lassen. Signorelli hegte, anders als manche seiner Künstler-Kollegen, für den kompromißlosen Dominikaner keine Sympathien. Die christusartige Gestalt (im mittleren Vordergrund), die von einem bösartigen Teufel manipuliert wird und falsche Prophezeiungen predigt, stellt höchstwahrscheinlich Savonarola dar.

Was den Betrachter der *Verdammten* (Abb. 62) unmittelbar frappiert, ist nicht die Ikonographie, sondern das Panorama der Gewalt. Diese Gewalt leitet sich kaum aus der Offenbarung und der *Legenda Aurea* her, sondern eher aus den Unruhen und der Gesetzlosigkeit, die um die Jahrhundertwende die italienischen Städte heimsuchten. In diesem Fresko stellte Signorelli nicht nur sich selbst dar, sondern nach Vasari auch verschiedene seiner Freunde, darunter Paolo und Vitellozzo Vitelli und Gian Paolo Baglioni – die alle ein gewaltsames Ende fanden. Im selben Jahr, als Signorelli mit der Arbeit begann, wurde Paolo, ein *condottiere*, wegen Verrats hingerichtet; noch vor ihrem Abschluß wurde Vitellozzo, auch ein *condottiere*, von Cesare Borgia in Senigallia ermordet. Baglioni, der Herr von Perugia, lebte zwar noch, als Signorelli ihn malte, wurde aber später von Papst Leo X. hingerichtet. Dennoch kann persönlicher Schmerz nicht die endlosen intensiven physischen Gewaltsamkeiten und Grausamkeiten erklären, die die Teufel an ihren Opfern verüben. Obwohl die meisten Teufel gehörnt und ein paar mit Flügeln versehen sind, sind sie alle von menschlicher Gestalt; sie sind entweder nackt oder sie tragen Lendenschurze vom Höhlenmenschen-Typ. Grausamkeit und Schmerz sind im Jüngsten Gericht nicht ungewöhnlich, aber Signorelli scheint als erster die Qualen als Rahmen für sexuelle und sadistische Phantasien von Teufels-Vergewaltigungen benutzt zu haben. Die quälenden Teufel sind stark und kraftvoll, und ihr Durchschnittsalter scheint um die vierzig zu sein; ihre Opfer dagegen sind in der Blüte des Jugend: die Männer sind gut gebaut und hübsch, die Frauen schön und sexuell anziehend, ohne die Andeutung von Sünde, die im Mittelalter in analogen Szenen wollüstige Frauen kennzeichnet.

Bilder lasziver nackter Frauen in der Hölle mochten auch früher schon einen latenten erotischen Reiz gehabt haben, die Posen von Signorellis Frauen hätten jedoch auf den heutigen Markt von sado-masochistischen Darstellungen gepaßt. Nur scheinbar Teufel, fügen drahtige, energische Männer mittleren Alters gefesselten und hilflosen Schönheiten, die zumeist passiv und zugänglich sind, Schmerz zu (ein paar haben Angst, nur eine ist schmerzerfüllt); die jungen, athletischen Männer scheinen erheblich ängstlicher. Von Homoerotik und sexuellem Sadismus erfüllter anatomischer Exhibitionismus – das wäre eine genaue Beschreibung dieses Werks.[172] Rechts in der Mitte der eine (oft mit Signorelli selbst identifizierte) Teufel, der nur ein Horn hat. Er schließt seine Arme fest um die Taille einer liebebedürftigen Blondine, um sie, die sich zu befreien versucht, hochzuheben, wobei ihr ihr langes Haar über die Schultern und zwischen die Brüste gleitet. Ihr Gesichtsausdruck zeigt ekstatischen Schmerz und masochistische Erregung. Ein dreihundert Jahre später geschaffenes Gegenstück zu diesem Bild ist die Erdolchung der wollüstigen Sklavin im Vordergrund von Delacroix' *Tod des Sardanapal* (1828) im Louvre, einer eindrucksvollen Leinwand mit sadistischen Einzelheiten. Und die Figur, die dem Satan, der Delacroix' kühne Lithographien zu Goethes *Faust* einleitet, am nächsten steht, ist der ziemlich zufriedene Teufel (er trägt eine angsterfüllte Blonde auf seinem Rücken) direkt über der Nackten, die der gehörnte Signorelli an sich preßt. Die fesselndsten Figuren in den *Verdammten* sind nicht die süßen, pfadfinderhaften Engel, die von oben herabblicken, sondern die Teufel und verdammten Seelen auf dem Boden, die den bildlichen Rahmen durchbrechen. Ein nackter Teufel, der über einem zu Boden geworfenen nackten Mann steht, packt dessen Haar; rechts von ihm ist ein anderer nackter Teufel ähnlich beschäftigt; hinter ihm verabreicht sein Kollege fürchterliche Schläge. Hier ist eigentlich kein Teufel eine Karikatur, eine subhumane, halb menschliche, halb tierische Kreatur aus einer anderen Welt: in Wirklichkeit wird hier eine Gruppe von Menschen gezeigt, die wild und grausam auf andere losgehen. Die

Bedingtheit und die Distanzierung, wie sie der Rahmen und die Tonart der Theologie mit sich bringen, fehlen, und die Langeweile der Figuren in den *Erwählten* bestätigt uns in unseren Vermutungen hinsichtlich des psychischen Räderwerks, das die Phantasie dieses eigentümlichen Künstlers antrieb.

Das Werk Signorellis nimmt einen weiteren Zweig der Teufels-Thematik vorweg: es liefert einen Rahmen für den Ausdruck der in den modernen satanistischen Schriften und Darstellungen allgemein verbreiteten sexuellen Phantasien und sadistischen Impulse. Der Betrachter ist nicht erschreckt, sondern fasziniert. Im späten neunzehnten Jahrhundert benutzten drei Künstler die sexuellen und sadistischen Aspekte von Hölle und Teufel für ihre Werke: in England Aubrey Beardsley mit verspielter Perversität; in Japan Kawanabe Gyosai mit ätzender Sozialkritik; in Belgien Félicien Rops mit sardonischem, blasphemischem Satanismus.

Das jüngste Jüngste Gericht

Papst Paul IV. war begeistert von der Inquisition, glaubte, daß die Juden hinter dem Protestantismus stünden (weshalb er sie in Ghettos sperrte), und beschloß, Michelangelos *Jüngstes Gericht,* in dem er lediglich einen Haufen Akte sah, zu zerstören. Wäre Michelangelos Ruhm und der Einfluß seiner Freunde nicht so stark gewesen, dann würde dieses Werk heute nicht existieren. Wer aber malte nach 1500 noch Jüngste Gerichte? Fast niemand. Warum also wurde dieses Thema für die Sixtinische Kapelle ausgewählt? Vermutlich aufgrund der Aktivität, die eine neue und bedrohliche externe Häresie, die lutherische Reformation, ausgelöst hatte. Mit großen Schwierigkeiten auf politischer und theologischer Ebene, geplagt von Furcht vor einem neuen Schisma, unter dem verwirrenden Druck Karls V. und angesichts der absoluten Notwendigkeit, irgendwie auf die protestantische Reformation zu reagieren, war es Paul III. schließlich gelungen, 1545 den Beginn des neunzehnten ökumenischen Konzils (des Konzils von Trient) zu organisieren, und in den Jahren von dessen Vorbereitung wurde dieses *Jüngste Gericht* gemalt. De Campos, ein früherer Direktor der Vatikanischen Museen, hat Michelangelos *Jüngstes Gericht* als ein visuelles Manifest für dieses Konzil bezeichnet: die Vorrangstellung des Papstes, der Gebrauch des Rosenkranzes, der Wert der guten Werke und die Heiligenverehrung waren einige der Themen, um die es dort ging.[173] Die Vorstellung jedoch, daß Michelangelo einen Gegenangriff auf Luther im Sinn hatte, ist schlichtweg absurd.[174] Die gravierenden Probleme, die die Einberufung des

68 Michelangelos Fresko des *Jüngsten Gerichts,* 1536-41, Ostwand der Sixtinischen Kapelle, Rom.

Trienter Konzils erzwangen, determinierten jedoch wie meteorologische Fronten die Wahl des Themas und schufen ein Klima, das Michelangelos Reaktion auf vielen Ebenen bestimmte. (Auf der anderen Seite »degradierte« der überzeugte Lutheraner Dürer in seinen überwältigenden, heute in der Münchener Alten Pinakothek befindlichen *Vier Aposteln* denselben Petrus, dem Michelangelo ein Dutzend Jahre später eine so prominente Position wie in keinem anderen Jüngsten Gericht geben sollte.) Wann genau in Michelangelos Geist die Idee eines Jüngsten Gerichts Form anzunehmen begann, wissen wir nicht, denn Ende 1533, als Clemens VII. es verlangt hatte, war Michelangelo nicht dafür empfänglich, und als Clemens ein Jahr später starb, hielt Michelangelo wohl das Projekt ebenfalls für aufgegeben. Paul III. wünschte jedoch noch ein Werk von seiner Hand, und nach einem Jahr der Diskussion über die geeignete Freskotechnik wurde die Wand präpariert, die Arbeit begann (im Sommer 1536), und 1541 wurde, am Vorabend von Allerheiligen, das *Jüngste Gericht* enthüllt (Abb. 68).[175]

Michelangelos Freund Vasari geriet in Verzückung und behauptete, dieses Werk sie »direkt von Gott inspiriert«. »Wenn man die anstrengenden Mühen dieses Werks überdenkt«, meinte er, dann »quält sich der Geist, sich auszumalen, welche Darstellungen jemals mit diesem Jüngsten Gericht in Vergleich zu stellen wären«. Was direkt von Gott inspiriert ist, verlangt besondere Kenntnis; Verwirrung ist also nicht überraschend. Nicht Gott, sondern Michelangelo eliminierte die Seelenwägung, indem er nach dem Vorbild Dantes Minos (den Dante dem römischen Dichter Vergil entlehnt hatte) die Rolle des Richters der Verdammten, der ihnen ihren Platz in der Hölle zuweist, übernehmen ließ. Ebenfalls Dante ist es, von dem Michelangelo den Charon, der die

69 Michelangelo, Detail aus dem *Jüngsten Gericht*, 1536-41, Fresko in der Sixtinischen Kapelle, Rom.

Verdammten über den Styx geleitet, übernahm. Obwohl manche Figuren in Michelangelos Fresko wie Charon leicht zu identifizieren sind, bleibt ihre Identität in den meisten Fällen Sache der Spekulation. Wer zum Beispiel ist die riesige Figur zur Rechten Christi? Vasari sagte, es sei Adam. Seit wann hat Adam einen Gurt aus Fell statt der Blätter? Condivi, Michelangelos Schüler, sagte, es sei Johannes der Täufer. Seit wann hat der Täufer dieses gewaltige Aussehen? Wenn schon Michelangelos damalige Künstlerfreunde nicht entscheiden konnten, wer wer war, wie sollen wir es heute können? Christus und die Jungfrau Maria zu identifizieren, ist kein Problem. Aber statt des (zu erwartenden) bärtigen Christus malte Michelangelo, in einer überraschenden Rückwendung zu dem Christus, der unter der Petersbasilika Apollos Wagen lenkt, einen hellenischen Christus. (Ich sage nicht, daß Michelangelo den Christus als Helios kannte; er kannte ihn nicht. Dennoch ist aus *unserer* heutigen Perspektive die Ähnlichkeit zwischen Michelangelos Konzeption und dem in Abb. 35 gezeigten Mosaik des frühen vierten Jahrhunderts erstaunlich.)

Die rigiden Streifen der Ikonographie des Jüngsten Gerichts und die statische Unterteilung sind verschwunden. Das gesamte Fresko ist in Bewegung; wie bei Gislebertus nimmt die gesamte Handlung vom unerbittlichen Richter ihren Ausgang. Jesu Hände lassen Hunderte von Figuren, die Erwählten steigend und die Verdammten fallend, gegen den Uhrzeigersinn kreisen, und in der Horizontalen bewegt sich ein innerer Streifen von Heiligen und Aposteln um Jesus. Die Engel sind sämtlich flügellos, die Dämonen dunkel und muskulös. Aber es gibt keinen Satan. Die Dämonen haben weder Hufe noch Schwänze, noch Gabeln; es gibt keine Folter der Verdammten; aber der Sinn der Hölle ist klar. Wie einst von den unvergeßlichen Riesenklauen bei Gislebertus, wird eine einsame, gekrümmte Seele, die ihr Antlitz in Angst, Schrecken und Hoffnungslosigkeit halb bedeckt, von drei Dämonen gepackt und gewaltsam herabgezogen: diese schreckerfüllten Seelen prägen sich ein (Abb. 69). Was aber ist aus der Trennung der Erwählten und der Verdammten durch die heiligen Engel geworden? Wer ist erwählt? Wer ist verdammt? Bei der Auferstehungs-Szene dieses *Jüngsten Gerichts* weiß das niemand. Statt einer Trennung finden heftige Kämpfe zwischen Engeln und Dämonen um die neuen Seelen statt. Der Ausgang ist unsicher und scheint mehr von der Kraft des jeweils mit dem Dämon streitenden Engels abzuhängen als vom Status des Erwähltseins. Links fahren die Seligen, teils durch eigene Bemühungen, teils von Engeln unterstützt, in den Himmel auf (so hilft zum Beispiel ein rosenkranzhaltender Engel zwei Afrikanern). Aber rechts unten finden einige heftige Kämpfe statt: Engel versuchen, Dämonen niederzuhalten; Dämonen ziehen die Verdammten hinab. Diese verwirrenden Fragen haben in Michelangelos Ideen für einen aufgegebenen *Engelssturz* ihren Ursprung. Fest steht, daß die von den heiligen Engeln vollzogene Trennung der klar definierten Seligen von den Verdammten durch heftige Kämpfe zwischen Engeln und Dämonen mit ungewissem Ausgang ersetzt ist.

Die unerwartete Ikonographie der Sixtinischen Kapelle wurde auch angegriffen. Nicolo Sernini, ein Agent der Gonzaga von Mantua, trat mit Kardinal Ercole Gonzaga wegen Klagen, daß Christus bartlos sei und zu jung aussehe, in Verbindung. Aretino, der satirische Schriftsteller, den man die »Geißel der Fürsten« nannte, schrieb an Michelangelo und erboste sich über die unglaubliche Vernachlässigung des Dekorums durch den Maler:

Als Christ schäme ich mich der dem Geist so zuwiderlaufenden Freiheit, die Ihr Euch herausgenommen habt ... Wie ist es möglich, daß Ihr ... diese Sünde im größten Heiligtum Gottes begangen habt, über dem vornehmsten Altar Christi ... Euer Werk hätte seinen Platz in einem gefälligen Schwitzbad, nicht aber in einem großartigen Chor.[176]

Dieser gewitzte Mann kannte sich aus und schielte nach höheren Ehren; er erhielt sie, als Papst Julius III. ihn zum Ritter von St. Peter machte. Der scheinheilige Aretino stand aber mit seiner Verdammung des Werks keineswegs allein. Ambrogio Polti, ein unter dem Namen Caterino bekannter Dominikaner, stellte einige gefährliche Überlegungen an:

Michelangelo ... versteht es großartig, die Nacktheit des menschlichen Körpers und dessen Schamteile darzustellen ... Michelangelo, dieser hervorragende Maler, [entbehrt] in der Darstellung dieser häßlichen und obszönen Nacktheiten (die zu verbergen die Natur selbst verlangt) jener Vollkommenheit, die dem Apostel eignet, wenn er mit dem lebendigen Pinsel des Geistes die schmählichen Nacktheiten der Ketzer anprangert.[177]

Die Akte, die Pudendae, die flügellosen Engel, die gesamte Stoßrichtung dieses Werks wurden schließlich als unerträglich empfunden. 1566 ergingen Zahlungen an die Erben Daniele da Volterras, des Künstlers, der verpflichtet worden war, die Genitalien zu bedecken, Gewänder hinzuzufügen und die provozierende Stellung der heiligen Katharina zu übermalen. Sogar die kleine Schlange, die Biagio da Cesena in den Penis beißt, wurde retouchiert.

Michelangelos zeitgenössische Kritiker erwähnen einen Punkt von besonderem Interesse nicht: die Jungfrau Maria. Die Fürbitte von Maria und Johannes, die das Gericht mit Mitleid und Gnade abmildern, war der psychologische und ikonographische Komplex, der als Deesis be-

70 Michelangelo, Studie für das *Jüngste Gericht*, ca. 1534, schwarze Kreide.
Casa Buonarroti, Florenz.

kannt war. Eine Skizze, die Michelangelo 1534 zu seinem *Jüngsten Gericht* machte, zeigt Christus, als ob er sich eben erhöbe; zu seiner Rechten breitet Maria ihre Arme in einer direkten Bitte an Christus weit aus. Ihr Körper, ihr Gestus, ihre Haltung haben nur die eine Bedeutung – »Sei gnädig!« (Abb. 70). Im ausgeführten Werk jedoch blickt Maria weg von Christus in die entgegengesetzte Richtung, und ihre Hände beschützen nur sie selbst; eine Fürbitte findet nicht statt. Michelangelo hat die Deesis bewußt ausgeschieden. Dies ist das Jüngste Gericht ohne Mitleid.

Eben die Elemente, die Gislebertus in seinem, dem ersten kohärenten, mächtigen Jüngsten Gericht zusammengefügt hatte – die Seelenwägung, die Fürbitte durch Maria, und die Trennung der Verdammten und Seligen durch die Engel –, eben diese Elemente sind es, die Michelangelo vierhundert Jahre später bewußt ausschied. Und kurz nach der Vollendung eben dieses *Jüngsten Gerichts* schloß Lorenzo Lotto seine Deutung eines Themas ab, das Michelangelo fallen gelassen hatte: des Themas der rebellischen Engel.

5. Der Teufel als rebellischer Engel

Die rebellischen Engel

Das Motiv der rebellischen Engel leitet sich her aus dem Sturz des Drachens und seiner Engel in der Offenbarung. Aber wer genau wird hinabgestürzt? Und warum? Zu verschiedenen Zeiten erhält man von verschiedenen Seiten verschiedene Antworten; bisweilen stellte man auch neue Fragen. Im Ersten Buch von Miltons *Paradise Lost* behauptet Satan, der den Krieg im Himmel verfolgt, Gott erhalte seine Herrschaft nicht aufrecht, weil er gerecht sei, sondern er sei

> ... *upheld by old repute,*
> *Consent or custome, and his Regal State*
> *Put forth at full, but still his strength concealed,*
> *Which tempted our attempt, and wrought our fall.*
> ... *our better part remains*
> *To work in close design, by fraud or guile,*
> *What force effected not; that he no less*
> *At length from us may find, who overcomes*
> *By force, hath overcomme but half his foe.*
>
> ... durch öffentliche Meinung,
> Durch Billigung oder durch Brauch gestützt,
> Und hielt entfaltet königlichen Staat,
> Doch stets verbarg er seine wahre Stärke,
> Was uns zum Anschlag und zu Fall gebracht.
> ...
> Es bleibt für unser Teil das Beste nun,
> Verschlagen durch Betrug und Hinterlist,
> Was durch Gewalt nicht glückte, zu bewirken,
> Daß nämlich er zuletzt an uns erkenne:
> Wer durch Gewalt besiegt, besiegt nur halb. (dt. v. H. Meier)

Gott, so Satan, habe ihn versucht, indem er seine Kräfte verheimlicht habe. »Diejenigen, die ihr Begehren bändigen«, sagt Blake in *The Marriage of Heaven and Hell*, »tun das, weil das ihre so schwach ist, daß es

188   DER TEUFEL ALS REBELLISCHER ENGEL

71 Sturz der rebellischen Engel mit dem Teufel als Drache, aus der *Trierer Apokalypse*, ca. 800-820. Stadtbibliothek (MS 31 fol. 38r), Trier.

gebändigt werden kann ... Wirklich schien es der Vernunft, daß das Begehren ausgestoßen worden sei; der Teufels behauptet dagegen, der Messias sei gefallen und habe aus dem, was er aus dem Abgrund gestohlen hatte, einen Himmel geschaffen«. »Der Teufel«, bemerkte Freud in seinem Essay über *Charakter und Analerotik* selbstsicher, »ist zweifellos nichts anderes als die Personifizierung des unterdrückten unbewußten Trieblebens«. Neuinterpretationen des Satans, die von den Vorstellungen des Mittelalters Welten entfernt waren, boten Anregung für bemerkenswerte Malerei, für bedeutende Literatur und ungewöhnliche Ideen. Baudelaire sah in Miltons Satan ein exemplarisches Beispiel für seinen Begriff von idealer Schönheit.

Die ersten rebellischen Engel finden sich in der ältesten erhaltenen Apokalypse, der zwischen 800 und 820 entstandenen Trierer Apokalypse (Abb. 71). Da das Trierer Manuskript auf einen römischen Prototyp des sechsten Jahrhunderts zurückgeht, hätte damals erstmalig die Gestalt des Teufels in die Malerei Einzug gehalten. Auf einer späteren Folioseite wird aus dem Drachen, den wir hier sehen, Lucifer. Hier ist er ein Drachen, aber bis auf die fehlenden Heiligenscheine gleichen seine stürzenden Kameraden den heiligen Engeln. Dieses Schema deutet darauf hin, daß der Teufel bald durch den siebenköpfigen Drachen symbolisiert werden und, unter dem Einfluß der auf Beatus zurückgehenden Darstellungen, sich als Godzilla präsentieren wird.

Im späten zehnten Jahrhundert sind die rebellischen Engel unreine, aus dem Himmel ausgestoßene Geister (Abb. 29). Anders als in der Trierer Apokalypse unterscheiden sich diese traurigen Rebellen stark von den heiligen Engeln. Sie sind nackt, kleiner, haben keine Sandalen und sind von Ruß geschwärzt. Sie behalten Flügel und Heiligenscheine, haben aber das Flammenhaar des Teufels. Ungewöhnlich ist der gefallene Engel in der Mitte; anders als seine Kameraden blickt er grollend zurück; er hat von den sechsen das am stärksten individualisierte Gesicht. Vielleicht ist es Lucifer, obwohl wir ihn uns größer vorgestellt hätten, oder der Engel, der ihn zur Überheblichkeit antrieb. Wenn auch technisch nicht sehr eindrucksvoll, ist dies dennoch ein außerordentliches Werk: durch seinen Sinn für Pathos wird es zur ausdrucksvollsten Behandlung dieses Themas vor dem fünfzehnten Jahrhundert. Mehr noch als unrein sind diese Geister verunreinigend; sie bedrohen die soziale Struktur. Dies sind die Gesichter von Markion und Valentinus, die Gesichter aller christlicher Führer, die die etablierte christliche Kirche als vom Teufel inspirierte, verunreinigende Häretiker ansah. Natürlich sind diese Engel keine Porträts bestimmter Arianer oder Gnostiker. Da jedoch die Häretiker mit ihnen gleichgesetzt wurden, können diese Engel durchaus als »soziologische Porträts« von Häretikern gelten.

In dem um 1000 zu datierenden griechischen Menologion Basileios' II. steht Michael – mit großen, mächtigen Flügeln – triumphierend auf einem Berg. Beiderseits von ihm stürzt ein Paar von nackten, eingeschrumpften bösen Engeln; ihre Flügel sind bis auf einen Rest verkümmert. Die Engel, die voranstürzen, sind bereits pechschwarz, und aus ihren Füßen sind Krallen geworden. Diese Verwandlung eines Engels in eine schwarze, mit Klauen versehene Bestie ist ein bestimmender Zug des Motivs der rebellischen Engel. Bezeichnenderweise findet hier kein Kampf statt, und nichts deutet auf eine, frühere oder erst bevorstehende, Drohung hin. Es ist nicht eigentlich die technische Unfähigkeit, sondern der Mangel an imaginativer Ausgestaltung, wodurch aus diesem potentiellen Drama so oft ein statisches Zeichen wird. Bis zum fünfzehnten Jahrhundert wird die Verstoßungsszene in der Regel in diesem Geiste behandelt.

François Junius, ein vielseitig gelehrter, in England tätiger französischer Hugenotte, veröffentlichte 1655 die erste Ausgabe eines heute unter dem Namen Junius-Manuskript bekannten Werks (Bodleian Library, Oxford). Ursprünglich einem analphabetischen, jedoch göttlich inspirierten Hirten namens Caedmon zugeschrieben, ist dieses Manuskript in Wirklichkeit eine Sammlung der angelsächsischen Literatur des zehnten Jahrhunderts. Es besteht aus Exodus, Daniel, Christus und Satan, Genesis A und Genesis B. Letzteres Werk, ein Gedicht, ist eine Übersetzung aus dem Altsächsischen (Niederdeutschen), aber niemand weiß, wann das Original geschrieben wurde, nach Meinung der meisten Gelehrten irgendwann im neunten Jahrhundert. Ungewiß ist auch, warum diese Übersetzung in das größere Hauptmanuskript eingefügt wurde. Vielleicht schätzte der Kompilator die besonderen Qualitäten des Gedichts, oder vielleicht fehlte ein Teil von Genesis A, und Genesis B schloß die Lücke. Sicher ist, daß Genesis B der erste ausführliche Bericht vom Fall Lucifers ist, ein Bericht, den Milton vielleicht gekannt hat, war er doch mit Junius, dem ersten Herausgeber dieses Gedichts, zusammengetroffen. Aber auch wenn Milton das Gedicht nicht gekannt hat, sind die Übereinstimmungen erstaunlich. Der Miltonsche Satan fesselt die Phantasie, weil nach seiner Überzeugung *er* es war, an dem ein Unrecht verübt wurde, und sein Trotz nimmt kein Ende. Eben dieser Trotz – ohne den das Wort *rebellisch* kraftlos ist – ist es, auf den wir in Genesis B treffen.[178]

Die nächste »Quelle« von Genesis B ist überhaupt keine Quelle.[179] Es ist ein Teil eines lateinischen Gedichtwerks von Alcimus Avitus, dem Bischof von Vienne im sechsten Jahrhundert. Avitus' Satan wird von seiner eigenen Bosheit entflammt; er meint, sich selbst gemacht zu haben und verleugnet seinen Schöpfer. Er wird aus dem Himmel verstoßen, und bis heute ist alles, was an Schrecklichem in der Welt geschieht, eine Folge seiner Lehre. Beim Anblick von Adam und Eva ist der Teufel von Neid und Verbitterung erfüllt und beschließt, sie zu täuschen, damit sie das Paradies verlören. Avitus' stereotyper Satan stammt aus einer anderen Welt des Denkens und Fühlens als der Satan von Genesis B. Der Satan des Bischofs fordert weder Gott heraus, noch glaubt er, es geschehe ihm Unrecht, und sein Motiv für die Versuchung Adams und Evas ist Eifersucht, nicht Rache. Statt eines Gottes-Widersachers ist der Böse des Bischofs eher der alte Satan der Mysterienspiele, der Satan gesehen mit den Augen des Frommen. Da für das altsächsische Gedicht keine

Quelle bekannt ist, ist es vielleicht angemessener, das Poem als seine eigene Quelle zu betrachten. Im Corpus der angelsächsischen Poesie gibt es nichts, was den lebhaften Charakterzeichnungen von Genesis B und der originellen Interpretation des Falls von Satan und Mensch gleichkäme. Anders als in Genesis A, dem Hauptwerk des Junius-Manuskripts, wird in Genesis B wenig moralisiert. Statt zu belehren, entwickelt es Charakter und Motivation, artikuliert es Gefühle und Gedanken. Satans Fall gleicht dem Versuch eines vertrauten, fähigen Vasallen, sein eigenes, unabhängiges Königreich zu gründen, und die schließliche Verstoßung dieses Vasallen durch seinen erzürnten Lehnsherrn. Es ist, als ob ein epischer Dichter den Sturz der rebellischen Engel in seine eigenen, individuellen, menschlichen Begriffe zurückübersetzt hätte. Gott erläßt zehn Bestimmungen, wonach die Engel ihm Gefolgschaft schulden und seinen Willen auszuführen haben. Ein Engel, den glänzenden Sternen gleich und der höchste nach Gott selbst, war stark an Geist und Körperkraft. Er erregte einen Aufruhr gegen den Herrn. Im Glauben, er habe mehr Macht und Kraft als Gott, erklärt dieser Engel: »Ich brauche keinen Herrn. Ich kann mit eigenen Händen gleiche Wunder tun, warum sollte ich ihm huldigen?« Gott ist erzürnt und schleudert diesen Engel von seinem Thron hinab in die Hölle, wo aus ihm der Teufel wird. Dieser Satan versammelt die anderen gefallenen Engel und besteht darauf, daß Gott »nicht recht getan« habe, noch »uns irgendeiner Sünde bezichtigen« könne. Indem er Adam und Eva veranlaßt, Gottes Gebot zu übertreten, »werden wir uns rächen und seinen Willen durchkreuzen«. Dann wird, so sagt Satan voraus, Gott wütend werden und sie grausam züchtigen. Satan trotzt und ist überzeugt, daß Gott ihn ungerecht bestraft hat. Er sinnt auf Rache, nicht auf Reue. Gott verfällt leicht in Zorn, und Satan plant, diesen Zorn zu manipulieren, und Gott so, indem er seinen Willen durchkreuzt, in seiner eigenen Schlinge zu fangen. Komplementär zu diesem originellen Gedanken, hat der Dichter darauf geachtet, den Ungehorsam von Adam und Eva abzumildern. Der Teufel appelliert nicht an Evas Stolz oder Gier, sondern an ihren Gehorsam gegen Gott. Der Teufel erscheint als dessen Bote, und wenn Eva Adam überredet, den Apfel zu essen, dann »aus loyaler Absicht heraus«. Die Schuld Adams und Evas ist in Genesis B sehr gering, und der Dichter merkt kritisch an, daß es »ganz erstaunlich ist, daß Gott die verfänglichen Lügen des Teufels zuließ«.

Die beiden anderen Satane dieses selben Junius-Manuskripts – ein Satan in Genesis A und der von »Christus und Satan« – sind enge Verwandte von Avitus' Teufel. Genesis A ist Gottes Version des Geschehens. Die Verderbtheit des Hauptengels kommt aus seinem Stolz. Gott gerät in Zorn, stößt Satan und seine Engel hinab und zerschmettert sie. In »Christus und

Satan« räumt Satan ein, daß er aufgrund seines Stolzes nichts Besseres erwarten könne als die Hölle. Seine Scharen beschuldigen ihn des lügnerischen Betrugs an ihnen und nennen ihn einen Verbrecher. Satan selbst bekennt: »Ich bin schuldig; meine Taten besudeln mich«.

Nichts von alledem in Genesis B. Keine Reue. Ein Gefühl des Verlusts, aber keine Befleckung. Kein Schuldeingeständnis. Keine Vorwürfe von den anderen Engeln. Im Gegenteil: »Gott ist zornig auf uns«, erklärt Satans Oberleutnant, »weil wir unsere Häupter nicht vor ihm senken wollten, weil wir nicht dazu bereit waren, ihm als Vasallen zu dienen«. Der Satan von Genesis B besteht darauf, daß Gott ihm Unrecht getan hat. »Er ist ungerecht, und ich trotze ihm.« Diese Stimme, die Dramatisierung dieser Einstellung, ist bis dahin unbekannt.

So wie es für Genesis B keine bekannte Quelle gibt, so diente sie andererseits auch selbst nicht als Quelle von irgendetwas, es sei denn, daß sie, wenn schon nicht das Urbild der Miltonschen Satanserfindung, so doch – möglicherweise – eine literarischen Anregung dazu lieferte. Nach Genesis B spricht Satan in den nächsten sechs Jahrhunderten in vielen Texten, Gedichten und Stücken unzählige Zeilen, aber bevor Shakespeares Zeitgenosse Christopher Marlowe seine großartige Tragödie *Faustus* schrieb, kaum eine, die lesenswert wäre.

Die Illustrationen, die für das Junius-Manuskript angefertigt wurden, wurden niemals abgeschlossen. Die vorhandenen Illustrationen zu Genesis B stammen aus dem frühen elften Jahrhundert, und sie haben nicht den Geist des Gedichts. Im ersten Register besteigt der gekrönte Lucifer seinen Thron. In seiner Menschengestalt und seiner Kleidung gleicht er allen anderen Engeln; eine Gruppe bietet ihm Kronen und eine Gruppe scheint zu zögern. Im zweiten Register nimmt Lucifer von den Engeln an seiner Seite etwas wie Pfauenfedern entgegen (vermutlich Zeichen des Stolzes), während andere Engel etwas wie Palmzweige halten. Lucifer muß schon aus dem Himmel geworfen worden sein, denn das dritte Register zeigt, wie Christus drei Speere schwingt, während unten im letzten Register Lucifer im Höllenrachen wie ein Verbrecher gefesselt ist, das Gesicht verschrumpelt und häßlich, den Kopf von schwarzem, struppigem Haar bedeckt, während ringsum die rebellischen Engel stürzen, nackt bis auf die Lendentücher. Interessant ist, daß die Knoten bei der Fesselung Lucifers mit denen in einer Illustration in einem Trierer Manuskript übereinstimmen. Zugrundeliegen mag dem eine bildliche Konvention, es leitet sich aber letztlich von der Weise her, wie man Verbrecher fesselte. Lucifer und seine rebellischen Engel haben in dieser Darstellung nichts mit dem Satan der Apokalypse gemein, vermutlich weil als die natürlichste Quelle eine Bühnenaufführung anzusehen ist.

Eine angelsächsische Illumination desselben Jahrhunderts (British Library, London, Cotton Claudius MS B iv, 2) zeigt Gott in einer Mandorla und die heiligen Engel, wie sie die bis auf Höhlenmenschen-Schurze nackten rebellischen Engel vertreiben. Satan ist in einer Mandorla gefangen, die aussieht wie ein von Drachenkiefern umfaßter Stahlverschluß. Diese rebellischen Engel haben ihre Flügel und Gewänder verloren, aber sie haben keine Fledermausflügel, keine Klauen und keine Hufe. Ihr Äußeres ist menschlich. Eine italienische Illustration des vierzehnten Jahrhunderts, der Traktat von den Sieben Todsünden (British Library, Add. MS 27659, fol. Iv), zeigt geflügelte rebellische Engel, die in einen furchtbaren Höllenrachen stürzen, und scheint auf der Trierer Apokalypse des neunten Jahrhunderts zu basieren. Die illustrierte Bibel des Guiard des Moulins aus dem frühen fünfzehnten Jahrhundert (Bibliothèque Royale, Brüssel, MS 9001, fol. 19) bedeutet eine Änderung in der Ikonographie der rebellischen Engel. Ein schöner Engel wird in eine Kreatur mit Klauen und Fledermausflügeln verwandelt. Andere rebellische Engel können es sehen: zwei sind bekümmert und zwei senken verzweifelt den Kopf. Vielleicht erstmalig nach den Engeln der Beneventer Benedictio Fontis (Abb. 29) sieht ein Maler die emotionalen Konflikte mit den Augen der rebellischen Engel.

Fünfhundert Jahre lang gibt es kein Beispiel für den rebellischen Engel Lucifer beim Kampf gegen den Erzengel Michael. Michael als Antagonist des Teufels ist ein Motiv, das aus dem Jüngsten Gericht stammt. Aber dieser Teufel ist bestialisch. Zu Beginn des fünfzehnten Jahrhunderts wird diese alte Ikonographie umgeformt. Der Antagonismus Michael-Satan wird aus dem Kontext des Jüngsten Gerichts herausgelöst und mit dem Lucifer des ersten Stadiums des Motivs der rebellischen Engel kombiniert. Die Künstler, die diesen neuen Prototyp schufen, waren Buchmaler, waren die Brüder von Limburg.

Die Limburgs und der Weg zu Baudelaire

In manchen illuminierten spätgotischen Manuskripten befindet sich gelegentlich unter einem Wort oder einem Satz eine Reihe von Punkten. Dies war eine neuartige Praxis, um anzugeben, daß der Schreiber einen Irrtum entdeckt hatte, es aber vorzog, die äußere Erscheinung des Buchs nicht durch eine Korrektur in einem Text, den sein Besteller vielleicht niemals las, zu beeinträchtigen. Diese neue Konvention verweist darauf, daß die illuminierten Manuskripte, die als das Wort Gottes, das für die öffentliche Devotion zum Schatz vergegenständlicht worden ist, begonnen hatten, als private Kostbarkeiten zur Schaustellung persönlichen

Reichtums endeten. Bücher, die verziert waren, nannte man im Mittelalter illuminiert (vom lateinischen *illuminare*, schmücken), und Blattgold wurde ausgiebig verwendet. Die drei Haupttypen waren die für die Messe benutzten Bibeln und Andachtsbücher (Sakramentar, Perikopenbuch, Missale und Brevier), Psalter (eine Zusammenstellung von Psalmen) und Stundenbücher (Gebetbuch). Bibeln und Breviere waren für den Klerus und den Hof bestimmt; die Psalter für die private Devotion insbesondere des Klerus; die Stundenbücher jedoch für Aristokraten und Kaufleute, die privat Aufträge an die Künstler vergaben. Da sie zunächst äußerst kostspielig und entsprechend exklusiv waren, teilten diese Stundenbücher in erster Linie weniger das Wort Gottes mit als den Status ihrer Eigentümer. Im fünfzehnten Jahrhundert produzierten Gent und Brügge in großer Menge Stundenbücher für ganz Europa, insbesondere für England. Diese Produktion war so durchrationalisiert, daß Musterbücher geschaffen wurden; manchmal wurden nur einzelne Folioblätter gemacht, die in jedem Buch überall eingesetzt werden konnten. Die »Stunden« eines Stundenbuchs sind die acht kanonischen Stunden jedes Tags; zu jeder Stunde gehörte ein Gottesdienst – ein Gebet oder eine mit Maria zusammenhängende Episode. Oftmals gab es darin noch vier weitere Abteilungen: einen Kalender mit den Monatsarbeiten, die Horen des Kreuzes, das Totenoffizium und das Seelenamt. Ein Grund für die Volkstümlichkeit dieser Bücher war, daß Texte eingefügt werden konnten, die mit Maria wenig zu tun hatten. Schon längst pflegten die Künstler so ziemlich alles, was der Auftraggeber wünschte, zu malen, denn irgendwo fand sich immer ein passender Text. Vielleicht fühlten sich die Künstler auch freier, weil die Stundenbücher für ein weltliches Publikum bestimmt waren. Sicher ist jedoch, daß *die* entscheidende Transformation in der Satansdarstellung in einem Stundenbuch stattfindet; auch der bemerkenswerteste »Sturz Lucifers« findet in einem Stundenbuch statt. Diese aus dem fünfzehnten Jahrhundert stammenden Bücher wurden beide von den Brüdern von Limburg geschaffen, und beide für den Herzog von Berry.

Der Herzog von Berry war der Connoisseur und Liebhaber par excellence.[180] Er besaß Strauße und Dromedare; seine Tapisserien und sein Tafelgerät waren unvorstellbar. Er bewegte sich nach Belieben zwischen siebzehn Schlössern. Er hatte eine berühmte Bibliothek mit schönen Büchern, darunter fünfzehn hervorragende Stundenbücher, die schönste Rubinensammlung der Welt, einen Zahn Karls des Großen und Tropfen von der Muttermilch Mariens. Er nahm ein Abführmittel, dem Gold und Perlen beigemischt waren. Wir können annehmen, daß der Herzog Hunde mochte, denn er besaß deren tausendfünfhundert. Wenn er von Schloß zu Schloß zog, führte er neben seinen Tapisserien und

DER TEUFEL ALS REBELLISCHER ENGEL

72 Eine Illustration der Offenbarung (unten) mit dem Teufel als »bösem Insekt«, aus der Tapisserie der Apokalypse von Angers, ca. 1375. Chateau d'Angers, Angers.

Juwelen auch Bären mit sich, die in besondere Wagen gesperrt waren. Die führende Autorität hinsichtlich der Brüder von Limburg und des Herzogs von Berry war in unserem Jahrhundert Millard Meiss. »Der Herzog von Berry«, erklärte Meiss, »schuf für die jungen Illuminatoren eine ausgesprochen anregende Umgebung«.[181]

Meiss bemerkt auch, daß »es wohl Zeitgenossen von Jean de Berry gegeben haben mag, die meinten, daß Tiere und Kunst ihm wichtiger seien als Menschen«.[182] Sicher, so mancher mag so manches »meinen«, aber Meiss hätte vielleicht doch deutlicher darauf hinweisen sollen, daß dieser Kunstfreund direkt in die schweren Bauernaufstände des vierzehnten Jahrhunderts, in die Jacquerie, verstrickt war.[183] Der Herzog erhob bei seinen Untertanen so drückende Steuern, daß sowohl Bauern wie Kaufleute rebellierten; diese Unruhen verbanden sich mit der Jacquerie der Tuchins, sozialen Banditen, die die Reichen ausraubten (und das Vorbild für Friedrich Schillers *Räuber* lieferten). Als 1383 der Aufstand der Tuchins brutal unterdrückt wurde, verkaufte Jean de Berry Begnadigungen, statt die Anführer hinrichten zu lassen, und forderte von den Kommunen das ungeheure Lösegeld von 800000 Golfranken. Dieser stupsnasige Herzog, der sein Volk an den Bettelstab brachte, wählte die Limburgs aus und sorgte für sie, so daß sie sich der Arbeit an seinen Büchern widmen konnten, *Les belles Heures* 1410 und *Les très riches Heures* fünf Jahre später. Die religiösen Szenen in diesen Stundenbüchern zeigen weder religiöses Empfinden noch religiösen Symbolismus, denn für den Herzog waren diese Bücher Statussymbole. Wenn man sagt, er habe einen »exzellenten Geschmack« gehabt, dann setzt man diesen Geschmack gleich mit dem, den er bei Hunden und goldenen Zahnstochern bewies. Der Vertrag des Herzogs mit den Limburgs bestimmte, daß sie nur für ihn arbeiten durften; so blieb die Exklusivität seiner Statusobjekte gewahrt.

Den Kulminationspunkt erreicht die Apokalypse-Ikonographie mit ihrer ausführlichsten Ausgestaltung in dem gewaltigen Zyklus von Tapisserien, die der Herzog Ludwig von Anjou, Berrys Bruder, bestellt und die der Finanzier Nicolas Bataille in seinen Werkstätten *ca.* 1375 hatte ausführen lassen. Warum dieser ehrgeizige, skrupellose und widerliche Mann einen solchen symbolischen und heiligen Text als Vorlage wählte, wissen wir nicht. Wir wissen aber, daß es in ganz Frankreich kein Schloß gab, in dem dieses über 130 Meter lange Werk in seiner Gesamtheit gezeigt werden konnte. Ludwig wußte das natürlich und zeigte (wie ein Museum seine Bestände rotieren läßt) verscheidene Teile zu verschiedenen Zeiten bei verschiedenen Gelegenheiten. Solche Teilausstellungen »bezeugten den Rang, den Reichtum und die Macht des Fürsten, der eine solche Tapisserie bestellen und bezahlen konnte«.[184]

Millard Meiss hat eindrucksvolle und zuverlässige Bücher über die französische Malerei zur Zeit des Herzogs von Berry verfaßt. Schwer erklärlich ist jedoch, warum er zwar jedem möglichen ästhetischen Einfluß auf die Limburgs nachging (den einen Finger Paul, den anderen Herman zuschreibend), jede Überlegung hinsichtlich der Beziehung zwischen ihrem Werk und ihrer sozialen Umwelt jedoch für wertlos erklärte. Der Historiker Johan Huizinga hatte bereits zu Anfang des Jahrhunderts versucht, die mittelalterlichen Maler im Zusammenhang mit ihrer sozialen Umwelt zu sehen, aber Meiss lehnt dieses an Einsichten so reiche Werk ab: »Huizinga war als holländischer Republikaner gegen das höfische Leben in allen Aspekten feindlich eingestellt... seine Urteile finden mehr Beachtung, als sie verdienen.« Meiss deutet an, Huizingas Fehlurteile seien zu erwarten gewesen, denn »die Bibliographie von [Huizingas] *Herbst des Mittelalters* enthält nur wenige Bücher über Kunst«.[185] Schwer zu verstehen sind auch Meiss' Kommentare zu einer zeitgenössischen Darstellung Berrys (in den *Grandes Heures du Duc de Berry,* vor 1409, Bibliothèque Nationale, lat. 919, fol. 96). Die Erwählten (darunter Berry) erscheinen am Himmelstor vor St. Petrus. Zwei von ihnen identifiziert Charles Sterling als den Herzog von Burgund und den Herzog von Orléans. Beide waren mit Berry verwandt; beide waren längst tot; beider Einlaß scheint merkwürdigerweise von Berrys Einfluß abzuhängen.[186] Normalerweise reicht, wie Meiss bemerkt, der Neuankömmling im Himmel Petrus seine rechte Hand, nicht jedoch hier. Statt dessen muß sich Petrus mit Berrys linker Hand begnügen, denn mit seiner Rechten ist der stupsnasige Herzog mit einem riesigen Saphir beschäftigt, der von sechs großen, in ein goldenes Halsband eingefügten Perlen umgeben ist: eine opulente Opfergabe an den Hüter des Perlentors. Wie ist diese Geste – Berry streichelt diese luxuriösen Juwelen – zu interpretieren? Da er weder Holländer noch Republikaner ist, versichert uns Meiss, solche Juwelen könnten religiöse Bedeutungsnuancen haben. Nicht ohne die Warnung hinzuzufügen: »Nur ein Feind würde Jean de Berrys Geste am Perlentor als Versuch auffassen, dessen Hüter zu bestechen.« *Nur* ein Feind?[187]

Meiss beginnt seine Lebensbeschreibung des Herzogs von Berry mit der Annahme, daß »die Maler, die an [seinen] Tischen saßen und die kleinen Bilder schufen ... im allgemeinen, so nehmen wir an, darauf achteten, sich auf ihre Arbeit zu konzentrieren, trotz der Unruhe in der Welt ringsum«.[188] Aber diese Unruhen machten sich auf persönlicher, sozialer und politischer Ebene bemerkbar, und das nicht nur in offenkundigen Anspielungen, etwa durch die Darstellung von Reliquien aus der herzoglichen Sammlung oder indem der Zölestinerorden nur deshalb herausgestellt wird, weil Berry, als der König ein Zölestinerkloster gründete, zu den dreien, die den Grundstein legten, gehörte. Ist die Palette, die Vision der Limburgs, nicht zumindest teilweise eine Antwort auf das Kräftespiel des damaligen sozialen Lebens? Ist die Harmonie des berühmten schönen Kalenders in *Les très riches Heures* nicht auch eine politische Stellungnahme? Hat nicht Berry vielleicht nicht zuletzt deshalb seine Künstler gehätschelt, weil seine ästhetische Welt für ihn eine Selbstbestätigung seiner Klasse war, vielleicht sogar eine psychische Barriere gegen die von Leuten wie den Tuchins ausgehenden Angriffen auf seine Klasse? Der prominenteste Gegenstand in den Stundenbüchern der Limburgs sind Berrys Schlösser. Sie wurden nicht aus ästhetischen Gründen gewählt; sie wurden gewählt, weil sie für die Vison dieser Stundenbücher den Hintergrund liefern: den Blick *auf* das Schloß und den Blick *vom* Schloß.

Trotz ihres außerordentlichen Talents hatten die Limburgs Probleme mit dem Ausdruck von Emotionen. Für Meiss erklärt sich das dadurch, daß »die Anfertigung kleinformatiger Bilder allerdings gewisse Opfer verlangte; so konnten die kaum merkbaren Regungen, die den Gesichtsausdruck ausmachen, nicht so leicht dargestellt werden«.[189] Anderen Künstlern gelang es jedoch (so offensichtlich dem Rohan-Meister). Was im Werk der Limburgs am tiefsten empfunden ist, ist vielleicht die Einsetzung im Zyklus der Großen Litanei: Pest-Szenen, wie sie sie von einer sechsmonatigen Einkerkerung in ihrer Jugend aus eigener Erfahrung kannten. Farbe, Komposition und Thematik dieses Zyklus verweisen auf Orte, deren Mitte destabilisiert ist. Ganz ungewöhnlich ist die *Flagellantenprozession,* die ein unheimliches Bild der emotionalen und mentalen Welt dieser Flagellanten liefert. Solche Werke sind wohl kaum zu erklären, wenn man von Malern spricht, die auf kleinen Stühlchen an kleinen Tischchen sitzen und nichts im Kopf haben als den Kontakt ihres kleinen Pinselchens mit dem Pergament.

Sicherlich gefiel dem wählerischen Herzog die Schönheit von *Les belles Heures.* Der Teufel taucht in einem halben Dutzend Bildern als unbedeutende, lästige schwarze Fledermaus auf. Die Illustration von Michaels Sieg über Satan ist jedoch ganz anders. Obwohl in ihrer Thematik, Komposition und Farbgebung nicht ungewöhnlich, bezeichnet sie in der Beschreibung des Satans einen Wendepunkt und wurde zum vielkopierten Prototyp (Abb. 75). Satan hat Krallen, kleine Fledermausflügel und einen kurzen Schwanz, aber sein Antlitz und Körper sind die eines Menschen. Angesichts seiner Fesselung zeigt er Schmerz und Zorn. Dies ist die erste Darstellung, in der Michael und Satan mehr oder weniger dieselbe Realitätsebene einnehmen. Dieser Satan ist kein Tier: er hat ein menschliches Antlitz, weil er ein Lucifer nach dem Fall ist, der den Geist des Lucifer, der er einst gewesen, noch enthält. Drache und Insekt haben sich in den neuen Limburgschen Satan verwandelt, und bald übernahmen die Künstler diesen neuen Prototyp. Natürlich übernahm man nicht sofort überall den neuen Satan. Der Künstler des Rohan-Stundenbuchs etwa übernahm viele Figuren von den Limburgs, nicht aber ihren Satan. Der struppig-schwarze Alte, der groteske, fledermausflüglige Moskito, der am Rand stehende Anstifter und vor allem der Drache verschwanden nicht, aber diese Vorbilder waren erschöpft und paßten (wie Giottos byzantinischer Teufel zeigt) in der Renaissance nicht mehr zu den Techniken der Wirklichkeitsdarstellung. Um die Mitte des fünfzehnten Jahrhunderts schuf Antonio Pollaiuolo einen Michael mit dem Drachen, und ein bedrohlicherer Drache ist nie gemalt worden. Ein simples Zeichen konnte dem Mann, der zu den ersten gehörte, die den menschlichen Körper anhand von wirklichen Sektionen studierten, nicht genügen. Als Raffael 1505 *Michael und der Drache* malte (Abb. 73), schuf er einen Drachen ganz in der Art Pollaiuolos. Genau dreizehn Jahre später wählte Raffael dasselbe Thema, aber statt eines Drachens bediente er sich eines limburgischen Satans, an dem man, wie Vasari sagte, »alle Abstufungen des finsteren Zorns gewahr [wird], den der giftgeschwollene Dünkel gegen den aufbringt, der seine Größe niederzwingt, ihn des Reichs beraubt ... und nötigt, stete Pein zu erdulden.« (Abb. 74). Technisch hat Raffaels Satan mit dem der Limburgs überhaupt nichts zu tun, wohl aber in seiner Konzeption, denn sein Satan hat Menschengestalt und steht piktural auf derselben existentiellen Ebene wie der Erzengel.

Diese Ablösung von den romanischen Modellen und Techniken löste die traditionelle christliche Ikonographie auf. 1473 malte Ercole de' Roberti einen Satan mit Michael, der den Prototyp der Limburgs benutzt. Seltsamerweise hält Michael die Waage, während er Satan durchbohrt. In älteren Jüngsten Gerichten hält Michael die Waage, weil die Waagschalen einen Zweck haben: die guten und schlechten Taten der Seele zu wiegen. Bei einem Kampf zwischen Michael und Satan sieht die Waage jedoch unpassend aus; sie ist nur da, weil der Künstler sie mit St. Michael assoziiert. In Tintorettos *Michael und der Drache* (S. Giuseppe di Castello, Venedig) finden wir dieselbe ikonographische Verwirrung. Nach Raffael erscheint das Thema des Michael im Kampf gegen einen menschenförmigen Lucifer mit geringfügigen Veränderungen in zahllosen Darstellungen. Selbst Hubert Gerhards gegen Ende des sechzehnten Jahrhunderts gegossene Münchener Bronzestatue ist ohne Raffaels Gemälde von 1518 kaum denkbar. Die Limburgs lieferten den Prototyp, und die beiden Gemälde von Raffael setzten die neuen Weisen, den Teufel wiederzugeben, dramatisch um.

Einen ebenso dramatischen Wendepunkt stellen zwei Bilder in *Les*

73 Raffael, *St. Michael und der Teufel* (als Drache), 1505, Öl. Musée du Louvre, Paris.

très riches Heures dar, dem zweiten Stundenbuch, das die Limburgs für den Herzog von Berry anfertigten. Das Höllenbild in diesem Buch gehörte nicht zum ursprünglichen Plan, sondern wurde später hinzugefügt. Es gibt Gelehrte, die darin ein persönliches Werk sehen, in dem die Künstler »kreative Phantasie« gezeigt hätten, aber angemessener wäre es doch, zu sagen, daß wir es bloß mit Feuer und Schwefel zu tun haben (Abb. 63). Ein Satan mit Säbelzähnen und Hörnern liegt auf einem Bett aus Kohlen und spielt, fast wie ein Wal mit einem Ball auf dem Gipfel seiner Fontäne, mit einer Anzahl von Sündern, nur daß er statt Wassers Flammen benutzt. Um die Hitze zu steigern, werden Blasebälge betä-

74 Raffael, *St. Michael und der Teufel* (nicht mehr als Drache), 1518, Öl.
Musée du Louvre, Paris.

75 Paul, Jean und Herman de Limbourg, St. Michael und der Teufel, dieser als neuer Prototyp, 1409, aus *Les belles Heures du Duc de Berry*. Cloisters Collection (MS 54.1.1 fol. 158r), Metropolitan Museum of Art, New York.

tigt, und Teufel in Mysterienspiel-Kostümen zerren Sünder zu ihrem Gebieter. In der Leviathan-Tradition stehend, faßt dieses unoriginelle Bild zusammen, wie Satan und Hölle bis dahin aussahen. Vermutlich war diese Darstellung von den traditionellen Beschreibungen der Hölle angeregt, etwa der Vision des Tundal, die ein irischer Mönch um die Mitte des zwölften Jahrhunderts niedergeschrieben hatte. Diese prädanteske hibernische Höllenreise war ungeheuer populär und wurde aus dem Gälischen in zahlreiche Sprachen, einschließlich Latein, Mittelhochdeutsch, Mittelenglisch und Anglonormannisch übersetzt. Der Edelmann Tundal beschreibt, wie der Teufel auf einem Rost über glühenden Kohlen sitzt, die von Dämonen mit Blasebälgen angefacht werden; der Mönch erzählt uns, wie der Teufel die Seelen der Verdammten erst inhaliert und dann in die verschiedenen Partien der Hölle hinausbläst – Einzelheiten, die dem Limburgschen Bild sehr nahestehen.

Irgend jemand, vielleicht ein Freund oder Ratgeber des Herzogs, hatte jedoch offensichtlich eine Vorstellung von Satan, die von der in dem älteren Limburgschen Stundenbuch (Abb. 75) abwich. Von dieser Auffassung findet sich in dem späteren Höllenbild keine Spur, und dieser Jemand war vermutlich auch für die Einfügung einer anderen Extra-Seite verantwortlich: den *Sturz der rebellischen Engel* (Abb. 64). Dieses Bild ist von höchster Originalität und zeigt keinen relevanten direkten Einfluß (außer daß vielleicht, wie Meiss meint, die Anordnung des Chorgestühls im Himmel von einem sienesischen Bild des mittleren vierzehnten Jahrhunderts übernommen ist). Es gab ein paar ältere Darstellungen der rebellischen Engel, in denen gezeigt wurde, wie diese himmelsfarbenen Engel schwärzlich werden und schließlich als beschmutzte Kreaturen zur Hölle stürzen. Das ist hier nicht der Fall. Meiss vermutet, daß »alle rebellischen Engel das Grün [der guten] eingebüßt haben; ihre Flügel sind, vermutlich als Zeichen von Anmaßung und Stolz, golden und weiß«. Vielleicht. Was jedoch offenkundig ist, ist die *Loslösung* der Limburgs vom Standardschema, denn ihre stürzenden Engel *bleiben* auf allen Ebenen schön. Zusammenfassend meint Meiss: »Anscheinend glaubte Pol de Limbourg – ungefähr wie Giotto – , das Böse könne am lebhaftesten und bedeutendsten durch die Darstellung menschlicher Wesen, die ihre Selbstkontrolle verloren haben, veranschaulicht werden.«[190] Seltsam. Hat der Giottosche Judas seine Selbstkontrolle verloren? Im Gegenteil, er hat mehr Kontrolle über sich als Jesus. Hat der Lucifer der Limburgs die Kontrolle über sich verloren? Im Gegenteil, sie ist ihm mit Gewalt entrissen worden.

Der Limburgsche Lucifer ist das schönste Exemplar seiner Art in der Kunst – schön als Komposition, in der Farbgebung, in der Bewegung und in der Konzeption. Wer den Gedanken hatte, diese besondere Idee zu malen und in das Buch einzufügen, und welche Kommentare der Herzog und seine Freunde machten, als sie in dem Buch blätterten, weiß niemand. Obwohl ich bereits meine Bewunderung für dieses Bild ausgedrückt habe (Kap. I, S. 31), drängt sich mir, aus einer gewissen ästhetischen Distanz gesehen, eine andere Annäherung auf. Ein Betrachter des zwanzigsten Jahrhunderts wird in diesem Werk intuitiv einen imaginativen Sprung, eine neue Perspektive auf die rebellischen Engel sehen. Diese Lesart ist korrekt, aber sie ignoriert den Kontext des vierzehnten Jahrhunderts, aus dem das Bild entstanden war. Die Stundenbücher der Brüder von Limburg sind Idealbeispiele dafür, wie die ursprüngliche religiöse Funktion der Stundenbücher verblaßte. Daher kann man die Meinung vertreten, daß die Behandlung des Themas bei diesem Bild, weil sie ästhetisch und ohne religiöse Bedeutung ist, eine Verarmung darstellt. Auch die ethische Bedeutung fehlt: es gibt keinen moralischen Gehalt. Das ist ein Widerspruch, denn das Thema, der

Konflikt von Gut und Böse, verlangt eine Behandlung, die ein ethisches Urteil einschließt. Wäre es wirklich ein Konflikt zwischen einem Herrscher und einem Rebellen, so böte der schöne Lucifer durchaus interessante Aspekte, wenn die Malerei den Schluß auf die Grausamkeit des Herrschers und die Rechte des Rebellen nahelegen würde. Eine solche, von den Limburgs unverhüllt dargebotene Behandlung des Themas aber hätte einen von Aufständen bedrohten Herzog wohl kaum dazu veranlaßt, ihnen noch mehr Diamantringe zu schenken. Eine naive, aus dem zwanzigsten Jahrhundert stammende Deutung könnte vielleicht in diese Richtung gehen, aber es ist unwahrscheinlich, daß sie bei den Brüdern von Limburg und dem Herzog von Berry angemessen ist. Lottos mystische Deutung oder die späteren romantischen Deutungen wie die Blakes enthalten *tatsächlich* emotional und psychologisch alternative Sehweisen. Das schöne illuminierte Folioblatt der Limburgs ist nur formal eine Neuerung, und obwohl es nach wie vor visuell und imaginativ erstaunlich ist, wird es leicht überschätzt.

Die Grotesken von Destorrents, deren Quellen, wie erwähnt, schwer zu bestimmen sind, sind ganz andersartig. Dasselbe gilt für Bosch, einen Mann, der in einer ganz anderen Welt als die Limburgs lebte. Das Einzigartige bei Bosch ist nicht seine Technik, die oft konventionell ist. Teile von Tieren und Menschen zu kombinieren ist nicht neu. Einige der groteskesten Szenen des Wiener *Jüngsten Gerichts* – Schmiedeteufel, die Verdammte auf einem Amboß bearbeiten, und Glieder, die den Verdammten abgeschnitten wurden und in einer Pfanne gebraten werden – stammen aus populären und populistischen literarischen Quellen: insbesondere aus prädantesken Himmels- und Höllenvisionen, so der Vision des Tundal aus dem mittleren zwölften Jahrhundert, möglicherweise auch der Vision des Mönchs von Eynsham, der im späten zwölften Jahrhundert lebte, und der Vision des Thurkill aus dem frühen dreizehnten Jahrhundert. Aber im Unterschied zu anderen Künstlern kombinierte Bosch tierische und menschliche Bestandteile nicht bloß, sondern er verschmolz sie zu neuen Kreaturen. Er kombinierte einen Kopf mit den Füßen, die ihn trugen, und ließ den Körper weg, was man nie zuvor gesehen hatte. Er verband menschliche und tierische Körperteile mit unbelebten Objekten, was bisher noch nicht vorgekommen war. Ein Beispiel ist jenes unglaubliche Wesen im *Garten der Lüste:* ein Menschenkopf, auf eine zerbrochene Eierschale gepfropft, die auf zwei Beine gepfropft ist, die aus Baumstämmen bestehen, die in zwei Booten wurzeln. Dieses (aus den Gryllen stammende) Bild ist unvergeßlich. Niemand weiß, was es bedeutet. Der Baummann war es, der Boschs Phantasie beschäftigte, nicht der Teufel. Das Böse, besonders die Wollust, nimmt in Boschs Malerei zahllose Formen an, aber der Teufel, so seltsam es scheinen mag, interessierte ihn nicht besonders, und das prägte seine Behandlung des Themas der rebellischen Engel. In Rotterdam gibt es ein Paar von kleinen Täfelchen (vermutlich Altarflügel), von denen eines früher unter dem – umstrittenen – Titel »Sturz der rebellischen Engel« lief. Einige von ihnen ähneln mehr fliegenden Fischen oder fliegenden Mäusen, und das, wohin sie fallen, sieht nicht wie die Hölle aus: statt Flammen finden wir dort zwei auf ihren Füßen umherkriechende körperlose Köpfe, Wesen, die entschieden Boschs Eigentum sind und weder in der Bibel noch in der *Legenda Aurea* vorkommen. Ein »Dämon« spielt sogar Laute. Das obere Fünftel des linken Flügels von Boschs *Jüngstem Gericht,* die »Verstoßung der rebellischen Engel«, hat in Farbe, Bewegung und Textur etwas von einem Sandsturm. Die Behandlung des Themas ist konventionell und allgemein. Größeren Wert auf dieses Thema legte Bosch lediglich in der Randgrisaille der *Dornenkrönung* des Escorial. Trotz der Lebhaftigkeit des Konflikts zwischen Teufeln und Engeln sollte die Szene keine besondere Beachtung finden (was auch nicht der Fall ist), es sei denn als Hintergrund für die zentrale Komposition des gemarterten Christus.

Der Teufel und die rebellischen Engel haben Bosch nicht besonders interessiert, weil es für ihn zwischen Gut und Böse keinen *Konflikt* gab. Der Unterschied ist absolut und tief, aber es gibt keinen *agon.* Die Sieben Todsünden sind überall, und die Strafen für die Sünder sind höchst unerfreulich. Christus und die Heiligen befinden sich bei Bosch in einer anderen Welt, unberührt von Versuchungen, Übeln und Qualen. Im Wiener *Jüngsten Gericht* besteht der himmlische Hof nur aus der Jungfrau, Johannes dem Täufer und zwölf Figuren, die wohl die Apostel darstellen – anderenfalls würden bei Bosch weniger Erwählte in den Himmel eingehen als in jedem anderen je gemalten Jüngsten Gericht. In Boschs Sicht sind, vereinfacht ausgedrückt, die meisten Männer und Frauen Sünder und Narren in einer fleischlichen Welt, in der es keine Tugend gibt, aber Gott jede Sünde sieht und jede Sünde in einem Maß, das die Vorstellungskraft jedes Sünders übersteigt, bestraft wird.

Ein paar Jahrzehnte nach Signorellis *Jüngstem Gericht* hat Domenico Beccafumi, ein Maler der in den Manierismus abdriftete, einen großen *Michael und die gefallenen Engel* gemalt (Pinacoteca, Siena). Die rebellischen Engel sind nackte Menschen ohne jede Spur von Hörnern oder Klauen. Was den Künstler beschäftigte, war nicht Michael, sondern es waren die gefallenen Engel, denn der triumphierende Michael ist eine indifferente, stereotype Figur in einer stereotypen Pose, während die Gesichter der rebellischen Engel Schmerz, Furcht und Leiden verraten. Eine Welt, die sich gedanklich und in ihrer Struktur von der Michelangelos wie der der drei Limburgs unterscheidet, ist die Lorenzo Lottos.

Er war beauftragt worden, bei der Ausmalung der vatikanischen Stanzen mitzuarbeiten, eine Tätigkeit, die jedoch mit der Berufung Raffaels durch Julius II. ein Ende fand. In Rom war Lotto vermutlich mit Beccafumi zusammengetroffen; mit Sicherheit kannte er das Werk Signorellis. Technisch sind Lottos Gemälde typisch venezianisch, aber das meiste ist außerhalb Venedigs entstanden, das er 1549 verließ. Drei Jahre später übersiedelte er nach Loreto, und 1554 schloß er sich den Mönchen am dortigen Sanktuarium als Laienbruder an. Bevor ihn jedoch seine religiösen Gefühle und mystischen Neigungen nach Loreto führten, schuf Lotto ein Werk (Abb. 65), das nicht weniger originell ist als der *Sturz der rebellischen Engel* der Limburgs.

Gewöhnlich steht Michael über dem gefallenen Lucifer. Oder Lucifer stürzt in die Hölle. Michael aber ist stets aufrecht: die Botschaft liegt im Kontrast der Stellungen. Der sichere Stand Michaels zeigt die Sicherheit seiner Macht. Lotto änderte dies, indem er die Längsachse sowohl Lucifers wie Michaels in die Diagonale versetzte und beide parallelisierte. Dieser Strukturparallelismus reflektiert Lottos mystische Deutung. Michael und Lucifer sind identisch; ihre Körper gleichen sich ebenso wie ihre Gesichter. Es ist, als ob wir die beiden Gameten einer Zygote sähen. Michael ist das andere Gesicht Lucifers.

Der Miltonsche Satan ist in der Tat der große Widersacher, stark genug, um Gottes Thron zu erschüttern. Wie sein Vorgänger in Genesis B verweigert dieser Satan die Unterwerfung, leugnet, daß er gesündigt hat, und bleibt unerbittlich in seiner Opposition gegen den Allmächtigen. »Amateur«-Leser, die von den ersten Büchern von *Paradise Lost* fasziniert sind, scheinen Milton oft mißzuverstehen und ziehen sich damit den Tadel der heutigen professionellen Kritik zu, die davon überzeugt ist, daß Milton Satans moralische Blindheit und seine unverzeihlichen Untaten gezeigt habe. Der heutigen Kritik zum Trotz aber sahen die Dichter und Schriftsteller des neunzehnten Jahrhunderts Satan anders. Für Coleridge, Byron, Hazlitt und Shelley zum Beispiel war der *heroische Satan* eine der größten Schöpfungen Miltons. Für William Blake war es Freimut, der sich in Miltons Auffassung vom Satan äußerte, denn Milton »war ein echter Dichter und ohne es zu wissen auf seiten des Teufels«. Für Shelley war Miltons Teufel Gott moralisch überlegen:

Moralisch ist Miltons Teufel Gott so überlegen wie jemand, der trotz Unglück und Qual zu einer von ihm als vortrefflich erkannten Sache steht, jemandem überlegen ist, der in der kalten Sicherheit eines fraglosen Triumphs die furchtbarste Rache an seinem Feind nimmt – nicht etwa in irgendeinem falsch verstandenen Bemühen, ihn zur Reue zu zwingen ..., sondern in der offenen und ausdrücklichen Absicht, ihn zu reizen, damit er weitere Züchtigungen verdiene.[191]

Ungefähr vier Jahrzehnte, nachdem Shelley diese Worte geschrieben hatte, vollendete Victor Hugo *Les Misérables*. In diesem berühmten Roman ist es Inspektor Javert, der die »furchtbare Rache« der Gesellschaft an denen vollzieht, die ihre Gesetze übertreten haben. Hugo vergleicht Javerts Gefühle mit der »übermenschlichen Bestialität eines wütenden Erzengels«, eines »monströsen St. Michael«. Und etwa gleichzeitig, als Hugo im selbstgewählten Exil auf Guernsey einen abstoßenden Michael erdachte, schrieb in Paris Baudelaire in sein Tagebuch:

Ich habe die Definition des Schönen gefunden – meinen Schönheitsbegriff. Etwas zugleich voller Trauer und voll verhaltener Glut ... [ich bin] kaum imstande ..., mir einen Typus des Schönen vorzustellen, in dem nicht auch das *Unglück* zum Ausdruck käme ... [es ist mir fast unmöglich], aus all diesem nicht den Schluß zu ziehen, daß der vollkommenste Typus männlicher Schönheit niemand anders ist als *Satan* – wie Milton ihn geschildert hat. (dt. v. F. Kemp)

Einst ein verderbter Sünder und Außenseiter, der die Welt zur Anbetung heidnischer Götter verführte, ist der gefallene Teufel jetzt mit Schönheit und echter, eigener Macht ausgestattet.

Epilog

Der Teufel ist eine ganz besondere Mischung von Verwirrungen. Satan ist ein Geschöpf der Theologie, der praktischen Ideologie und der Politik, sowie von schlecht miteinander verknüpften bildlichen Traditionen. Der Höllenherrscher, der rebellische Engel, der Widerpart Michaels bei der Seelenwägung, die bösartige Mikrobe und der Provokateur – sie haben bildlich kaum etwas miteinander zu tun. Ohne eine feste Ikonographie konnte aus dem Teufel ein Godzilla werden, ein entstellter Pan, ein pelziges Ärgernis mit oder ohne Flügel, mit oder ohne Hörner, mit gespaltenen Hufen oder ohne, wütend oder komisch. Wenn der Teufel eine Mikrobe sein konnte oder ein gefallener Engel, wie konnte er dann ein Gesicht haben? Er konnte es nicht, denn er war kein Charakter, sondern eine Abstraktion. Da er nicht überzeugend als »Person« empfunden wurde, konnte er nicht überzeugend als böse Kraft dargestellt werden. Er war ein Mensch, der *bloß* eine Maske hatte (und insofern nicht einmal ein Mensch).

Wenn Regierung und Kirche sich in ihren Verlautbarungen auf den Teufel beziehen, dann sprechen sie in der Regel von ihren Gegnern. Aus diesem Grund nannte zum Beispiel der Reverend Ian Paisley im November 1985 in einer in Ulster gehaltenen Predigt Margaret Thatcher eine »Agentin« des Teufels. Das alte Fehlen der Ikonographie ist nützlich, denn der Teufel hat dann das »Gesicht« meines Opponenten, sei dieser nun Margaret Thatcher oder die Katharer. Wenn man die Gegenseite mißachten und Gott für die eigene Sache vereinnahmen will, ist die Gesichtslosigkeit des Teufels hochwillkommen. Der Teufel ist oft nur der »Andere«. Das gilt besonders im zwanzigsten Jahrhundert. Früher allerdings war der Teufel vielleicht etwas mehr, denn sein Bild in den Künsten hat mancherlei Eigenheiten. Christus wurde im Lauf der Jahrhunderte immer individueller. Sein Gesicht drückt fast jedes Gefühl außer Wollust aus. In Giottos Fresken könnten Christus und die Apostel, wie einige der Leute, die den Hauptereignissen beiwohnen, fast Eigennamen tragen. Der Teufel ist jedoch selten individualisiert, und wir erinnern uns an Giottos Judas, aber nicht an seinen Teufel. Giottos Judas ist eine besondere Person, nicht aber sein Satan.

Der Teufel war nicht individualisiert, im Gegensatz zu Häretikern, Juden und Sarazenen. Man ist jedoch verblüfft, wenn man feststellt, daß es nur wenige Plastiken und Bilder gibt, die Satan im Kreis von Häretikern, Juden oder Sarazenen zeigen. Selbst in den wenigen bekannten Beispielen ist Satan marginal, ein Einbläser des Pilatus oder eines bösen Herrschers. Und warum werden, sowohl in den wenigen Beispielen, wo wir unter den Feinden der Kirche Teufel treffen wie auch bei deren Fehlen, diese Feinde *nicht* dämonisiert? Der Antisemitismus durchzieht die gesamte christliche Kunst. Schöne Stundenbücher enthalten explizit antisemitische Illustrationen, und unter den wunderbaren farbigen Glasfenstern und den Monumentalskulpturen finden wir nur allzu viele Beispiele. Aber diese Juden haben keine Hörner, Klauen, Schwänze oder Fledermausflügel.

Häretiker sind selten in der Kunst; wenn sie aber vorkommen, dann werden diese Feinde der Kirche ohne Verzerrung dargestellt. Ich kenne nur drei vollwertige Gemälde vor dem sechzehnten Jahrhundert, die Häretiker zeigen. Bei weitem das wichtigste ist ein großes Fresko in der Spanischen Kapelle in Santa Maria Novella in Florenz, gemalt von Andrea di Bonaiuto (oder da Firenze) im mittleren vierzehnten Jahrhundert, genannt *Die kämpfende und triumphierende Kirche* (Abb. 77). Entsprechend den Anweisungen der Dominikaner zeigt Andrea die Heiligen Dominicus, Petrus Martyr und Thomas von Aquin beim Disput mit Häretikern (Abb. 76). Die mit dem Aquinaten diskutierende Gruppe von Häretikern (ganz rechts) scheint von dessen Logik verblüfft und besiegt; einer reißt sein Buch in Stücke; zwei Juden, die Thomas bekehrt hat, knien vor ihm. Die Gruppe daneben führt jedoch eine heftige Debatte. Petrus Martyrs Worte scheinen kaum zu überzeugen. Petrus ist der bösartige päpstliche Inquisitor, der von den Katharern vor über einem Jahrhundert ermordet worden war. Diese Häretiker haben sehr individuelle Gesichter, und absolut nichts läßt auch nur indirekt den Teufel vermuten. Das gilt auch für die zwei um 1500 gemalten Bilder von Pedro Berruguete im Prado. Die Katharer, mit denen die Dominikaner diskutieren, und die Häretiker, die zum rituellen Scheiterhaufen geführt werden, sind hier normal in jeder Hinsicht: in Kleidung, Gesicht, Körper und Gestik.

Sassetta (Stefano di Giovanni), der originellste der sienesischen Maler, schuf um 1425-50 das Altarbild der Kapelle der Arte della Lana, der Wollhändlerzunft. Die Sonne sinkt; rechts erhebt ein Priester die geweihte Hostie; eine erregte Menge wohnt der Verbrennung eines bärtigen, dunkelgekleideten Mannes bei, eines Häretikers (vielleicht Johann Hus, der 1415 verraten und verbrannt wurde, oder Francesco di Pietro Pocari, verbrannt bei Siena im Juli 1421, oder niemand Besonderes). Ein kleiner Fledermaus-Teufel fliegt zu ihm hin. Dieses Werk ist in seiner Farbgebung, Komposition und Kunstfertigkeit das bedeutendste und bei weitem das beste der drei Bilder, die Häretiker darstellen. Die Häretiker und Juden waren vom bösen Feind aufgehetzt: sie waren seine Agenten und taten sein Werk, aber nie wurden sie in den Künsten mit dem Teufel identifiziert. Abgesehen von den Sarazenen, die sich in ein paar Illustrationen der Grandes Chroniques de France des vierzehnten Jahrhunderts Karl dem Großen nähern, ist mir kein Beispiel bekannt. (Diese Sonder-Teufel stammen vermutlich aus einem Drama, wie an ihren menschlichen Füßen, ihren Masken und besonders ihren Trommeln abzulesen ist.) In der Literatur wurden Häretiker, Sarazenen und Juden dämonisiert, warum jedoch nicht in den bildenden Künsten? Vielleicht weil die Kirche mögliche Konvertiten nicht abschrecken wollte. Vielleicht weil man dem Teufel keine Persönlichkeit geben wollte. Vielleicht weil es keine graphischen Vorbilder gab. Wie dem auch sei,

76 Andrea di Bonaiuto, Dominikaner mit Häretikern diskutierend (links Petrus Martyr, rechts Thomas von Aquin), Detail aus Abb. 77.

77 Andrea di Bonaiuto (oder »da Firenze«), *Die kämpfende und triumphierende Kirche*, 1355, Fresko. Cappellone degli Spagnuoli, Santa Maria Novella, Florenz.

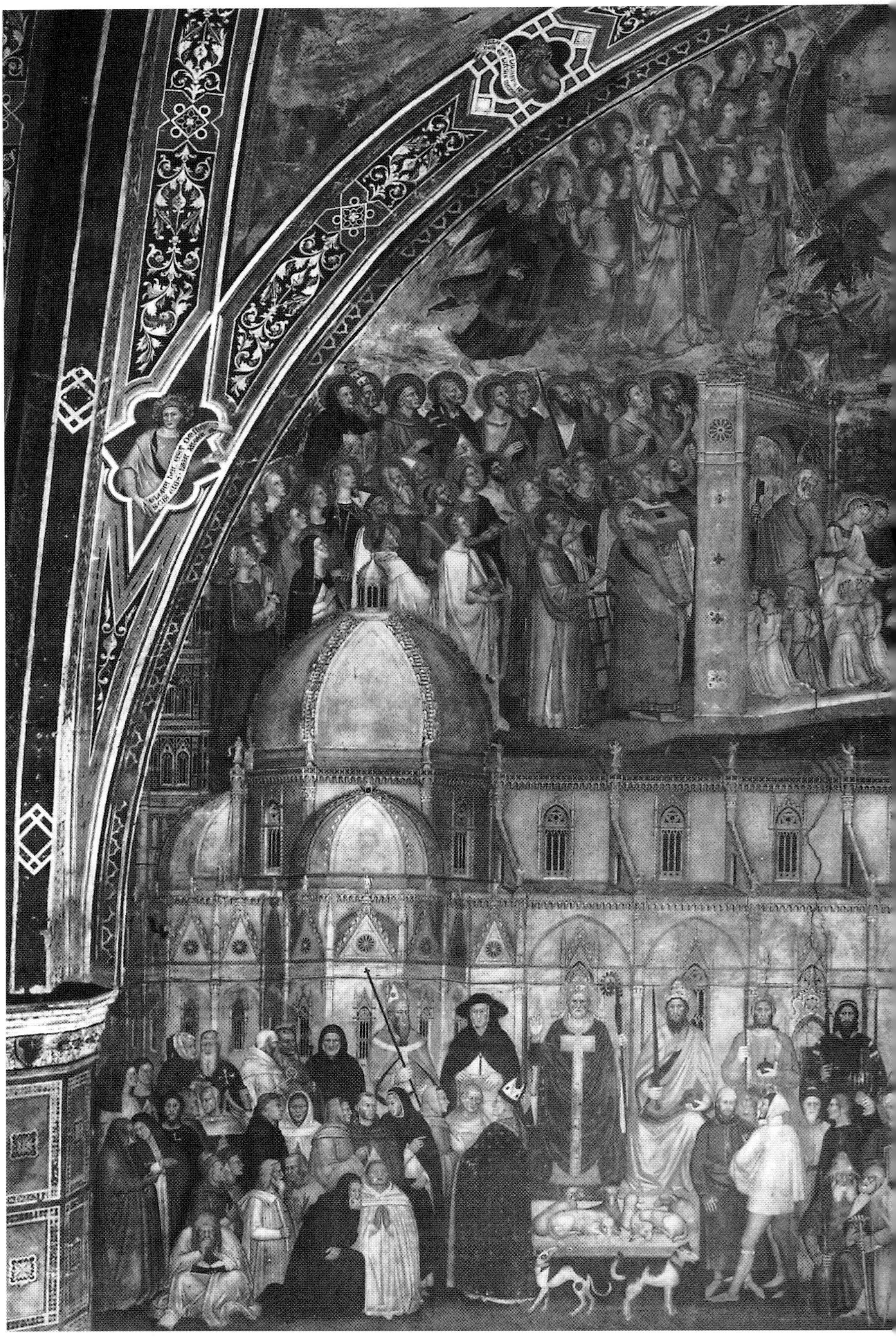

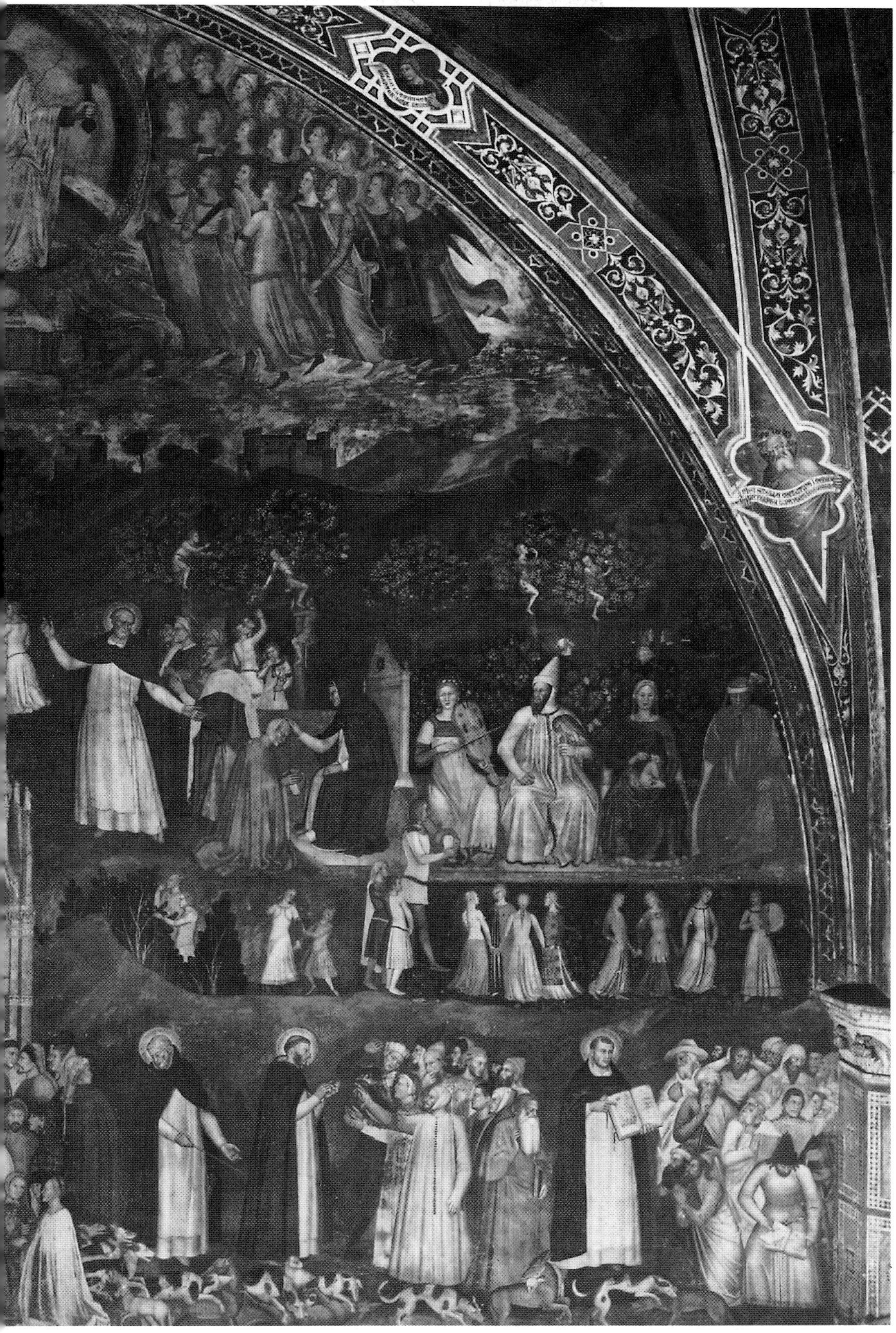

dieses unerwartete Problem läßt darauf schließen, daß es für die Zeit zwischen 800 und 1600 eine unzulässige Vereinfachung wäre, wenn wir den Teufel einfach als »den Anderen« bezeichnen würden.

Ich möchte mich diesem Problem von einer anderen Seite nähern. Ein Subtext läßt auf den Hauptgrund für die fehlende Dämonisierung schließen: der Teufel arbeitet für Gott. Er straft den Sünder: er tut Gottes Werk, darum *kann* er kein Jude oder Häretiker sein. *Nirgends* leidet der Teufel in der Hölle. Bei Christi Höllenfahrt sieht er bestürzt aus, vor Michael hilflos, aber in der Hölle ist er zufrieden, und viele Teufel machen einen ausgesprochen glücklichen Eindruck. Das führt zu einem seltsamen Schluß: der Teufel ist kein Symbol für das Böse, obwohl viele Satanisten ihn dafür halten. Aus den Bildern des Teufels in der bildenden Kunst zwischen 800 und 1600 läßt sich der höchst plausible, wenn auch scheinbar perverse Schluß ziehen, daß der böse Feind auf seiten Gottes steht. Er macht die Dreckarbeit. Er ist in unserem Denken und Sprechen so verwurzelt, daß wir vielleicht überrascht sind, zu erfahren, daß manche Sprachen für den Teufel kein Wort haben, einfach weil sie keinen Begriff dafür haben. Mit *dem Teufel* meine ich die Quelle des Bösen und den Widersacher Gottes. Jede Kultur scheint ihre Teufel gekannt zu haben, aber es gibt Unterschiede. Denis Grivot, der Kanonikus von Autun, der das Haupt Christi rettete und es dorthin zurückbrachte, wo es hingehört, in das Tympanon von St. Lazare, sagte, daß »der Teufel im Leben Christi so unentbehrlich ist, daß ohne ihn Jesus Christus nicht existieren würde. Der einzige Gegner, der Christi würdig ist, ist der Teufel«.[192]

Ich habe schon erwähnt, daß Meikira, einer von den zwölf göttlichen Generälen des Buddhismus (Abb. 23), bei westlichen Betrachtern als Teufel durchgehen würde, obwohl diese Stuckfigur des achten Jahrhunderts in Wirklichkeit das Böse *bekämpft*. In der japanischen Mythologie, Folklore und Religion gibt es die *oni,* eine Art Ungeheuer oder Dämonen, rotgesichtig, gehörnt und oft mit einer Keule bewaffnet. Sicher, sie machen manchmal Schwierigkeiten. Trotzdem gibt es japanische Familien, die von *oni* abzustammen beanspruchen, und *oni* helfen bei manchen Festen beim Vertreiben böser Geister. In der Hölle sind sie oft blau oder rot; wie unsere Teufel sind sie Wächter und vollstrecken – oft fürchterliche – Strafen an den Sündern, aber niemand hält sie für Widersacher Buddhas oder Emmas, des chinesischen Königs, der die japanische Hölle beherrscht. In den Höllen Chinas und Japans gibt es Dämonen, die grimmiger sind als die in den Bildern des Westens, aber diese Dämonen sind *nicht* böse. Im Japanischen gibt es ein Wort für Teufel, *akuma.* Ursprünglich scheint *Akuma* in einigen wenigen buddhistischen Texten benutzt worden zu sein; es erscheint insbesondere in der

Heian-Zeit auch in manchen literarischen Werken und ging in die Alltagsprache ein, weil es für die Übersetzung des christlichen *Satan* benutzt wurde.[193] Es gibt kein Äquivalent für Satan in Japan, so wenig wie in Griechenland und Rom; zumindest ein Grund dafür war das Fehlen des Monotheismus. »Gott« kann schwerlich einen Opponenten haben, wenn es hunderte von Gottheiten gibt. Das Fehlen von Satan bedeutet nicht Gleichgültigkeit gegenüber dem Bösen, das sogar als aktive Kraft aufgefaßt werden kann, auch wenn G. B. Sansom in einem Standardwerk, *Japan: A Cultural History,* sagt, der Begriff der Sünde sei in Japan »mangelhaft und rudimentär«, und zwar weil die Japaner »nicht fähig« seien, das Problem des Bösen zu erkennen. Wie ich vermute, spricht Sansom – vielleicht durchaus unparteiisch – vom christlichen (d.h. seinem) Sündenbegriff; seine Begriffe sind jedoch ziemlich unangemessen.

Obwohl im Konfuzianismus das Böse typischerweise ein negatives Hemmnis in der menschlichen Natur darstellt, dachte man sich im Japan der Fujiwara- und Kamakura-Zeit (zwölftes und dreizehntes Jahrhundert) das Böse als eine universale Kraft, die einer bestimmten historischen Epoche angehört. Diese Zeit war das dritte Stadium in der menschlichen Geschichte, *mappo,* welches das Ende des buddhistischen Gesetzes und der Erlösungshoffnung bezeichnet. Der Glaube an das Ende der Welt, *mappo,* entstand parallel zum transzendentalen Kult des Amida. Ein klares Bewußtsein von solch einer Welt war insbesondere zwischen 1100 und 1200, als die hervorragenden Höllen- und Rokudo-Bilder geschaffen wurden, vorhanden. (Auch in Frankreich entstehen die am tiefsten empfundenen Teufelsdarstellungen in der relativ kurzen Periode von 1050-1130, auch wenn die Ausführung im allgemeinen unbeholfen war.) Das Problem ist komplex, aber trotz des fehlenden Satans in Japan können wir feststellen, daß der Westen wenige (oder keine) Höllendarstellungen aufzuweisen hat, die sich mit denen aus dem Japan des zwölften und dreizehnten Jahrhunderts messen können, und daß es keine Satansplastik gibt, die in ihrer Kraft, in ihrem Grimm und in ihrer makellosen Ausführung mit den verschiedenen Wächterdämonen, die von der Tempyo- bis zur Kamakura-Zeit gegen das Böse kämpfen, vergleichbar wäre.

Ein anderer Grund dafür, daß der Teufel nicht als ein Bild für das Böse betrachtet werden kann, ist, daß er das Böse nur so, wie es die Kirche definiert, darstellt, denn er ist eine christliche Schöpfung, deren Rolle die Kirche festlegte. Naheliegenderweise schrieb die Kirche das Massaker an den Albigensern und den Kauf und Verkauf von Ämtern und Pfründen nicht dem Teufel zu. Und naheliegenderweise sah Luther den Papst als den Teufel an, und umgekehrt. (Protestantische Künstler wie

Lukas Cranach entwarfen Holzschnitte mit Teufeln, die den Papst ins Höllenfeuer befördern.) Diese einfachen Beispiele reichen hin, um die Annahme, daß der Teufel ein Symbol des Bösen überhaupt sei, grundsätzlich zu entkräften. Er ist es nicht. Das Böse ist er nur gemäß den Definitionen, die irgendeine christliche Sekte in ihrem eigenen Interesse liefert. Natürlich war *nach* dem sechzehnten Jahrhundert der Glaube an den Teufel nicht immer vom Glauben an die orthodoxe christliche Theologie abhängig. Wenn der Teufel nicht mehr strikt von Jesus her als seinem Gegenteil definiert war, konnte er auch zu einem allgemeineren Bild bösartiger Kräfte außerhalb der theologischen Standard-Kategorien werden. Das ist jedoch eine andere Geschichte, die im einflußreichsten Satanskultbild überhaupt dargestellt wird: dem *Sabbatic Goat* von Eliphas Levi aus dem mittleren neunzehnten Jahrhundert.[194] Levi war ein seltsamer Pseudo-Gelehrter, der als erster Sozialismus und Religion zu vereinigen versuchte; er wurde schließlich ein interessanter, schwankender Okkultist mit beträchtlichem Einfluß. Seine rituellen Prozeduren wurden – meist von Leuten, die zwischen Gut und Böse nicht unterscheiden können – übernommen und in den Dienst von bösartigen Phantasien gestellt. Der *Sabbatic Goat* beeinflußte nicht nur Filme mit satanistischen Themen, er wurde auch zum Kultbild für verwirrte Spiritualisten, Mitglieder von Rock-Bands und Serienmörder. Eine Geschichte, die hier nicht hingehört.

Dennoch gibt es Autoren, die vom heutigen »Satanismus« reden, als ob der Satan in Rocksongs und Horrorfilmen lediglich eine andere Manifestation jenes Wesens sei, das vor 1600 in den Tympana zu finden ist. Wohin das führen kann, zeigt das Verfahren des Dämonologen Roland Villeneuve. Ihm zufolge erscheint Satan heute durch das Medium von Adolf Hitler, Aleister Crowley und Charles Manson.[195] Wer einen durch Paris schlendernden »Magier-Satanisten« (Crowley), einen Psychopathen (Manson) und den Führer eines faschistischen totalitären Staates als die verschiedenen Facetten Satans, die die Wirklichkeit des Teufels bezeugen, darstellt, beweist wirklich eine starke Phantasie. Eine starke Phantasie hatte auch Joseph Conrad, aber er bestand darauf, daß »ein Glaube an einen übernatürlichen Ursprung des Bösen unnötig ist; die Menschen selbst sind zu jeder Bösartigkeit fähig«. Robert Burns drückte es in seinem Widmungsgedicht »To a painter« scherzhaft so aus:

> *Dear ----, I'll gie ye some advice,*
> *You'll tak it no uncivil:*
> *Yo shouldna paint at angels, man,*
> *But try and paint the devil.*

EPILOG

To paint an Angel's kittle wark,
Wi' Nick, there's little danger:
You'll easy draw a lang-kent face,
But no saw weel a stranger.

Mein Lieber ---, laß dir raten,
Und stoß dich nicht daran:
Nicht Engel sollst du malen,
Mit Satan hebe an.

Des Engels Bild ist heikel,
Sein Antlitz gar zu fremd;
Der Teufel ist vertrauter,
Du malst ihn ungehemmt.

Burns war ein Dichter, Conrad ein Romancier: wir akzeptieren oder verwerfen ihre Einsichten je nach unseren persönlichen Neigungen. Christopher R. Browning ist jedoch ein Historiker, und er hat über zwanzig Jahre damit verbracht, die Zeugnisse des Holocaust zu untersuchen. Insbesondere studierte er die detaillierten Berichte über eine Gruppe, die um die 100 000 Juden zusammentrieb und erschoß – das Reserve-Polizeibataillon 101, das weder aus SS-Leuten noch aus Soldaten bestand, sondern aus normalen, der Mittelklasse angehörenden Hamburger Familienvätern mittleren Alters. Bei keinen der von ihm verwerteten Aufzeichnungen, sagt Browning in seinen *Ordinary Men* (1993), habe er so deutlich wie hier »das krasse Nebeneinander der abscheulichen Vorgänge des Holocaust und des menschlichen Antlitzes der Mörder ... vor Augen gehabt«.[196] Die Vorstellung, das Böse sei eine Manifestation des Teufels, die Annahme, es gebe zwischen dem Teufel, wie er an romanischen Kapitellen erscheint, und Adolf Hitler irgendeine Verbindung, ist grotesk und scheint bloß ein romantischer Vorwand zu sein, um unbequemen sozialen Tatsachen auszuweichen. In jeder modernen Gesellschaft, schließt Browning,

wird durch die Komplexität des Lebens und die daraus resultierende Bürokratisierung und Spezialisierung bei den Menschen, die die offizielle Politik umsetzen, das Gefühl für die persönliche Verantwortung geschwächt. In praktisch jedem Kollektiv übt die Gruppe, der eine Person angehört, gewaltigen Druck auf deren Verhalten aus und legt moralische Wertmaßstäbe fest. Wenn die Männer des Reserve-Polizeibataillons 101 unter solchen Umständen zu Mördern werden konnten, für welche Gruppe von Menschen ließe sich dann noch Ähnliches ausschließen?[197]

Vierhundertfünfzehn Jahre früher hatte Bartolomé de Las Casas, der Mann, den Gustavo Gutiérez (der Begründer der Befreiungstheologie) als seinen Vorläufer ansieht, von der völligen Vernichtung der Eingeborenenbevölkerung Spanisch-Amerikas berichtet. Obwohl katholischer Priester, vertritt Las Casas Ansichten, die denen Brownings nahestehen, und wie Browning macht er nicht den Teufel verantwortlich:

[Viele christliche Spanier] waren aufgrund ihrer Gier und ihres Ehrgeizes gegenüber menschlichem Leiden so verhärtet geworden, daß sie aufhörten, in irgendeiner sinnvollen Bedeutung des Worts Menschen zu sein, und waren durch ihre eigenen bösen Taten so durch und durch verdorben ..., daß sie sich nicht mit ihren bisherigen Leistungen im Reich der Verräterei und Bosheit begnügen konnten ..., sondern selbst die Krone [um Vollmacht] anbettelten, noch schlimmere Grausamkeiten verüben zu dürfen.[198]

In der Kunst des Mittelalters und der Renaissance blieb der Teufel meist zeichenhaft, er war kein künstlerisches Symbol. Obwohl er in den Schriften der Theologen der Widersacher Gottes ist, ähnelt der Teufel einem ohnmächtigen Insekt – wenn er nicht wie bei Milton die Kraft hat, Gottes Thron zu erschüttern, oder wie bei dem sächsischen Dichter gegen Gottes Ungerechtigkeit aufbegehrt oder wie Gislebertus' Satan vor Jesus mit unbändigem Grimm versehen ist. Wir »lesen«, wofür der Teufel steht, aber wir fühlen nichts, weil der Künstler nichts fühlte: der Teufel bleibt unwirklich. Das heißt nicht, daß die Höllenqualen unwirklich wären, und sicherlich heißt es nicht, daß das Böse kein Gesicht hat. Man vergleiche die wenig überzeugenden Teufel, die im Winchester-Psalter die Verdammten quälen (Abb. 52), mit den brutalen Zügen der Männer, die Jesus geißeln (Abb. 53), oder man vergleiche Giottos häßliche kleine Fledermäuse mit der atemberaubenden Kraft des Bösen in seinem *Judaskuß* in der Arena-Kapelle.

Gegen Ende von Shakespeares *Othello* begreift der Held, wie heimtückisch Jago ihn hintergangen hat. Der Schurke wird gefangen und vor Othello gebracht, der jetzt seinem Irreführer gegenübersteht. Dann spricht Othello, ebenso zu sich selbst wie zur venezianischen Gesandtschaft: »Ich seh ihm auf den Fuß; doch das ist Fabel –«. Othello sieht keinen Pferdefuß. Der menschenfüßige Teufel ist der Judas Giottos und er ist in den Knechten, die die Künstler des Winchester-Psalters zeichneten. Solschenizyn sagt im *Archipel Gulag,* Jago sei ein »ein Lamm«, weil er wußte, daß er Böses tat: »Die Phantasie und die Geisteskraft der shakespearischen Bösewichter machte an einem Dutzend von Leichen halt. Denn es fehlte ihnen die *Ideologie.*« Die Ideologie rechtfertigt die Gewalt, stärkt die Entschlossenheit und läßt Schrecken natürlich scheinen. Die mordenden Spanier, bemerkte Las Casas bitter, »behaupten und machen vor der Nachwelt geltend, daß die »Siege, die sie über eine unschuldige Bevölkerung davontragen, indem sie sie massakrieren, von Gott gesandt sind«.[199] Solschenizyn nennt weitere Beispiele dafür, wie die Ideologie den Geist entschlossener Führer in Form hält:

So stärkten sich die Inquisitoren am Christentum; die Eroberer an der Erhöhung der Heimat, die Kolonisatoren an der Zivilisation; die Nationalsozialisten an der Rasse, die Jakobiner (die früheren und die späteren) an der Gleichheit, an der Brüderlichkeit und am Glück der künftigen Generationen.
Dank der *Ideologie* war es dem zwanzigsten Jahrhundert beschieden, die millionenfache Untat zu erleiden. Sie ist nicht zu leugnen, nicht zu umgehen, nicht zu verschweigen – und doch wollen wir es wagen, darauf zu bestehen, daß es Bösewichter nicht gibt? Wer hat denn diese Millionen vernichtet? (S. 192 der dt. Ausgabe, übers. v. R. Peturnig)

Der Teufel war es nicht.

Der Teufel rechtfertigte jedoch die Kreuzzüge der christlichen Kirchen und der Kaiser gegen Albigenser und Hussiten, ihren Mord an Kritikern, wie Arnold von Brescia und dem Philosophen Giordano Bruno, die Verbrennung von Hus, dessen persönliche Sicherheit vom Heiligen Römischen Kaiser selbst garantiert worden war, und die von Servetus durch Calvin in Genf, einen Führer der protestantischen Reformation. Der Teufel, diese hohle Kreatur, brachte den gelehrten Papst Gregor IX. so weit, an den König von Deutschland über Krötenzungen saugende Häretiker zu schreiben, veranlaßte Leo, Juden und Manichäer Bewohner von Jauchegruben zu nennen, und rechtfertigte, ja glorifizierte das Versprechen des Kaisers Theodosius, alle Häretiker hinzurichten, denn der Kaiser ist von himmlischer Weisheit geleitet.

Origenes' Glaube, der Teufel könne erlöst werden, wurde von Augustinus verspottet. Die Vorstellungen, die Origenes und Abälard vom Teufel hatten, zerstörten ihn nicht als Symbol des Bösen, aber sie hätten die Wirksamkeit des Teufels als ideologische Waffe der Kirche gemindert, einer Kirche, die die Abweichungen bei Origenes und Abälard mit dem Teufel erklärte.

Wenn Kirche und Reich den Teufel für ihre eigenen Zwecke benutzten, dann impliziert das jedoch keinen zynischen Unglauben. Im Gegenteil, der Glaube an den Teufel *war* wirklich und *ist* wirklich. *Der Spiegel* vom 22. Dezember 1986 enthielt einen längeren Artikel über den Teufel, und dort wurde der vatikanische Kardinal Ratzinger mit den Worten zitiert: »Für den christlichen Glauben ist der Teufel eine mysteriöse, aber reale, personale und nicht symbolische Präsenz«. Vielleicht hat Bischof Rudolf Graber recht, wenn er sagt: »Wenn es keinen Teufel gibt, dann gibt es keinen Gott«. Vielleicht dient der Glaube an den Teufel

Christen und sogar Nichtchristen dazu, der Konfrontation mit Übeln auszuweichen, an denen sich die Unzulänglichkeit theologischer Erklärungen erweisen würde. Aber dieses Problem ist nicht auf die christliche Theologie beschränkt. Was Brownings eingehende Untersuchung der fünfhundert »normalen Männer«, die das Polizeibataillon 101 bildeten, so außerordentlich macht, ist, daß sie das meiste Theoretisieren über die Massenmörder der »Endlösung« auf überzeugende Weise unterminiert. Brutalisierung durch den Krieg, bürokratisiertes Morden, die »Schreibtischmörder«-Mentalität, gezielte Auswahl durch höhere Stellen oder »Selbst-Selektion« durch psychologische Anlage – all diese Begriffe erweisen sich als schwächliche Erklärungen für das Verhalten des Bataillons 101.[200] Selbst die Ideologie, deren Rolle Solschenizyn hervorhob, ist in diesem Fall von beschränkter Relevanz. In einer faschistischen Gesellschaft aber hat der Einzelne keine Wahl; Gehorsamsverweigerung war nicht möglich – doch war dies wirklich ein entscheidender Faktor? So hatte ich geglaubt... Brownings erschreckendste Feststellung ist die folgende:

In den vergangenen fünfundvierzig Jahren ist in Hunderten von Gerichtsverfahren nach dem Krieg schlicht und einfach noch kein Angeklagter oder Verteidiger in der Lage gewesen, auch nur in einem einzigen Fall zu belegen, daß auf die Weigerung, unbewaffnete Zivilisten zu töten, jene gnadenlose Bestrafung gefolgt wäre, die angeblich zwangsläufig damit verbunden war.[201]

»Ich seh ihm auf den Fuß«, sagt Othello, »doch das ist Fabel«. Wenn so viele Leute – wie ich selbst – geglaubt hatten, daß ein Grund für die Untaten des Dritten Reichs die Unmöglichkeit der Befehlsverweigerung gewesen sei, dieser Glaube sich jedoch mehr als auf Wunschdenken statt auf Tatsachen gegründet erweist, dann ist es nicht überraschend, daß der Glaube an den Teufel als eine leichte Erklärungsmöglichkeit für das Böse funktionierte. Vielleicht sehen deshalb so viele christliche Teufelsbilder so trivial aus, obwohl das Leiden unter dem Bösen es keineswegs ist.

Kein anderes Wesen in der bildenden Kunst, das eine so lange Geschichte hat, ist so leer an eigener Bedeutung. Kein anderes Zeichen oder angebliches Symbol ist so flach. Und wenn das Aussehen des Teufels weitgehend davon abhing, welches Kostüm man benutzte, um ihn darzustellen, dann gilt auch dies: der Teufel ist nur ein Kostüm, selbst wenn es von der Haut derer, die es tragen, nicht mehr zu trennen ist.

Anmerkungen

1 André Chastel, *A Chronicle of Italian Renaissance Painting,* übers. v. P. Murray, Ithaca, NY, 1983, S. 101. Dt.: *Chronik der italienischen Renaissancemalerei 1280-1580,* übers. v. G. Popp, Würzburg 1984, S. 100-101. Professor John Shearman, Princeton, sieht nicht dieselben Probleme wie Chastel, was jedoch zu Schwierigkeiten führt; man sehe seine gezwungene Erklärung der Versuchungen Christi in »The Chapel of Sixtus IV«, in Carlo Pietrangeli u.a. (Hg.), *The Sistine Chapel,* New York, 1986, S. 57-62.
2 J. Contreras und G. Henningsen, »Forty-four thousand cases of the Spanish Inquisition«, in G. Henningsen und J. Tedeschi (Hg.), *The Inquisition in Early Modern Europe,* De Kalb, IL, 1986, S. 119.
3 E. Douglas van Buren, *Symbols of the Gods in Mesopotamian Art,* Rom, 1945, S. 68-70.
4 Komatsu Shigemi, *Nihon no Emaki,* VII, Tokio, 1987; Ienaga Saburo, *Gaki Soshi, Jigoku Soshi, Yamai-no Soshi, Nihon Emakimono Zenshu,* Tokio, 1979; Shimbo Toru, *Jigoku Gokuraku no E,* Tokio, 1984; *Nihon no Bijitsu,* Nr. 271, Sonderheft Rokudo, Tokio, 1988, gibt einen Überblick über die neuere Forschung.
5 Takaaki Sawa, *Art in Japanese Esoteric Buddhism,* Tokio, 1972, S. 17.
6 Roland Villeneuve, *La beauté du Diable,* Paris, 1983
7 Spinozas Brief an Burgh, 1675, Brief LXXVI (Dt. v. K. Gebhardt)
8 Marvin H. Pope, *The Book of Job,* New York, 1965; Peggy L. Day, *An Adversary in Heaven: Satan in the Hebrew Bible.* Das Problem der Bedeutung des Satans im Alten Testament ist, wie die meisten biblischen Fragen, kompliziert. Eine kritische Besprechung von Days Buch in *Journal of Semitic Studies,* XXXVI/1, 1991.
9 Bei allen frühen Kirchenvätern; Clemens, *Protreptikos* 2,23, 10,74; eine Zusammenfassung bei Jean Daniélou, *A History of Early Christian Doctrine before the Council of Nicaea,* London, 1973, II, S. 429.
10 Giorgio Vasari, *Viten,* dt. v. M. Wackernagel.
11 Matthäus 12,26-8; Markus 3,22, 25, 26; Lukas 10,17-18, 11,18.
12 *The Chester Mystery Cycle,* hg. v. R. M. Lumiansky und David Mills, Oxford, 1974
13 P. B. Shelley, »Essay on the Devil and Devils« (*ca.* 1819), in *Shelley's Prose,* hg. v. Davis Lee Clark, New Mexico, 1954, S. 274.
14 Otto Kaiser, *Isaiah 13-39: A Commentary,* London, 1974; *The Interpreter's Bible,* V, New York, 1952.
15 Origenes, *Contra Celsum,* übers. v. H. Chadwick (Cambridge, 1953), IV, 65. (Dt. v. P. Koetschau, in: Bibliothek der Kirchenväter, München 1926, Bd. 52).

16 Augustinus, *Der Gottesstaat,* dt. v. W. Thimme, I, 8.
17 Ebenda, XI, 15.
18 Zit. bei Neil Forsyth, *The Old Enemy,* Princeton, 1987, S. 430; Augustinus' Ausführungen werden auf S. 427-433 analysiert.
19 Augustinus, *op. cit.,* XI, 13.
20 Th. von Aquin, *Summa contra Gentiles,* III, cvii, 7.
21 Augustinus, *op. cit.,* XIV, 11.
22 J. H. Charlesworth, (Hg.), *The Old Testament Pseudepigrapha: Enoch,* übers. v. E. Isaac, New York, 1983; *The Apocrypha and Pseudepigrapha of the Old Testament in English,* übers. v. R. H. Charles, Oxford, 1913, II.
23 M. A. Knibb, »The Date of the Parables of Enoch«, *New Testament Studies,* XXV, 1979, S. 345-359.
24 Franz Delitzsch, *A New Commentary on Genesis,* übers. v. S. Taylor, Edinburgh, 1888, S. 222-233 (Dt.: *Neuer Commentar über die Genesis,* Leipzig, ⁵1887); A. Dillmann, *Genesis, Critically and Exegetically Expounded,* übers. v. W. B. Stevenson, Edinburgh, 1897, I, S. 232-243. (Dt.: *Die Genesis,* Leipzig, ⁶1892)
25 Besonders 15:8; 6:10.
26 Justinus der Märtyrer, zweite *Apologie,* V:2-6.
27 Athenagoras, *Presbeia,* 24.
28 Clemens von Alexandrien, *Stromateis,* V, i:10, 1-3; diskutiert bei Daniélou, *op. cit.,* S. 63.
29 Tertullian, *De cultu feminarum,* 2:1 (Dt. v. K. A. H. Kellner, in: Bibliothek der Kirchenväter, Bd. 24).
30 Bei Daniélou, *op. cit.,* III, S. 162-163.
31 Augustinus, *op. cit.,* XV, 23. Dt. v. W. Thimme.
32 W. B. Henning, »The Book of Giants«, *Bulletin of Oriental and African Studies,* XI (1943-6), S. 52-74, zit. bei C. L. Mearns, »Dating the Similitudes of Enoch«, *New Testament Studies,* XXV (1979), S. 360-369.
33 Thomas von Aquin, *Summa contra Gentiles,* III, cvii, cix.
34 Hastings Rashdall, *The Idea of Atonement in Christian Theology,* London, 1920.
35 Ignatius, *Epheserbrief.*
36 Henry Bettenson, *Documents of the Christian Church,* Oxford, 1943, S. 31.
37 *Christology of the Later Fathers,* hg. v. Edward Rochie Hardy, London, 1955, S. 22-24 (Dt. v. K. Weiß, in: Bibliothek der Kirchenväter, Bd. 56, München 1927).
38 *Zweite Osterrede,* xxii (Dt. v. J. Röhm, in: Bibliothek der Kirchenväter, Bd. 8, Kempten, 1874).
39 Augustinus, *De Trinitate,* xiii, 4.
40 »Why God became Man«, vii, in *A Scholastic Miscellany: Anselm to Ockham,* hg. v. Eugene R. Fairweather, London, 1956.
41 Daniel Defoe, *Robinson Crusoe,* 1719, hg. v. Angus Ross, Harmondsworth, 1965, S. 220. Dt. v. H. Novak.
42 »Exposition on the Epistle to the Romans«, ii, in Fairweather, *op. cit.*
43 G. G. Coulton, *Five Centuries of Religion,* Cambridge, 1923-1927, I, S. 64.

44 Jean Gimpel, *The Cathedral Builders,* New York, 1984, S. 86.
45 R. Lightbown, *Piero della Francesca,* London, 1992, S. 148.
46 Pucelle, »The Belleville Breviary«, in *A Documentary History of Art,* hg. v. E. G. Holt, Princeton, 1947, I, S. 130-134.
47 Erwin Panofsky, *Abbot Suger,* 2. Aufl., Princeton, 1979, S. 214.
48 Gertrud Schiller, *Ikonographie der Christlichen Kunst,* Gütersloh, 1966, II, S. 98-176.
49 Contreras und Henningsen, »Fourty-four thousand casas of the Spanish Inquisition«, *op. cit.,* S. 104.
50 A. a. O., S. 105.
51 A. a. O., S. 121.
52 »The Dovecote has opened its eyes«, C. Ginsberg in Henningsen, *op. cit.,* S. 193.
53 Coulton, *op. cit.,* S. 465.
54 Arnobius von Sicca, *The Case Against the Pagans,* übers. v. G. E. McCracken, New York, 1949, I, S. 36, 40-41.
55 Friedrich Heer, *The Medieval World: Europe 1100-1350,* übers. v. J. Sondheimer, New York, 1962, S. 393-394. (Dt.: *Mittelalter. Vom Jahr 1000 bis 1350,* München 1977)
56 Erwin Panofsky, *Studies in Iconology,* New York, 1962, S. 25-29.
57 »Essay on the Devil and Devils«, in *Shelley's Prose,* S. 274.
58 François Vogade, *Vézélay,* Bellegarde, 1992, Anm. zu T. 17.
59 Francis Salet, *La Madeleine de Vézélay,* Melun, 1948, S. 149.
60 A. a. O., S. 154.
61 L. F. Kaufmann, *The Noble Savage: Satyrs and Satyr Families in Renaissance Art,* Ann Arbor, 1984, S. 31-32.
62 C. Gaignebet und J.-D. Lajoux, *Art profane et religion populaire au moyen âge,* Paris, 1985, S. 120-125.
63 Kaufmann, *op. cit.,* S. 32-41.
64 Cheikh Anta Diop, »Origin of the ancient Egyptians« in *A General History of Africa,* II: *Ancient Civilizations,* hg. v. G. Mokhtar (UNESCO 1981), S. 35-40.
65 Peter Brown in *A History of Private Life,* I: *From Pagan Rome to Byzantium,* hg. v. P. Veyne, London, 1987, S. 245.
66 Schiller, *op. cit.,* I, S. 137-152.
67 Leo Steinberg, *The Sexuality of Christ in Renaissance Art and in Modern Oblivion,* New York, 1983.
68 Zu den wenigen Ausnahmen gehört eine Seelenwägung aus Canterbury, frühes zwölftes Jahrhundert (Florenz, Laurentiana, MS Plut, xii, 17, fol. 1); sowie Sassettas *Antonius, von Teufeln mißhandelt* (obwohl hier die Teufelsgenitalien unkenntlich gemacht wurden!), frühes fünfzehntes Jahrhundert (Pinacoteca Nazionale, Siena); und indirekt auch Teufel aus dem *Jüngsten Gericht* in Bourges.
69 G. G. Coulton, *Art and the Reformation,* I: *Medieval Faith and Symbolism,* Cambridge, 1953, S. 49-50.
70 Gimpel, *op. cit.,* S. 60.
71 R. W. Southern, *The Making of the Middle Ages,* New Haven, 1953, S. 201-202.

72 Gimpel, *op. cit.*, S. 100; José S. Gil, *La escuela de traductores de Toledo y sus colaboradores judios,* Toledo, 1985.
73 John Harvey, »The Development of Architecture«, in *The Flowering of the Middle Ages,* hg. v. Joan Evans, London, 1966, S. 90-91.
74 G. Sarton, *A history of Science: Hellenistic Science and Culture in the Last Three Centuries BC,* New York, 1959, II, ch. 1-2.
75 Socrates Scholasticus, *Kirchengeschichte von 305-439.* XVII, 13-15.
76 Sermon, XVI, iv. (Dt. v. Th. Steeger in: Bibliothek der Kirchenväter 54, München 1927)
77 Weitere Beispiele aus dem Utrecht Psalter sind: fol. 1v (Ps. 1); 3r (Ps. 5); 3v (Ps. 6); 16v (Ps. 29); 17r (Ps. 30); 59r (Ps. 102); 64r (Ps. 108); 77v (Ps. 137); 78r (Ps. 138).
78 Typische Beispiele sind Abb. 16, 33, 50.
79 François Garnier, *Le langage de l'image au moyen âge*, Paris, 1982, ch. 13.
80 Jeffrey Burton Russell, *Lucifer,* Ithaca, NY, 1984, S. 132.
81 Natürlich gibt es Ausnahmen, wenn auch wenige. Die wichtigste ist vielleicht Jaki. Die vier Könige, die die buddhistischen Tempel in vier Himmelsrichtungen bewachen, heißen im Japanischen die Shi-Tenno. Diese vier wohlmeinenden Devas treten manchmal mit ihren Füßen böse Geister zu Boden. Im Vorraum der Grotte 427 von Tun Huang befindet sich eine große farbige Stuckdekoration, die zeigt, wie drei Wächter auf den Jaki stehen, die mit dicken, flammenden Haarbüscheln versehen sind, wie der Teufel am Kapitell mit dem Goldenen Kalb in Conques oder der, der in Autun dem Selbstmord des Judas zusieht. In diesem Fall sind sie in ihrer Gesamterscheinung und ihrem Gesichtsausdruck ihren christlichen Gegenstücken so ähnlich, daß man sie, in einen mittelalterlichen Kirchenraum versetzt, wohl kaum für chinesisch halten würde. (Siehe *Mogao Grottos of Dunhuang,* Tokio, 1980-1982, II, T. 46). Diese Grotte stammt aus der Zeit der Sui-Dynastie (um die Wende des sechsten Jahrhunderts). Zu den späteren, leichter zugänglichen Beispielen zählen die Wesen unter den Füßen der Shi-Tenno in Todaiji und Horyuji, beide in Nara; sie haben aber beide ihre Flammenhaar-Büschel verloren, entweder weil (wie ich vermute) die später benutzten chinesischen Vorbilder keine hatten, oder weil die Japaner eigene Abwandlungen vornahmen. Es gibt also im Osten böse Wesen mit Flammenhaar, aber erstens sind sie nicht häufig: das zu Boden getretene Wesen hat normalerweise kein solches Haar; und zweitens, das ist gewichtiger, bleibt Flammenhaar ein Schlüssel zur Identifizierung von Figuren, die das Böse bekämpfen.
82 Villeneuve, *op. cit.,* S. 36.
83 Und nicht nur menschliche Figuren. Das beste Beispiel ist vielleicht der noch nicht dagewesene große Höllen-Hahn, der den Rahmen, in dem er gemalt ist, dominiert. Bei diesem Wesen denkt man weniger an Zorn auf das Böse als an einen großen bösen Geist. Sein Kamm verwandelt sich in Flammen, desgleichen die Nackenfedern und die Halskrause. Er tritt diejenigen, die Tiere mißhandelt haben; sein Gesicht zeigt mehr Wut als bei den meisten europäischen Teufeln zusammengenommen. Siehe Jigoku-soshi, II, iv (Nationalmuseum Tokio).

84 Jurgis Baltrusaitis, *Le Moyen Age fantastique,* Paris, 1981, S. 144-150.
85 Steinberg, *op. cit.,* S. 132.
86 R. J. M. Olson, »Giotto's Portrait of Halley's Comet«, *Scientific American* (Mai 1979), S. 134-142.
87 Zwei Künstler, die einen modernen Satan schufen, bedienten sich gefiederter Flügel. Auf dem ersten Blatt von Delacroix' Lithographien-Zyklus zu Goethes *Faust* fliegt Satan mit gefiederten Flügeln um die Stadt, ebenso wie der grimmige, unerbittliche Satan, der bei Rops das Böse sät. Das hängt wohl damit zusammen, daß beide Künstler Satan »positiv«, als Alternative zu ihrer bourgeoisen Umgebung, interpretierten.
88 Russell, *op. cit.,* S. 29 Anm. 2, S. 129.
89 A. a. O., S. 129-130.
90 Coulton, *Five Centuries of Religion,* I, S. 38-44.
91 Baltrusaitis, *op. cit.*
92 Schiller, *op. cit.,* I, S. 154.
93 *The Refutation and Overthrow of Knowledge Falsely so-called,* übers. v. E. R. Hardy, in *Early Christian Fathers,* London, 1953, S. 21.
94 *De praescriptione haereticorum,* 37.
95 Arnaldo Momigliano, *Essays in ancient and Modern Historiography,* Oxford, 1977, S. 116.
96 Zu den Häresien bis zum sechsten Jahrhundert und der Reaktion der Kirche, siehe: E. I. Watkin, *The Church in Council,* London, 1960; W. H. C. Frend, *The Early Church,* London, 1973; F. Kempf u. a., *History of the Church: The Church in the Age of Feudalism,* New York, 1980, ch. 41; *The New Catholic Encyclopedia; The Writings of St Paul,* hg. v. W. A. Meeks, London, 1972, Teil III; und Schriften der frühen Kirchenväter.
97 Tertullian, *De praescriptione haereticorum,* 37.
98 Giovanni Filoramo, *A History of Gnosticism,* übers. v. A. Alcock, London, 1990, S. 82.
99 Montague Rhodes James, *The Apocryphal New Testament,* Oxford, 1924, S. 187-189; dieselbe Vorstellung auch in den Johannesakten (xcviii) bei E. Hennecke, *New Testament Apocrypha,* übers. v. R. M. Wilson u. a., London, 1963. Dt.: *Neutestamentliche Apokryhen,* I, II, Tübingen, ³1953-1964.
100 Lesung, II, 4 in *Cyril of Jerusalem and Nemesius of Emesa,* hg. v. William Tefler, London, 1955. (Dt. v. Ph. Haeuser, in: Bibliothek der Kirchenväter, Bd. 41, München 1922)
101 »Essay on the Devil and Devils« in *Shelleys Prose,* S. 269-270.
102 J. Stevenson, *A New Eusebius,* London, 1957, S. 281.
103 A. a, O., S. 283.
104 Augustinus, *Der Gottesstaat,* XVIII, 51. Dt. v. W. Thimme.
105 Filoramo, *op. cit.,* S. 168.
106 Peregrinus, *Commonitoria,* S. 430. (Dt. v. St. Krottenthaler, in: Bibliothek der Kirchenväter, Bd. 5, Kempten und München, 1912)
107 B. J. Kidd, *Documents Illustrative of the History of the Church,* London, 1932-1933, II, doc. 69.
108 A. a. O., S. 216.

109 Kempf, *op. cit.,* Kap. 13; Jaime Vincens Vives, *Approaches to the History of Spain,* 2. Aufl., übers. v. J. C. Ullman, Berkeley, 1970, Kap. 4-7; John Williams, *Early Spanish Manuscript Illumination,* London, 1977.

110 Kommentar von Richard Laufner und Peter K. Klein, *Trierer Apokalypse: Facsimile of Codex 31 of the Municipal Library,* Graz, 1975, S. 112-115, 134-135.

111 Peter Klein, »The Apocalypse in Medieval Art«, *The Apocalypse in the Middle Ages,* hg. v. R. K. Emmerson und B. McGinn, Ithaca, NY, 1992, S. 187.

112 Philippe Sénac, *L'image de l'autre, histoire de l'occident médiéval face à l'Islam,* Paris, 1983, S. 1, 33-35.

113 John Williams, »The Apocalypse Commentary of Beatus of Liebana«, *The Apocalypse in the Middle Ages,* hg. v. R. K. Emmerson und B. McGinn, Ithaca, NY, 1992, S. 227, Anm. 40, 42.

114 Sénac, *op. cit.,* Kap. 2-3.

115 Williams, *op. cit.,* S. 220.

116 Klein, *op. cit.,* S. 194.

117 Philippe Ariès, *The Hour of our Death,* übers. v. H. Weaver, New York, 1981, S. 99. Dt.: *Geschichte des Todes,* übers. v. H. H. Henschen und U. Pfau, München – Wien, 1980.

118 Zit. bei Alexander Heidel, *The Babylonian Genesis,* Chicago, 1942, S. 107.

119 Dominique Collon, *First Impressions: Cylinder Seals in the Ancient Near East,* Chicago, 1988, S. 178, Abb. 840.

120 Brief CLXXV.

121 *Imperial Lives and Letters of the Eleventh Century,* übers. v. Theodor E. Mommsen und Karl F. Morrison, mit einer historischen Einführung von Morrison, New York, 1962, S. 3-18.

122 R. I. Moore, *The Origins of European Dissent,* London, 1985; Hans-Georg Beck u. a., *History of the Church: From the High Middle Ages to th Eve of the Reformation,* New York, 1980, Kap. 21-22, 28, 32-33; Alan C. Kors und Edward Peters, *Witchcraft in Europe, 1100-1700,* London, 1972; Friedrich Heer, *The Medieval World: Europe 1100-1350,* übers. v. Janet Sondheimer, New York, 1962, Kap. 9; G. G. Coulton, *Five Centuries of Religion,* II: *The Friars and the Dead Weight of Tradition, 1200-1400,* Cambridge, 1927; M. D. Lambert, *Medieval Heresy,* London, 1977.

123 Peters, *op. cit.,* S. 178, 208.

124 R. I. Moore, *op. cit.,* S. 169.

125 Was von modernen Historikern bestätigt wird: G. Gonnet, »Recent European Historiography on the Medieval Inquisition« in *The Inquisition in Early Modern Europe,* S. 201.

126 A. a. O., S. 202.

127 Athenagoras, *Presbeia* 1.3; LCC, I, S. 303.

128 Tertullian, *Apologeticum,* 7.1, 8.6.

129 Übersetzt bei Stephen Benko, *Pagan Rome and the Early Christians,* Bloomington, IN, 1948, S. 65-66.

130 Brian Pullan, *Sources for the History of Medieval Europe,* Oxford, 1966, Teil II, doc. 17.

131 Peters, *op. cit.*, S. 196.
132 A. a. O., S. 48-49.
133 Jaime Vincens Vives, *Approaches to the History of Spain*, S. 66.
134 Richard Fletcher, *Moorish Spain*, London, 1993; José Gil, *op. cit.*
135 Lynn Thorndike, *A History of Magic and Experimental Science*, London, 1923, II, S. 315.
136 R. W. Southern hält die Wichtigkeit von Chartres für überschätzt: siehe »School of Paris and School of Chartres«, in *Renaissance and Revival in the Twelfth Century*, hg. v. R. L. Benson und G. Constable, Oxford, 1982.
137 Heer, *op. cit.*, S. 262.
138 M. F. Hearn, *Romanesque Sculpture*, Ithaca, NY, 1981, S. 139.
139 So auch der bedeutende Gelehrte Jeffrey Burton Russell in seinem *Satan*, Ithaca, NY, 1981, S. 24, 129.
140 Garnier, *op. cit.*, Kap. 10.
141 James, *op. cit.*, S. xiii.
142 Carlo Ginzburg, *Ecstasies*, übers. v. R. Rosenthal, London, 1992, S. 70.
143 S. G. F. Brandon, *The Judgement of the Dead*, London, 1967.
144 V. I. Atroschenko und J. Collins, *Origins of Romanesque Art*, London, 1985, S. 80.
145 Ariès, *op. cit.*, S. 100.
146 Jacques Le Goff, *La naissance du Purgatoire*, Paris, 1981. Dt.: *Die Geburt des Fegefeuers*, Stuttgart, 1984.
147 Ariès, *op. cit.*, S. 102. Dt. Ausg., S. 129.
148 Denis Grivot und Georges Zarnecki, *Gislebertus: Sculpteur d'Autun*, Paris, 1960.
149 James Snyder, *Medieval Art*, New York, 1989, S. 287.
150 Coulton, *op. cit.*, I, S. 111, 113.
151 Ginzburg, *op. cit.*, S. 35.
152 Henry Kraus, *The Living Theatre of Medieval Art*, Bloomington, IN, 1967, S. 141-143.
153 Hearn, *op. cit.*, S. 179-180.
154 Ein ausgezeichnetes Beispiel eines mittelalterlichen Dramas ist *The Wisdom Play*, in *Macro Plays*, hg. v. Mark Eccles, London, 1969.
155 Schiller, *op. cit.*, I, S. 154.
156 Francis Wormald, *The Winchester Psalter*, London, 1973.
157 Erich Auerbach, *Mimesis*, Bern, 1946; s. im Register »Figuralstruktur«.
158 Zitiert bei A. Chastel und E. Baccheschi, *Tout l'œuvre peint de Giotto*, Paris, 1982, S. 109.
159 Edward Lucie-Smith, *Sexuality in Western Art*, London, 1991, S. 34.
160 Georges Bataille, *Œuvres complètes*, X, Paris, 1987, S. 614 (*Les Larmes d'Éros*); die von Bataille genannten Gemälde sind von van der Weyden, Bouts und Spranger!
161 Charles Sterling, *La peinture médiévale à Paris*, Paris, 1987, I, S. 39, zeigt Szenen aus der *Bible en images du cardinal Maciejowski*, um 1255; bei den Szenen mit David und Bathseba weist Sterling auf die feine Modellierung des Körpers hin, insbesondere bei David, der im Bett Bathseba liebkost.

162 A. K. Wheelock und G. Keyes, *Rembrandt's Lucretias,* National Gallery of Art, Washington DC, 1991, S. 3.
163 Augustinus, *Der Gottesstaat,* I, 19.
164 C. Seymour Jr., *Sculpture in Italy, 1400-1500,* Harmondsworth, 1966, T. 147.
165 Ariès, *The Hour of our Death,* S. 373. Dt.: S. 475-476
166 Heinrich Wölfflin, *Die Kunst Albrecht Dürers,* München, 1984, S. 110.
167 Erwin Panofsky, *The Life and Art of Albrecht Dürer,* Priceton, 1943, S. 71. Dt.: *Das Leben und die Kunst Albrecht Dürers,* übers. v. L. Möller, München 1977, S. 95.
168 *Die Renaissance im deutschen Südwesten,* Badisches Landesmuseum Karlsruhe, Eine Ausstellung des Landes Baden-Württemberg, 1986, S. 317-318, 380.
169 Charles Williams, *Witchcraft,* London, 1941, S. 124; die meisten Leser würden jedoch (hoffe ich) dem Mediävisten Russell Hope Robbins zustimmen, wenn er von diesem Buch sagt, es sei das »unheilvollste dämonologische Werk, das je geschrieben wurde und das der inquisitorischen Hysterie die Schleusen öffnete«, in *Encyclopedia of Witchcraft and Demonology,* New York, 1959, S. 337.
170 Eines seiner frühesten Werke ist eine Glasmalerei in Großgründlach um 1505, die die Versuchung Christi zeigt. Satan ist behaart, hat gespaltene Hufe, Raubvogelhände, Engelsflügel (keine Fledermausflügel) und einen bedrohlichen, gehörnten Hahnenkopf.
171 C. Gilbert, »Signorelli and Young Raphael«, in *Raphael before Rome,* hg. v. J. Beck, Washington DC, 1986, S. 121.
172 Während der Kamakura-Zeit wurde eine neue, aus Südchina kommende Ikonographie, das Thema der Zehn Höllenkönige, volkstümlich. Verglichen mit älteren Rollen mit dem Höllenthema nehmen Zerstückelung, Kannibalismus und Sadismus zu. Eine solche Juozu (Privatsammlung; Kaneko, S. 130) zeigt zwei stämmige Dämonen (*oni*), die eine hingestreckte nackte Schönheit in zwei Hälften sägen, sowie, ein anderes Standardthema, eine halbnackte Versucherin auf einem Gipfel eines Baums, dessen Stamm mit scharfen, schwertartigen Dornen versehen ist; wenn der Sünder nach großen Mühen den Gipfel erreicht hat, erscheint die Versucherin am Fuß des Baums. In dem älteren bemerkenswerten Gaki-Soshi (Nationalmuseum, Tokio) treiben sich *Shi-ben gaki* (dünne schwarze aasfressende »Geister« mit Blähbäuchen) herum und beobachten eine schöne hockende Dame bei der Defäkation; sie warten darauf – ein groteskes, voyeuristisches Thema (dritter Abschnitt der Rolle) –, ihre Exkremente verschlingen zu können.
173 D. Redig de Campos, »The Sistine Chapel«, in *Art Treasures of the Vatican,* New York, 1947, S. 174.
174 P. de Vecchi, »Michelangelo's Last Judgement«, in *The Sistine Chapel,* New York, 1987, S. 200-201, listet verschiedene Deutungen auf.
175 Eine neuere maßgebende Stellungnahme bei de Vecchi, *op. cit.*
176 André Chastel, *A Chronicle of Italian Renaissance Painting,* S. 202. Dt. Ausgabe, S. 190.
177 Chastel, *op. cit.,* S. 281. Dt. Ausgabe, S. 200-201.

178 »The Junius Manuscript«, in *Anglo-Saxon Poetic Records,* I, hg. v. George Philip Krapp, New York, 1931; Übersetzung von mir.
179 Michael J. B. Allen und Daniel G. Calder, *Sources and Analogues of English Poetry,* 1976, S. 3-5.
180 Millard Meiss, *French Painting in the Time of Jean de Berry,* London, 1967, S. 30-32; Barbara Tuchman, *A Distant Mirror,* New York, 1977, S. 47.
181 Millard Meiss und Elizabeth H. Beatson, *Les Belles Heures de Jean, Duc de Berry,* London, 1974, S. 9.
182 Meiss, *French Painting,* S. 32.
183 Rodney Hilton, *Bondmen Made Free,* London, 1973, S. 112-115, 132.
184 *La tenture de l'Apocalypse d'Angers,* Cahiers de l'Inventaire Général, Paris, 1987, S. 12.
185 Millard Meiss, *The Limbourgs and their Contemporaries,* London, 1974, S. 5.
186 Sterling, *op. cit.,* S. 253.
187 Sterling (a. a. O.) verwirft Meiss' Annahme und deutet die Geste im vulgär-profanen Sinne.
188 Meiss, *op. cit.,* S. 30.
189 A. a. O., S. 12.
190 A. a. O., S. 175.
191 Shelley, »Essay on the Devil and Devils«, *op. cit.,* S. 267.
192 Denis Grivot, *Images d'anges et des démons,* Saint-Léger-Vauban, 1953, S. 121.
193 Ein umfassender Überblick über die Bedeutungen von *akuma* würde ein eigenes Kapitel erfordern; bevor es als das japanische Wort für *Satan* benutzt wurde, tritt es mit verwandten Worten vor allem in buddhistischen Texten auf. Desgleichen findet es sich in der langen, aus dem zwölften Jahrhundert stammenden Erzählung *Utsobo Monogatari,* in der Gedicht- und Liedersammlung *Royin Hisho* aus dem späten zwölften Jahrhundert und in der buddhistischen Predigtensammlung *Hosshin Shu* aus dem frühen dreizehnten Jahrhundert. Ein interessantes Beispiel aus *Nezumi Komon Harunoshingata,* einem Kabuki-Spiel des mittleren neunzehnten Jahrhunderts über einen Robin Hood aus Edo (der alte Name Tokios), ist die Zeile »Futte waita kono gonangi wa, konnichi no akuma de gozansho.« Damit ist ein böser, unheilbringender Geist gemeint, der einen guten Menschen auf den falschen Weg leitet, was christlichen Vorstellungen so ähnlich ist, daß ich hier in der Tat christliche Einflüsse vermute.
194 Eine Abbildung von Levis bocksköpfigem Wesen enthält *Dogme de la Haute Magie,* 1855, sowie E. A. Waites Übersetzung, *Transcendental Magic,* London, 1923.
195 Villeneuve, *op. cit.,* S. 14.
196 C. R. Browning, *Ordinary Men,* New York, 1993, S. xvi. Dt.: *Ganz normale Männer. Das Reserve-Polizeibataillon 101 und die »Endlösung« in Polen,* übers. v. J. P. Krause, Reinbek, 1996, S. 12.
197 A. a. O., S. 189. Dt.: S. 246-247.
198 Bartolomé de las Casas, *A Short Account of the Destruction of th Indies, 1542,* übers. v. N. Griffin, London, 1992, S. 3.

199 Las Casas, *op. cit.*, S. 70.
200 Browning, *op. cit.*, S. 162-169.
201 A. a. O., S. 170. Dt.: S. 222-223.

Ausgewählte Bibliographie

The Apocalypse in the Middle Ages, hg. v. R. K. Emmerson und B. McGinn, Ithaca, 1992.
The Apostolic Fathers, übers. v. Francis X. Glimm, Joseph M. F. Marique und Gerald C. Walsh, Washington DC, 1962.
Philippe Ariès, *Images de l'homme devant la mort,* Paris, 1983. Dt.: *Geschichte des Todes*, übers. v. H. H. Henschen und U. Pfau, München – Wien, 1980.
Arnobius von Sicca, *The Case against the Pagans,* 2 Bde., übers. v. George E. McCracken, New York, 1949.
Erich Auerbach, *Mimesis,* Bern, 1946.
Augustinus, *The City of God,* 3 Bde., übers. v. Demetrius Zema und Gerald Walsh, Washington DC, 1962.
E. Baccheschi (Hg.), *Tout l'œuvre peint de Giotto,* Paris, 1982.
Jurgis Baltrusaitis, *Le Moyen Age fantastique,* Paris, 1981. Dt.: *Das phantastische Mittelalter*, Frankfurt – Berlin – Wien, 1985.
Henry Bettenson, *Documents of the Christian Church,* Oxford, 1943.
S. G. F. Brandon, *The Judgement of the Dead,* London, 1967.
Gérard de Champeaux, *Le monde des symboles,* St.-Léger-Vauban, 1980.
J. H. Charlesworth (Hg.), *The Old Testament Pseudepigrapha,* New York, 1983.
André Chastel, *A Chronicle of Italian Renaissance Painting,* übers. v. P. Murray, Ithaca NY. Dt.: *Chronik der italienischen Renaissancemalerei 1280-1580*, übers. v. G. Popp, Würzburg, 1984.
The Chester Mystery Cycle, hg. v. R. M. Lumiansky und David Mills, Oxford, 1974.
Clemens von Alexandrien, *Exhortation to the Greeks,* übers. v. G. W. Butterworth, Loeb Classical Library, Cambridge MA, 1919.
Dominique Collon, *First Impressions: Cylinder Seals in the Ancient Near East,* Chicago, 1988.
G. G. Coulton, *Five Centuries of Religion:* I: *St Bernard, his Predecessors and Successors, 1000-1200;* II: *The Friars and the Dead Weight of Tradition, 1200-1400,* Cambridge, 1923, 1927.
Jean Daniélou, *A History of Early christian Doctrine before the Council of Nicaea,* II: *Gospel Message and Hellenistic Culture;* III: *The Origins of Latin Christianity,* London, 1973, 1977.
Mary Douglas, *Purity and Danger,* London, 1966.
Giovanni Filoramo, *A History of Gnosticism,* übers. v. A. Alcock, London, 1990.
Michel Foucault, *Surveiller et punir: Naissance de la prison,* Paris, 1975. Dt.: *Überwachen und Strafen. Die Geburt des Gefängnisses,* Frankfurt, 1976.
W. H. C. Frend, *The Early Church,* London, 1973.

C. Gaignebet und J.-D. Lajoux, *Art profane et religion populaire au moyen âge,* Paris, 1985.
François Garnier, *Le langage de l'image au moyen âge,* Paris, 1982.
José S. Gil, *La escuela de traductores de Toledo y sus colaboradores judios,* Toledo, 1985.
Jean Gimpel, *Les Bâtisseurs de Cathédrales,* Paris, 1980.
Erwin R. Goodenough, *Jewish Symbols in the Greco-Roman Period,* II: *The Archeological Evidence from the Diaspora;* III: *Illustrations for Volume I and II;* IX/X: *Symbolism in the Dura Synagogue,* New York, 1953-1964.
Denis Grivot, *Images d'anges et des démons,* St.-Léger-Vauban, 1981.
– und George Zarnecki, *Gislebertus: Sculpteur d'Autun,* Paris, 1960.
Arnold Hauser, *The Social History of Art,* London, 1951. Dt.: *Sozialgeschichte der Kunst und Literatur,* München, ²1958.
Friedrich Heer, *The Medieval World: Europe 1100-1350,* übers. v. Janet Sondheimer, New York, 1962. Dt.: *Mittelalter. Vom Jahr 1000-1350,* München, 1977.
G. Henningsen und J. Tedeschi (Hg.), *The Inquisition in Early Modern Europe,* De Kalb, IL, 1986.
Rodney Hilton, *Bondmen Made Free,* London, 1973.
The Junius Manuscript, hg. v. George Philip Krapp, *Anglo-Saxon Poetic Records,* I, New York, 1931.
The Writings of Justin Martyr: The First Apology, The Second Apology, Dialogue with Trypho, übers. v. Thomas B. Falls, Washington DC, 1948.
L. F. Kaufmann, *The Noble Savage: Satyrs and Satyr Families in Renaissance Art,* Ann Arbor, 1984.
B. J. Kidd, *Documents Illustrative of the History of the Church,* 2 Bde., London, 1932-1933.
M. A. Knibb, »The Date of the Parables of Enoch«, *New Testament Studies,* XXV, 1979, S. 345-359.
Komatsu Shigemi, *Nihon no Emaki,* VII, Tokio, 1987.
Alan C. Kors und Edward Peters, *Witchcraft in Europe, 1100-1700,* London, 1972.
Henry Kraus, *The Living Theatre of Medieval Art,* Bloomington, IN, 1967.
M. D. Lambert, *Medieval Heresy,* London, 1977.
Jean Lassus, *The Early Christian and Byzantine World,* New York, 1967.
Jacques Le Goff, *La naissance du Purgatoire,* Paris, 1981. Dt.: *Die Geburt des Fegefeuers,* Stuttgart 1984.
Emmanuel Le Roy Ladurie, *Montaillou: village occitan de 1294 à 1324,* Paris, 1978.
Library of Christian Classics, London 1953-1957:
I: *Early Christian Fathers* (Justinus, Athenagoras, Irenäus), hg. v. Cyril Richardson
II: *Alexandrian Christianity* (Origenes, Clemens etc.), hg. v. Henry Chadwick und J. E. L. Oulton
III: *Christology of the Later Fathers,* hg. v. Edward Rochie Hardy
IV: *Cyril of Jerusalem and Nemesius of Emesa,* hg. v. William Tefler

V: *Early Latin Theology* (Tertullian, Cyprian, Ambrosius, Hieronymus), hg. v. S. L. Greenslade

VIII: *Augustine: Later Works,* hg. v. John Burnaby

IX: *Early Medieval Theology,* hg. v. George E. McCracken

X: *A Scholastic Miscellany: Anselm to Ockham,* hg. v. Eugene R. Fairweather

Emile Mâle, *L'art religieux du XIIe au XVIIe siècle,* Paris, 1945.

C. L. Mearns, »Dating the Similitudes of Enoch«, *New Testament Studies,* XXV, 1979, S. 360-369.

Millard Meiss, *French Painting in the Time of Jean de Berry,* London, 1967

– *The Limbourgs and their Contemporaries,* London, 1974.

– und Elizabeth H. Beatson, *Les Belles Heures de Jean, Duc de Berry,* London, 1974.

Arnaldo Momigliano, *Essays in Ancient and Modern Historiography,* Oxford, 1977

Theodor E. Mommsen und Karl F. Morrison (Übers.), *Imperial Lives and Letters of the Eleventh Century,* New York, 1962

R. I. Moore, *The Origins of European Dissent,* Oxford, 1985

New Catholic Encyclopedia, 15 Bde., Washington, DC, 1969

Origenes, *Contra Celsum,* übers. v. Henry Chadwick, Cambridge, 1953

Otoka Yorio und Fukui Hideka (Hg.), *Apocalypse,* Bibliothèque Nationale, Fonds Français, 403, Osaka, 1981

Phillip M. Palmer und Robert P. More, *Sources of the Faust Tradition,* New York, 1966

Erwin Panofsky, *Studies in Iconology,* New York, 1962

Edward Peters (Hg.), *Heresy and Authority in Medieval Europe,* Philadelphia, 1980

Marvin H. Pope, *The Book of Job,* New York, 1965

Mario Praz, *The Romantic Agony,* Oxford, 1933

Hastings Rashdall, *The Idea of Atonement in Christian Theology,* London, 1920

Louis Réau, *L'iconographie de l'art chrétien,* 3 Bde., Paris, 1955

Die Renaissance im deutschen Südwesten, Badisches Landesmuseum Karlsruhe, Eine Ausstellung des Landes Baden-Württemberg, 1986

Revue des Sciences Humaines, Lille, Nr. 234, »Les Arts du Diable«, 1994

Russell Hope Robbins, *Encyclopedia of Witchcraft and Demonology,* New York, 1959

Jeffrey Burton Russell, *The Devil,* Ithaca, 1977

– *Satan,* Ithaca, 1981

– *Lucifer,* Ithaca, 1984

Claude Schaefer, *The Hours of Etienne Chevalier,* London, 1972

Gertrud Schiller, *Ikonographie der christlichen Kunst,* 4 Bde., Gütersloh, 1966

Philippe Sénac, *L'image de l'autre, histoire de l'Occident médiéval face à l'Islam,* Paris, 1983

The Seven Ecumenical Councils, Nicene and Post-Nicene Fathers, XIV, hg. v. Phillip Schaff und Henry Wace, Grand Rapids, 1956

P. B. Shelley, »Essay on the Devil and Devils«, in *Shelley's Prose,* hg. v. David Lee Clark, New Mexico, 1954

Shimbo Toru, *Jigoku Gokuraku no E,* Tokio, 1984
Socrates Scholasticus, *Church History from A.D. 305-439,* II: *Nicene and Post-Nicene Fathers,* revid. Übers. v. A. C. Zenos, Grand Rapids, 1956
R. W. Southern, *The Making of the Middle Ages,* New Haven, 1953
Leo Steinberg, *The Sexuality of Christ in Renaissance Art and in Modern Oblivion,* New York, 1983
J. Stevens, *A New Eusebius,* London, 1957
La tenture de l'Apocalypse d'Angers, Cahiers de l'Inventaire Général, Paris, 1987
Marcel Thomas, *Rohan Book of Hours,* London, 1973
Barbara Tuchman, *A Distant Mirror,* New York, 1977
G. Vasari, *Lives of th Artists,* übers. v. G. Bull, Harmondsworth, 1965. Dt.: *Die Lebensbeschreibungen der berühmtesten Architekten, Bildhauer und Maler,* hg. v. A. Gottschewski u. G. Gronau, Straßburg, 1916.
P. Veyne (Hg.), *A History of Private Life,* I: *From Pagan rome to Byzantium,* London, 1987
J. Vivaud, »Egyptian Mythology«, in *New Larousse Encyclopedia of Mythology,* London, 1959
E. I. Watkin, *The Church in Council,* London, 1960
Glynne Wickham, *Early English Stages,* 3 Bde., New York, 1981
John Williams, *Early Spanish Manuscript Illumination,* London, 1977
Francis Wormald, *The Winchester Psalter,* London, 1973

Abbildungsverzeichnis

1. Detail aus Fra Angelico, *Das Jüngste Gericht* (Abb. 32).
2. Die Verdammten, Detail aus Luca Signorelli, *Das Jüngste Gericht* (Abb. 62).
3. Der Sturz Lucifers und der rebellischen Engel, aus *Les très riches Heures du Duc de Berry* der Brüder von Limburg (Abb. 64).
4. Moses und das Goldene Kalb, Kapitell, frühes XII. Jahrhundert, La Madeleine, Vézélay, Yonne.
5. Lucifer, Illustration von Botticelli zu Gesang XXXIV von Dantes »Inferno«, 1497, Silberstift, Feder und Tinte. Kupferstichkabinett, Berlin.
6. Detail aus Fra Angelico, *Das Jüngste Gericht* (Abb. 32).
7. Der jugendliche, bartlose Christus thront zwischen Petrus und Paulus über dem Firmament, Detail von dem Steinsarkophag des Junius Bassus, IV. Jahrhundert, Grotte Vaticane, Rom.
8. *Christos Pantokrator,* um 1100, Kuppelmosaik in der Koimesis-Kirche, Daphni.
9. *Pan und eine Ziege,* Herculaneum, I. Jahrhundert v. Chr. Eine klassische Quelle für die Hörner des Teufels, seinen Bart, seine platte Nase, seine spitzen Ohren und seinen behaarten Unterkörper. Museo Nazionale, Neapel.
10. Figur auf einem Kapitell, vielleicht ein keltischer Gott, frühes bis mittleres XI. Jahrhundert, Abteikirche St. Benoît, St. Benoît-sur-Loire, Loiret.
11. Ein Engel und ein gestreifter Teufel kämpfen um eine Seele, frühes bis mittleres XI. Jahrhundert, Kapitell (rechte Seite) in St. Benoît, St. Benoît-sur-Loire.
12. Weltliche Musik, Kapitell, frühes XII. Jahrhundert, La Madeleine, Vézélay, Yonne.
13. Die Seelenwägung, französischer Psalter, ca. 1230, Lewis Collection (MS 185, fol. 25r), Free Library of Philadelphia.
14. Die Versuchung Christi, Illustration zu Psalm 90 (91), aus dem *Stuttgarter Psalter,* frühes IX. Jahrhundert, Landesbibliothek Stuttgart (Cod. bibl. fol. 23, 107).
15. William Blake, *Satan erregt die rebellischen Engel,* 1808, Aquarell für einen Stich zu Miltons *Paradise Lost.* Victoria & Albert Museum, London.
16. Detail aus Psalm 38 des *Eadwine-Psalter* (einer Kopie des älteren *Utrecht-Psalter*) mit dem Höhlenmenschen-Schurz des Teufels, frühes XI. Jahrhundert, Feder und Tinte. Trinity College (MS R.171), Cambridge.
17. Vorbereitungen für ein Satyrspiel, von der Pronomos-Vase, vielleicht eine Quelle für den Höhlenmenschen-Schurz des Teufels. Spätes V. Jahrhundert v. Chr., Museo Nazionale, Neapel.

18 Figürchen des Bes, des volkstümlichsten ägyptischen Talismans gegen das Böse, zweiundzwanzigste Dynastie (950-730 v. Chr.), glasierter Stein; vielleicht als Rassel gebraucht, die Löcher an der Oberkante wären dann mit Ringen versehen gewesen, in dem Loch an der Unterseite hätte ein Stab gesteckt. The University Museum, University of Philadelphia.

19 Bes, ca. 650 v. Chr., Bronze, Musée du Louvre, Paris.

20 Ein Bes-artiger Teufel auf einem Kapitell mit Moses und dem Goldenen Kalb, frühes XII. Jahrhundert, St. Lazare, Autun.

21 Flammenhaariger Pan, Goldstater, ca. 360 v. Chr., aus der griechischen Kolonie Pantikapaion am kimmerischen Bosporus. Bibliothèque Nationale, Paris.

22 Flammenhaariger Apollon, Tetradrachme, ca. 380 v. Chr., aus Klazomenai, Jonien. Bibliothèque Nationale, Paris.

23 *Meikara Daisho (früher Basara),* ein göttlicher General, VIII. Jahrhundert v. Chr., Stuck, Shinyakushi-ji, Nara, Japan.

24 Als Teufel verkleidete Sarazenen bedrängen die Armee Karls des Großen, *Grandes Chroniques de France,* XIV. Jahrhundert, Bibliothèque Nationale (MS 2813, fol. 119), Paris.

25 Hiob und der Teufel, ca. 1200-30, aus dem rechten Feld des Nordportals der Kathedrale Notre-Dame, Chartres.

26 Ein Engel verschließt das Höllentor, *Winchester-Psalter,* 1150. British Library (Cotton Nero MS C iv, fol. 39r), London. Die symmetrische Höllenrachen-Maske ist typisch für das Motiv des Engels, der das Höllentor verschließt. Dieser Psalter wurde vermutlich in der Proirei von St. Swithin oder von Hythe für Heinrich von Blois, den Bischof von Winchester, hergestellt.

27 Die Versuchung Christi, ca. 830-850, elfenbeinerner Buchdeckel für MS Barth. 180, Ausst. 68. Stadt- und Universitätsbibliothek, Frankfurt.

28 Detail aus den Mosaiken des *Jüngsten Gerichts* in Sta. Maria Assunta, Torcello (Abb. 42).

29 Engel vertreiben beschmutzte Geister, aus der *Benevento Benedictio Fontis,* ca. 970-980. Biblioteca Casanatense (Cod. 724, BI13, II), Rom.

30 *Das Jüngste Gericht,* mit Satan als Höllenkönig auf dem Thron, ca. 1130, in Ste. Foy, Conques, Aveyron.

31 Das Martyrium des heiligen Laurentius, *Rohan-Stundenbuch,* ca. 1425, Bibliothèque Nationale (MS Latin 9471, fol. 219), Paris. Der gegabelte Haken und besonders die gekrümmte und gegabelte Dregge (benutzt bei der Folterung von Verbrechern und Häretikern) sind das verbreitetste Werkzeug des Teufels beim Quälen der Sünder.

32 Fra Angelico, *Das Jüngste Gericht,* ca.1431-5, Tempera auf Holz, Museo di San Marco, Florenz.

33 Initiale (mit einem mit Höhlenmenschen-Schurz bekleideter Teufel mit Dregge) aus dem Buch Hiob in der *Bible de Souvigny,* spätes XII. Jahrhundert, Bibliothèque Municipale (MS fol. 204), Moulins.

34 Die Seelenwägung, mit dem mit einem altägyptischen *shenti* bekleideten Teufel, aus dem Soriguerola-Altar, XIII. Jahrhundert, Tempera. Museu Nacional d'Art de Catalunya, Barcelona.

ABBILDUNGSVERZEICHNIS 237

35 Christus als Apollon-Helios, vor 350, aus einem Mosaik im Mausoleum der Julier in der (im XVII. Jahrhundert ausgegrabenen) Katakombe unter St. Peter in Rom.
36 Belbello da Pavia, Die Tötung der Erstgeburt: ein Engel zeigt dem Teufel die Häuser, wo die Erstgeburt serben soll. Aus dem *Visconti-Stundenbuch,* 1412. Biblioteca Nazionale Centrale (MS LF 95), Florenz.
37 Totenoffizium, *Rohan-Stundenbuch,* ca. 1425. Bibliothèque Nationale (MS Latin 9471, fol. 159r), Paris. Das besondere Gericht, der Moment vor dem Tod, in dem die Seele Gottes Gnade annimmt oder ablehnt, bestimmt die Zukunft der Seele. Der Rohan-Meister zeigt, wie Michael die Seele vor dem Teufel rettet.
38 Apokalypse, mit Satan und rebellischen Engeln, die in die Flammengrube geworfen werden, aus dem *Morgan Beatus,* ca. 940. Pierpont Morgan Library (MS M.644 fol. 153), New York.
39 Detail aus den Mosaiken des *Jüngsten Gerichts* in Sta. Maria Assunta in Torcello (Abb. 42). Hier quälen Engel die Verdammten, eine Funktion, die später nur noch vom Teufel ausgeübt wird.
40 Jean Fouquet, Martyrium der heiligen Apollonia, mit dem Höllenmaul dargestellt in einem Mysterienspiel, aus dem *Stundenbuch des Etienne Chevalier,* 1445. Musée Condé (MS 45), Chantilly.
41 Trennung der Schafe von den Böcken – vielleicht des erste Jüngste Gericht, aber nicht der erste Teufel, ca. 500, Mosaik. S. Apollinare Nuovo, Ravenna.
42 *Das Jüngste Gericht,* Mosaiken des XII. Jahrhunderts, restauriert, in Santa Maria Assunta auf der Insel von Torcello bei Venedig.
43 Der Papyrus von Ani, ca. 1300-1400 v. Chr.; Ammit, das Krokodil-Löwen-Nilpferd-Ungeheuer, beobachtet, wie der ibisköpfige Toth die Ergebnisse der Abwägung zwischen dem Herz eines Toten und einer Feder von Maat, der Göttin der Wahrheit, notiert. British Museum, London.
44 Der schakalköpfige Anubis richtet die Waagschalen für die Seelenwägung, aus dem Papyrus von Ani (Abb. 43).
45 Gislebertus, das Jüngste Gericht; Satan ist miteinbezogen, ca. 1130, im Tympanon von St. Lazare, Autun.
46 Detail aus Abb. 45: Satan und St. Michael nehmen an der Seelenwägung teil.
47 Detail aus Abb. 45: eine einzelne Seele wird aus der Reihe der nackten Verdammten in der Zone unterhalb Satans herausgegriffen.
48 Der Dämon Humbaba, der einem gestreiften Teufel ähnlich sieht, VII. Jahrhundert v. Chr., Terrakotta. British Museum, London.
49 Sogenanntes Leichentuch des heiligen Viktor, traditionelles mesopotamisches Muster mit einem Helden, der zwei Löwen erwürgt; galt später als Darstellung von Daniel in der Löwengrube, VIII. Jahrhundert v. Chr., Buhyid-Seide (persisch), Sens, Kathedrale.
50 Erste und zweite Versuchung Christi (oben); dritte Versuchung Christi (unten), *Winchester-Psalter,* 1150. British Library (Cotton Nero MS C iv, fol. 18r), London.
51 Gislebertus, Dritte Versuchung Christi, ca. 1130, auf einem Kapitell in St. Lazare, Autun.

52 Qualen der Verdammten, *Winchester-Psalter,* 1150. British Library (Cotton Nero MS C iv, fol. 38r), London.
53 Geißelung Christi, *Winchester-Psalter,* 1150. British Library (Cotton Nero MS C iv, fol. 21r), London.
54 Detail aus Abb. 72: der lästige Teufel, aus der Tapisserie der Apokalypse von Angers.
55 Die Seelenwägung, Detail aus dem *Jüngsten Gericht,* 1250 (im XIX. Jahrhundert restauriert), Tympanon des Westportals der Kathedrale St. Etienne, Bourges.
56 Detail aus Abb. 61: Giotto, *Jüngstes Gericht,* 1304-13, Fresko, Arena-Kapelle, Padua.
57 Detail aus Abb. 61: Giotto, *Jüngstes Gericht.*
58 Rafael Destorrents, Jüngstes Gericht, aus dem *St.-Eulalia-Missale,* 1403. Kathedralarchiv (MS S.XV fol. 9r), Barcelona.
59 Emerterius und Ende, Detail aus der Höllenfahrt, *Gerona-Beatus,* 975, Kathedrale von Gerona (MS 7, fol. 16v), Catalunya.
60 Giotto, *Judas erhält den Lohn für den Verrat Christi,* 1304-13, Fresko an der Ostwand der Arena-Kapelle, Padua.
61 Giotto, *Das Jüngste Gericht,* 1304-13, Fresko an der Westwand der Arena-Kapelle, Padua.
62 Luca Signorelli, Die Verdammten, aus einem Freskenzyklus des *Jüngsten Gerichts,* ca.1503. Cappella della Madonna di S. Brizio, Orvieto, Kathedrale.
63 Paul, Jean und Herman Limbourg, Hölle, aus *Les très riches Heures du Duc de Berry,* 1415. Musée Condé (MS 65/1284, fol. 108r), Chantilly.
64 Paul, Jean und Herman Limbourg, Der Sturz Lucifers und der rebellischen Engel, mit dem wohl ersten schönen Lucifer, aus *Les très riches Heures du Duc de Berry,* 1415. Musée Condé (MS 65/1284, fol. 64v), Chantilly.
65 Lorenzo Lotto, *Michael und Lucifer,* 1550, Öl auf Leinen, Museum des Palazzo Apostolico, Santa Casa, Loreto.
66 Hans Baldung, *Zwei Hexen,* 1523, Öl auf Holz. Städelsches Kunstinstitut, Frankfurt.
67 Hans Baldung, *Adam und Eva,* 1531, Öl auf Holz. Fundación Collección Thyssen-Bornemisza, Madrid.
68 Michelangelos Fresko des *Jüngsten Gerichts,* 1536-41, Ostwand der Sixtinischen Kapelle, Rom.
69 Michelangelo, Detail aus dem *Jüngsten Gericht,* 1536-41, Fresko in der Sixtinischen Kapelle, Rom.
70 Michelangelo, Studie für das *Jüngste Gericht,* ca. 1534, schwarze Kreide. Casa Buonarroti, Florenz.
71 Sturz der rebellischen Engel mit dem Teufel als Drache, aus der *Trierer Apokalypse,* ca. 800-820. Stadtbibliothek (MS 31 fol. 38r), Trier.
72 Eine Illustration der Offenbarung (unten) mit dem Teufel als »bösem Insekt«, aus der Tapisserie der Apokalypse von Angers, *ca.* 1375. Chateau d'Angers, Angers.
73 Raffael, *St. Michael und der Teufel* (als Drache), 1505, Öl. Musée du Louvre, Paris.

ABBILDUNGSVERZEICHNIS

74 Raffael, *St. Michael und der Teufel* (nicht mehr als Drache), 1518, Öl. Musée du Louvre, Paris.
75 Paul, Jean und Herman de Limbourg, St. Michael und der Teufel, dieser als neuer Prototyp, 1409, aus *Les belles Heures du Duc de Berry.* Cloisters Collection (MS 54.1.1 fol. 158r), Metropolitan Museum of Art, New York.
76 Andrea di Bonaiuto, Dominikaner mit Häretikern diskutierend (links Petrus Martyr, rechts Thomas von Aquin), Detail aus Abb. 77.
77 Andrea di Bonaiuto (oder »da Firenze«), *Die kämpfende und triumphierende Kirche,* 1355, Fresko. Cappellone degli Spagnuoli, Santa Maria Novella, Florenz.

Bildnachweise

Autor und Verleger danken folgenden Personen und Institutionen für die Bereitstellung von Bildmaterial, bzw. die Reproduktionserlaubnis:

Agence Photographique de la Réunion des Musées Nationaux: Nr. 73, 74; Fratelli Alinari: Nr. 41, 76, 77; Arch. Phot. Paris/SPADEM/Agence Photographique Caisse Nationale des Monuments Historiques et des Sites: Nr. 54, 72; Artothek: Nr. 66; Arxiu Mas: Nr. 58; Osvaldo Böhm: Nr. 42; Joan Broderick/Studio Lux: Nr. 13; Cambridge University Library: Nr. 16; Luciano Fincato: Nr. 48, 56, 57, 60, 61; Photographie Giraudon: Nr. 3, 40, 63, 64; Institut de Recherche sur l'Histoire de Textes, Moulins: Nr. 33; Luther J. Link: Nr. 4, 10, 11, 12, 19, 30, 45, 46, 47, 51; Photo Marburg: Nr. 14; Musei Civici di Padova: Nr. 57; Photo Copyright Pierpont Morgan Library, New York, 1994: Nr. 38; Donato Pineider: Nr. 36; Scala Fotografica: Nr. 1, 2, 6, 32, 62; Seitz-Grey-Photo: Nr. 27; Musées de Sens: Nr. 49; Fotografia della Soprintendenza Archeologica della Provincia di Napoli e Caserta: Nr. 9, 17; Staatliche Museen zu Berlin, Bildarchiv Preußischer Kulturbesitz, Photo Jörg P. Anders: Nr. 5; Courtesy of Mr. T. Tada: Nr. 23; François Thomas: Nr. 55; Photo Copyright The Board of Trustees of the Victoria and Albert Museum: Nr. 15; Photo Zodiaque: Nr. 20.

Register

Die *kursiv* gedruckten Seitenzahlen beziehen sich auf die Abbildungen

Abälard, P. 40, 112, 219
Abydos 71
Adad 15, 16
Adelard von Bath 68
Adhemar von Chabannes 56
Adoptionismus 103, 104
Ahura Mazda 148
Aksum 72
Akuma 214
Albertus Magnus 124, 125
Albigenser 112, 215
Alcimus Avitus 190, 191
Alexander III. (Papst) 112
Alexander VI. (Papst) 178
Alfonso II. von Asturien 103, 104
Alfonso X. von Kastilien 123
Alkuin 104
Altdorfer, A. 174
Amalrich von Bena 125
Amathus, Zypern 143
Amida 215
Ammit 88, *132,* 133
Andrea di Bonaiuto (da Firenze) 210, *211, 212*
Anjou, Ludwig von 196
Anomöaner 96
Anselm von Canterbury 38, 39, 40, 41
Antonius 61, 86, 87
Anubis 63, *132,* 133, 134, 168, 169
Apelles 97
Apokalypse von Angers *149, 195,* 196
Apoll 50, *77,* 183
Apollonios 68
Apostoliker 125
Archimedes 68
Aretino, P. 171, 172, 184
Ariès, Ph. 107, 135, 137, 173
Aristoteles 67, 125
Arius 96
Arme von Lyon (Waldenser) 111, 121

Armentia (Alava, Spanien) 70
Arnaud 58
Arnobius 50, 66
Arnold von Brescia 102, 111, 112, 219
Assisi, S. Francesco 80
Athenagoras 34, 36, 112
Atlas 64
Atto 110
Augustinus 16, 28, 29, 32, 33, 35, 36, 37, 38, 64, 98, 100, 108, 165, 169, 172
Autun, St. Lazare 24, 46, 52, 56, 62, 67, 74, 111, 126, 135, 137, *138,* 139, 140, *141,* 142, 143, 144, *146,* 146, 147, 150, 154, 214
Avendehut, Johannes 123
Averroës 125
Avicenna 125

Bacon, Roger 125
Bachtin, M. 81
Baglioni, G. P. 178
Bahram I. 98
Baldung, Hans *162,* 172, 174, 175, 176, *177*
Baltrusaitis, J. 79
Barnabas 33
Bartha, R. 60
Bataille, Georges 171, 175
Bataille, Nicolas 196
Baudelaire, Ch. 15, 188, 193, 207
Beardsley, A. 180
Beatus von Liébana 48, 94, 103, 104, 107, 188
Beaulieu-sur-Dordogne, Abteikirche 140
Beccafumi, D. 206
Becket, Th. 58
Beham, Hans Sebald 172
Benedictio Fontis von Benevent *101,* 193

Berenson, B. 176
Bernhard von Clairvaux 58, 111, 112
Berruguete, P. 210
Berry, Jean de 194, 196, 197, 198, 199, 200, 203
Bes 71, 72, 73, *74,* 74, *75,* 75, *76,* 143
Bibel des Guiard des Moulins 193
Bible moralisée 45
Bible de Souvigny *116*
Blake, W. 15, 63, *65,* 85, 176, 187, 204, 206
Boccaccio, G. 124
Boethius 67
Bogomilen 98, 112, 121
Borgia, C. 178
Bosch, H. 163, 168, 172, 175, 204, 205
Botticelli, S. *31,* 31, 178
Bourges, Kathedrale St. Etienne 61, 62, 111, 144, *151,* 151, 153, 154
Browning, Chr. R. 217, 219, 220
Brueghel, P. 48
Bruno, G. 219
Buddha 77, 98, 144, 214
Burns, R. 216, 217
Byron, G. 11, 36, 206

Caedmon 189
Cailleau-Manuskript 83
Callot, J. 81
Calvin, J. 219
Camus, A. 125
Canon Muratorii 96
Capet, H. 56
Castel S. Elia 64
Caterino (A. Polti) 184
Celsus 33
Cenci, Beatrice 8
Cesenea, Biagio da 184
Chaldon (Surrey) 60
Charon 49, 183
Chartres, Kathedrale Norte-Dame 61, 84, *87,* 87, 111, 151, 153
Chastel, A. 9
Chaucer, G. 11, 30
Cheikh Anta Diop 63
Cherubim 168
Chester Cycle 27
Chnubis 70
Chou-Dynastie 89
Chroniken 54
Cicero 67
Cimabue 163

Clarembald von Chartres 125
Clark, K. 139
Clemens von Alexandria 33, 34, 35, 36
Clemens V. (Papst) 79, 126
Clemens VII. (Papst) 182
Cluny 143
Coleridge, S. T. 206
Condivi, A. 178, 183
Conques, Ste. Foy 55, 56, 70, *105,* 107, 111, 142, 154
Conrad, J. 216, 217
Constantius II. 72
Correggio, A. 172
Coulton, G. G. 44, 86
Crabb Robinson, H. 36
Cranach, Lukas der Ältere 172, 174, 216
Crowley, A. 216

Dagen, Ph. 49
Dai-itoku-Götter 79
Dante 27, 30, *31,* 31, 45, 79, 80, 85, 125, 126, 129, 135, 154, 182, 183
Daphni, Koimesis-Kirche *51,* 132
David von Dinant 125
De Campos, R. 180
Delacroix, E. 85, 179
Destorrents, Rafael *155,* 166, 167, 204
Diodorus 76
Diokletian 100
Dominicus 210
Donatello 166
Donatisten 108
Duccio 80
Dürer, A. 62, 90, 152, 174

Eadwine-Psalter *72*
Eberwin 111
Eduard III. von England 83
Eleonore von Aquitanien 58
Elipandus, Erzbischof von Toledo 103, 104, 108, 109
Eleutherius 103, 104
Elliott, W. I. 12
Emerterius *156*
Emma 214
Ende *156*
Enoch, Buch Enoch 32, 33, 34, 35, 36, 88
Epiphanius von Zypern 121
Eratosthenes 67, 68
Eros 24, 64
Etienne de Bage 139

Euklid 68
Eulalia-Missale 166, 169
Eusebius von Caesarea 100, 102
Eyck, Brüder van 164, 167, 169, 170
Eynsham, Vision des Mönchs von 204
Exodus 29
Evangelium von Mariä Geburt und der Kindheit des Heilands 36

Felix von Urgel 104
Florenz, Baptisterium 107, 163
Florenz, Dom 129
Florenz, S. Lorenzo 166
Florenz, Spanische Kapelle in S. Maria Novella 210, *211, 212*
Fouquet, J. 81, 82, 83, *120*, 172
Fra Angelico 6, 46, *47* 83, 107, *114, 115,* 164, 169, 170
Fra Dolcino 126
Francesca, Piero della 43
Francesco di Pietro Pocari 210
Frankenstein 15
Franz, G. 12
Franzano, J. 49
Franziskus von Assisi 163
Fratizellen 125
Freud, S. 188
Friedrich I. (dt. Kaiser) 96, 111
Friedrich II. (dt. Kaiser) 111, 122, 124
Fudomyo-o 18
Fujiwara-Zeit 215
Funnu-gyo 77

Gauguin, P. 176
Gauzlin 56
Geiler von Kaisersberg, J. 174, 175
Genesis 33, 34, 66
Gerhard, Hubert 199
Gerona-Beatus 106, 107, *156*
Gibbon, E. 69
Gilgamesch 143
Gilonis, H. 60
Gimpel, J. 67
Giotto 18, 80, 107, 137, 139,150, *152, 153,* 154, *157,* 163, 164, 165, 166, 170, 171, 199, 203, 209, 218
Gislebertus 83, 137, *138,* 139, *141,* 142, 143, 144, *146,* 146, 147, 183, 218
Gnudi, C. 165
Goethe, J. W. 36, 85, 179
Gonzaga, E. 184

Gordon, C. 108
Gorgo 75, 88, 89
Goya, F. 175
Graber, R. 219
Grandes Chroniques de France *84*, 211
Grandes Heures du Duc de Berry 197
Greco 139
Gregor der Große (Papst) 37
Gregor VII. (Papst) 110
Gregor IX. (Papst) 122, 123, 124, 219
Gregor von Nazianz 38
Gregor von Nyssa 37, 38
Grivot, D. 214
Gutiérez, G. 218
Gyosai, Kawanabe 180

Hades 88
Hadrian IV. (Papst) 111
Halleyscher Komet 80
Harpyien 80
Hazlitt, W. 206
Heer, F. 52, 125
Heian-Zeit 18, 215
Heinrich IV. (dt. Kaiser) 110
Heinrich VII. (dt. Kaiser) 123
Heinrich von Anjou (Heinrich II. von England) 58, 58
Helios *117,* 183
Herkules 64, 108
Hermes 52, 168
Hesekiel 29
Hieronymus 33, 35, 54, 66
Hiob, Buch Hiob 17, 23, 86, *87,* 87, 88, *116*
Historia Lausiaca 62
Hitler, A. 216, 217
Homöer 96
Homöusianer 96
Honorius III. (Papst) 124
Horus 133, 168
Hugo, V. 207
Huizinga, J. 197
Humbaba (Dämon) *142,* 143, 144
Humiliaten 111
Hus, Johann 210, 219
Hydra 108
Hypatia 68, 69, 70

Ignatius 38
Innozenz III. (Papst) 96, 111, 121
Irenäus 37, 38, 92, 100

Isidor von Sevilla 61
Isis 73, 168
Islam 105, 106
Ito, Ryosaku 12

Jacquerie Jacquerie des Tuchins, 194, 196, 197
James, M. R. 130
Jeanne d'Evreux 64
Jesaja 16, 27, 29, 30, 54
Joachim von Fiore 126
Johann von Salesbury 112
Johannes, Johannesevangelium, Johannesbrief 26, 45, 168
Johannesakten 11
Johannes, Offenbarung des 26, 30, 99, 103, 107, 108
Johannes von Damaskus 106
Johannes XXII. (Papst) 121
Jona 64
Joyce, James 109
Judas, Judasbrief 33, 88, 165
Judas Ischarioth 18, 132, 142, 144, 150, 203, 218
Juden 66, 69, 70, 95, 96, 103, 106, 122, 123, 140, 209, 210, 211, 212, 217, 219
Julius II. (Papst) 206
Julius III. (Papst) 184
Juni-Shinsho 77
Junius, F., Junius-Manuskript 190, 191, 192
Justin der Märtyrer 34, 36, 112

Ka 168
Kamakura-Zeit 18, 215
Karamasow, Iwan 19
Karl der Große 83, *84,* 103, 104, 194, 211
Karl V. 180
Karthago 71
Katharer (Albigenser) 96, 111, 112, 121, 122, 215
Katharina von Siena 173
Kawa (Ägypten) 63
Kentauren 61
Kirttimukha 89
Klein, P. 105
Kom el Shukufa (Alexandria) 168
Konstantin der Große 67, 102
Kosmas Indikopleustes 68
Kramer, H. 174
Kraus, H. 140

Kundari-Götter 79
Kusoshi-Rolle 173
Kyoto 79
Kyrill von Alexandria 69, 70, 104
Kyrill von Jerusalem 98

Lagasch (Sumer) 167, 168
Las Casas, B. de 217, 218
Laurence, R. 36
Lawrence, D. H. 7, 166, 170
Legenda Aurea 102, 178, 204
Le Goff, J. 136
Leichentuch des hl. Viktor *143*
Leo I. (Papst) 37, 66, 69, 85, 109, 130, 163, 219
Leo III. (Papst) 104
Leo X. (Papst) 178
Leonardo da Vinci 7, 16, 18, 165,166
Les belles Heures du Duc de Berry 196, 198, *202*
Les très riches Heures du Duc de Berry *22,* 196, 199
Levi, E. 216
Leviathan 86, 87, 88, 90, 202
Leviticus 29, 54
Limburg, Brüder von 17, *22,* 31, 81, *160, 161,* 193, 194, 196, 197, 198, 199, 200, *202,* 203, 204, 205
Lindisfarne-Evangelien 134
Lorenzo der Prächtige 176
Lotan 108
Lotto, L. 20, 48, *162,* 186, 204, 205, 206
Lucie-Smith, E. 171
Lucius III. (Papst) 96, 11
Ludwig VII. von Frankreich 57, 58
Ludwig XI. von Frankreich 81
Lukas, Lukasevangelium 23, 26, 43, 45, 96, 168
Luther, M. 174, 181, 215

Maat *132,* 133, 134, 144
Mabuse (Jan Gossaert) 172, 173
Magius 106
Mâle, E. 83
Malleus Maleficarum 174
Manet, E. 172
Mani, Manichäer 29, 36, 66, 69, 98, 100, 110, 121
Manson, Ch. 216
Map, Walter 112
Markian 102

REGISTER 245

Markion 92, 96, 97, 100, 189
Markus, Markusevangelium 25, 26, 43, 168
Marlowe, Chr. 15, 135, 192
Matthäus, Mattäusevangelium 23, 26, 107, 168
Maximilian (dt. Kaiser) 92
Meffret, Mgr. 50
Meikira 77, *78,* 78, 214
Meiss, M. 194, 196, 197, 198, 203
Menologion Baslieios' II. 189
Meroe 72
Michael 48, 56, 60, 63, 85, 99, 100, 107, 129, 134, 136, 140, 150, 154, *162,* 166, 169, 170, 189, 193, 198, 199, *200, 201, 202,* 205, 207, 209
Michelangelo 7, 20, 49, 50, 81, 139, 142, 163, 171, 178, 180, *181,* 181, *182,* 182, 183, 184, *185,* 185, 186, 205
Migetius 103
Milton, J. 15, 32, *65,* 187, 190, 192, 206, 207, 218
Modigliani, A. 139
Mohammed 105, 106, 126
Momigliano, A. 95
Montecorvino, G. 79
Morgan-Beatus 105, 106, *119*
Montanisten 35
Muiredach (Monasterboice) 134
Myo-o 77, 78
Mystère d'Adam 26, 82

Nanni di Banco 129
Nara 77, *78*
Nazarius 98
Nephilim 33
Nergal 18, 19
Nestorianer, Nestorius 79, 104
Nikodemus 88

Ockham, W. 80
Oni 214
Orestes, Präfekt von Alexandria 69
Origenes 7, 16, 28, 29, 64, 66, 219
Orvieto, Cappella della Madonna di San Brizio der Kathedrale *14, 158, 159,* 176, 177, 178, 179, 180
Osiris 133, 134, 169

Pachomius 62
Padua, Arena-Kapelle *152, 153,* 154, *157,* 163, 164, 165
Paisley, I. 209
Palladius 62
Palma Vecchio 121
Pan 18, 19, *53,* 53, 55, 58, 60, 61, 71, 75, *77,* 80, 81, 85
Panofsky, E. 174
Parement de Narbonne 79
Paris, Kathedrale Notre-Dame 36, 88, 111
Patarener 110, 111
Paul III. (Papst) 180
Paul IV. (Papst) 180
Paulus 37, 43, *51,* 83, 96, 97
Paulusapokalypse 129
Pazuzu (Dämon) 143
Peregrinus (Vincent von Lerin) 101
Perikopenbuch Heinrichs II. 127
Persepolis 168
Perugino 176
Peter Pan 54
Petrus 43, *51,* 150, 182, 197
Petrusakten 62, 150
Petrusapokalypse 129, 130
Petrusbrief 88
Petrus Martyr 121, 122, 210
Philipp II. von Frankreich 58
Philipp IV. von Frankreich 126
Photios 34
Piero della Francesca 176
Pierre de Castelnau 121
Pisano, Leonardo 124
Platon 24
Pollaiuolo, A. 199
Pordenone, G. A. 121
Poseidon 15, 16
Prokop 151
Pronomos-Vase *73*
Poussin, N. 176
Pucelle, J. 44, 45, 64

Rabbula-Evangelium 80, 129, 167, 168
Rabelais, J. 68
Raffael 172, 199, *200, 201,* 206
Raimondi, Marcantonio 172
Raimundo, Erbischof von Toledo 123
Ralph 67
Ras Shamra 108
Ratzinger, Kardinal 18, 219
Ravenna, S. Apollinare Nuovo 126, 127, *128*

Reagan, R. 69
Réau, L. 83, 168
Reginbald 67
Reims, Kathedrale Notre Dame 64
Renaud de Montanban 82
Renaud de Semur 58
Reni, Guido 8
Richalm 86
Richard von Poitou (Richard I. von England)
Rivera, D. 43
Robert der Fromme 56, 110
Roberti, Ercole de 199
Robinson Crusoe 39
Rockefeller 43
Rohan-Stundenbuch *113, 118,* 135, 198
Rokudo-Bilder 215
Rom, Sta. Maria Maggiore 129
Rom, St. Peter 50, *117*
Rom, Sta. Sabina 50
Rom, Sixtinische Kapelle 9, 176, 180, *181,* 181, *182,* 182, 183, 184, *185,* 186
Roman de Fauvel 81
Romano, Giulio 172
Rubens, P. P. 49, 63
Russell, J. B. 12, 72, 132

Saccardino, C. 50
Salet, F. 58, 59
San Apollinare Nuovo, Ravenna 126, 127
San Francesco, Assisi 80
Sansom, G. B. 215
Sarazenen *84,* 211
Sassaniden 144, 168
Sassetta (Stefano di Giovanni) 210
Satyrn, Faune 54, 61, 62, 70, 71, 72, *73,* 151
Saulieu, St. Andoche 142
Savonarola 178
Schiller, Friedrich 196
Schiller, Gertrud 146
Scott, Walter 124
Scotus, Michael 123, 124, 125
Scrovegni, Enrico und Rinaldo 154, 163, 164
Sechmet 168
Segarelli 125
Sénac, Ph. 106
Seraphim 167, 168
Sernini, N. 184

Servetus, M. 219
Seth 169
Shakespeaere, W. 16, 144, 218
Shapur I. 98
Shelley, P. B. 27, 53, 98, 207
Shelley, M. W. 15
Shinyakushi 77
Signorelli, L. *14, 158, 159,* 171, 176, 178, 179, 180, 205
Silen 54
Simorre, Bernard 121
Sokrates 24
Solschenizyn, A. 218, 219, 220
Sorel, Agnes 172
Soriguerola-Altar 63, 83, *116,* 134, 144, 169
Spinoza, B. 19, 28
Spranger, B. 171, 172, 173
Sprenger, J. 174
St. Benoît-sur-Loire, Abteikirche St. Benoît *54, 55,* 56, 57, 142, 144
Steinberg, L. 64, 80
Sterling, Ch. 197
Stundenbuch des Etienne Chevalier 81, *120*
Stuttgarter Psalter *61*
Suger von St. Denis 45
Sully, Maurice de 37, 152
Susa 130, 168

Tang-Seiden 77
T'ao-t'ieh-Maske 89
Tartareus (»Höllenfeuer-Paul«) 72
Tatian 112
Tell Asmar 108
Tempyo-Zeit 215
Tertullian 35, 36, 67, 92, 97, 100, 112, 169
Thatcher, M. 209
Theodosius I. 102, 219
Theon von Alexandria 68
Theophilus 86, 87
Theophilus, Bischof von Alexandria 69
Thomas von Aquin 29, 37, 40, 125, 135, 210
Thot *132,* 133, 134, 168
Thurkill, Vision des 204
Tideman 43
Tintoretto, J. 199
Tizian 121
To-ji 79
Toledo 68

Torcello, Sta. Maria Assunta 107, 111, *119,* 127, 128, 136, 163
Traktat von den Sieben Todsünden 192
Trierer Apokalypse 187, *188,* 188, 189, 192
Tundal, Vision des 202
Twain, Mark 8
Typhon 70

Ur 70
Utrecht-Psalter 70, *72*

Vajra-Götter 77
Valentinian III. 102
Valentinus 97, 189
Vasari, G. 25, 171, 176, 178, 182, 199
Velázquez, D. 81
Venedig, SS. Giovanni e Paolo 122
Venedig, S. Giuseppe di Castello 199
Venedig, Baptisterium von S. Marco 132
Venedig, S. Marco 127
Venus 52
Vergil 182
Vézélay, Ste. Madeleine 24, *25,* 56, *57,* 57, 58

Villarina, C. 50
Villeneuve, R. 18, 78, 216
Villon, F. 49
Vincens Vives, J. 123
Visconti-Stundenbuch 83, *117*
Vitelli, Paolo und Vitellozzo 178
Vivians-Bibel 110
Volterra, Daniele da 184

Wallace, William 124
Williams, Ch. 174
Williams, J. 106
Winchester-Psalter 53, 61, 70, 82, 83, *89,* 90, 111, *145,* 146, *147,* 147, *148,* 150, 151, 218
Wickham, G. 83
Wilder Mann 62
Wölfflin, H. 174

Yakushi Nyorai 77

Zoroaster, Zoroastrismus 98, 110, 148